古典文獻研究輯刊

三六編

潘美月・杜潔祥 主編

第 20 冊

《讀易述》校證

（第二冊）

陳開林 著

國家圖書館出版品預行編目資料

《讀易述》校證（第二冊）／陳開林 著 -- 初版 -- 新北市：
花木蘭文化事業有限公司，2023〔民 112〕
目 4+154 面；19×26 公分
（古典文獻研究輯刊 三六編；第 20 冊）
ISBN 978-626-344-278-8（精裝）
1.CST：讀易述 2.CST：研究考訂
011.08   111022055

ISBN-978-626-344-278-8

9 786263 442788

古典文獻研究輯刊
三六編　第二十冊　　　　　　　ISBN：978-626-344-278-8

《讀易述》校證（第二冊）

作　　　者　陳開林
主　　　編　潘美月、杜潔祥
總 編 輯　杜潔祥
副總編輯　楊嘉樂
編輯主任　許郁翎
編　　　輯　張雅淋、潘玟靜　美術編輯　陳逸婷
出　　　版　花木蘭文化事業有限公司
發 行 人　高小娟
聯絡地址　235 新北市中和區中安街七二號十三樓
　　　　　　電話：02-2923-1455／傳真：02-2923-1452
網　　　址　http://www.huamulan.tw 信箱 service@huamulans.com
印　　　刷　普羅文化出版廣告事業
初　　　版　2023 年 3 月
定　　　價　三六編 52 冊（精裝）新台幣 140,000 元

《讀易述》校證
（第二冊）

陳開林　著

目

次

讀易述卷四

隨☷ 震下兌上

蔡清曰：兌震合體，兌為說，震為動。兌上震下，陽下於陰也。以陽下陰，陰必說隨，為隨之義。女，隨人者也。以少女從長男，隨之義也。震為雷，兌為澤，雷震於澤中，澤隨而動，隨之象也。〔註1〕「卦以物隨為義，爻以隨物為義。」〔註2〕

吳因之曰：「此卦以初九、九五兩爻為主，初、二、三，隨朋友；四，臣隨君；五，君隨臣；上，泛言五倫之相隨。隨人之道，正與孚盡之矣。其始也，當擇而後隨，不可不正；其既也，當以心相隨，不可不孚。觀初、二、三，見從正之義；觀四、五、上，見孚誠之義。」

隨：元亨利貞，无咎。

《彖》曰：隨，剛來而下柔，動而說。隨，大亨，貞，无咎，而天下隨時。隨時之義大矣哉！

述曰：隨以陽動陰說為義。〔註3〕荀爽曰：「震春，兌秋，震陽動而兌陰

〔註1〕按：蔡清《易經蒙引》未見此語。
　　程《傳》：
　　　　《隨》，《序卦》：「豫必有隨，故受之以《隨》。」夫說豫之道，物所隨也，
　　　　《隨》所以次《豫》也。為卦，兌上震下，兌為說，震為動，說而動，動而說，
　　　　皆隨之義。女，隨人者也，以少女從長男，隨之義也。又震為雷，兌為澤，雷
　　　　震於澤中，澤隨而動，隨之象也。
〔註2〕朱熹《本義》。
〔註3〕章潢《周易象義》卷二《隨》：「震下兌上，隨。卦取陽動陰說，故為隨。」

—145—

說，故大通。動爻得正，故『利貞』。陽降陰升，嫌於有咎，動而得正，故『无咎』。」〔註4〕

《象旨》：「剛柔，震剛而兌說也。陽上陰下者，體也。今震陽下於兌柔，若自上而來，故稱來，內辭也。」〔註5〕王逢曰：「上能下下，下之所以隨；上貴能下賤，賤之所以隨貴。隨之義，剛下柔也。剛下柔而動以時，物無不說，隨之也。」〔註6〕王《註》：「為隨而不大通，逆於時也，相隨而不為利正，災之道也，故大通利貞，乃得无咎也。為隨而令大通利貞，得於時也。得時則天下隨之矣。隨之所施，惟在於時也。時異而不隨，否之道也。」

道本惡隨，隨必詭正。卦以隨名，通人情，達世變，不主故常。易於溺情狥俗，以適其私，易於有咎，此隨之所以難也。故必「元亨利貞」，乃得「无咎，而天下隨時」。

凡施當其可之謂時，達於勢之謂時，協諸義之謂時，審於幾之謂時，從宜適變，不可為典要，非造道之深、知幾能權者不能與於斯也。故贊之曰「隨時之義大矣哉」！

蘇氏曰：「夫時不齊，故隨之世容有不隨者也。責天下以人人隨己，而咎其貞者，此天下所以不說也，故是大亨而利貞者无咎，而天下隨時。時者，上之所制也。不從己而從時，其為隨也大矣。」〔註7〕

劉伯子曰：「夫無成而後能無係，無係而後能隨係己私。隨，天德也。隨之三陰皆係以為隨者也。學不能無我而妄意於隨，其能出於係者，吾見亦罕矣。」

吳因之曰：「『隨，元亨』，據其所隨處行無不通，此已是貞，已是无咎了。若不貞，則朋從爾思，隨而不廣，利盡則疏，勢去則散，隨而不久。隨之以力，不隨之以心，且不成箇隨，又安得元亨？《彖傳》云：『大亨，貞，无咎，而天下隨時』，惟貞然後為天下所隨，可見隨以貞而成，不貞便不成隨了。朱子雖大亨而不免有咎，恐未的。」

《象》曰：澤中有雷，隨。君子以嚮晦入宴息。

述曰：《象旨》：「《九家易》曰『兌澤震雷，八月之時，雷藏於澤』者，得

〔註4〕見李鼎祚《周易集解》卷五《隨》。「震春，兌秋，震陽動而兌陰說，故大通」，《周易集解》作「隨者，震之歸蠱。震歸從巽，故大通」。
〔註5〕見熊過《周易象旨決錄》卷二《隨》。
〔註6〕見李衡《周易義海撮要》卷二《隨》。
〔註7〕見蘇軾《東坡易傳》卷二《隨》。

之。震，東方卦，日出之地曰暘谷；兌，西方卦，日入之地曰昧谷。今自震東趨兌西，『嚮晦』之象。卦互巽，入艮止，入而止息之象也。」〔註8〕

「澤中有雷，雷隨澤而靜，故曰隨。日入而息，人事至微者，上法天運，如雷在澤也。」〔註9〕「莫動於雷而息於澤，隨時故耳。」〔註10〕周宴曰：「爻明隨時而動，《大象》取隨時而息。動息不違乎時，此隨時之義所以為大。」〔註11〕

初九：官有渝，貞吉，出門交有功。　《象》曰：「官有渝」，從正吉也。「出門交有功」，不失也。

述曰：「主守為官。」〔註12〕「人心執掌，與官同稱。」〔註13〕「震為長子，主器官之象。夫法之畫一，莫嚴於官，而初為動主，『有渝』之象。」〔註14〕以九居初，為得其正，心無所繫，動不從邪，有「貞吉」之象。二陰耦，門象。交，交二也。二柔亦正，故出門即交有功。二與四同功，而二多譽，故稱功。「官有渝」是震動之體。既有隨，而變不主故常，必所從得正則吉也。初剛本正，出門交二，兩正相依，不為詭隨，故曰「不失也」。凡近比而交者多失正，能不失則不害於變矣。

卜子夏曰：「隨主於見可而變也，不隨則不吉，隨而喪本亦不吉。初無專應，得其理也。剛不失正，得其吉也。與二相得，『出門交有功』也。非應而合之，不失其隨時之宜。不隨則獨立無功矣。」〔註15〕

吳因之曰：「《同人》卦惟『君子貞』然後為『同人於野』，此爻惟『出門交』然後為『貞』。貞之量原廣潤，若有所私昵，隘而不廣，只此私心，便是不正，故必出門而交，然後為貞，然後得吉，可以有功。夫所謂私者，不必溺於親愛然後為私。如有勝心，客氣而不能相下，亦私也。泥先入之見，而不能灑然一空，以察人之善，亦私也。因微瑕而棄白璧，亦私也。忽芻蕘之善而不

〔註8〕見熊過《周易象旨決錄》卷二《隨》。
　　按：「震東方卦」以下早見於俞琰《周易集說》卷十一《象辭一》
〔註9〕見張獻翼《讀易紀聞》卷二《隨》。
〔註10〕見張根《吳園周易解》卷二《隨》。
〔註11〕董真卿《周易會通》周易經傳集程朱解附錄纂注卷第四《隨》：「黃氏曰：『卦爻取隨時而動，《大象》取隨時而息。』」
〔註12〕見熊過《周易象旨決錄》卷二《隨》。
〔註13〕孔《疏》。
〔註14〕見熊過《周易象旨決錄》卷二《隨》。
〔註15〕見《子夏易傳》卷二《隨》。

採，亦私也。友善未充其量而遽自足，亦私也。或以近故畧之，或以遠故遺之，亦私也。此類皆非『出門交』之義。」

六二：係小子，失丈夫。 《象》曰：「係小子」，弗兼與也。

述曰：王《註》：「陰之為物，以處隨世，不能獨立，必有係也。居隨之時，體分柔弱，而以乘夫剛動，豈能秉志。違於所近，隨此失彼，弗能兼與。五處己上，初處己下，故曰『係小子，失丈夫』也。」劉濂曰：「初陽在下而卑，『小子』象。五陽在上而尊，『丈夫』象。」〔註16〕

程《傳》：「二應五而比初，隨先於近柔，不能固守，故為之戒云：若係小子，則失丈夫也。」陳琛曰：「人之所隨，得正則遠邪，從非則失是，無兩從之理。二苟係初，則必失正應，弗能兼與也。為昵小失大者戒也。」〔註17〕

吳因之曰：「二陰柔，他質地原不好了，故因初之近而遂係之。係者，臭味相投而眷眷不舍之辭。失者，聖人惜之之辭。三之係，則地近情親而眷眷不舍之辭。其失，則聖人幸之之辭。」

六三：係丈夫，失小子。隨有求得，利居貞。 《象》曰：「係丈夫」，志舍下也。

述曰：程《傳》：「『丈夫』，九四也。『小子』，初也。陽之在上者，丈夫也；居下者，小子也。三雖與初同體，而切迫於四，故係於四也。大抵陰柔不能自立，常親係於上〔註18〕者。上係於四，故下失於初。舍初從上，得隨之宜也，上隨則善也。」彭山曰：「四陽當任，而三從之。」〔註19〕以柔隨剛，以昏隨明。『隨有求得』，凡有所求，皆得也。「然四非正應，又有所係而隨己，非正大之情，故不言吉，而戒以居貞。」〔註20〕仲虎曰：「士之病莫大於有所求。三之於四，不可以有求。必得之，故而妄有不正之求也。」〔註21〕「初九陽居陽，貞也，故言貞吉。六三陰居陽，不正，故戒之曰利居貞。」〔註22〕

〔註16〕（明）劉濂《易象解》卷二《隨》。（《四庫全書存目叢書》經部第4冊，第259頁）

〔註17〕程《傳》：

　　　人之所隨，得正則遠邪，從非則失是，無兩從之理。二苟係初，則失五矣，弗能兼與也。所以戒人從正當專一也。

〔註18〕「上」，程《傳》作「所近」。

〔註19〕見季本《易學四同》卷一《隨》。

〔註20〕見胡炳文《周易本義通釋》卷一《隨》。

〔註21〕見胡炳文《周易本義通釋》卷一《隨》。

〔註22〕見胡炳文《周易本義通釋》卷一《隨》。

吳因之曰：「三之質地，亦無以過於二，幸其地位偶近四而遠初，故因為從違實，非真見四之為君子而當親，初之為小人而當遠也。似此相隨，恐不免資其勢而利其有，故有居貞之戒。若自己陽剛，其取其舍，灼然不眩，便斷不為邪媚，聖人何必防範他？『弗兼與』，是邪正不兩立；『志舍下』，是遠近不兩立。」

質卿曰：「係與隨正相反。初九『出門交有功』，不失也，故謂之隨，以其心無所係也。若心有所係，必有所失。六二所係者小子，則失必丈夫，理勢然也，故象曰『弗兼與』。民為同胞，物為吾與，即小子亦當有包涵成就之義乃可。若志在舍下，便非一體之道。即小子何賴焉，其原在係心。一有所係，便偏著，如何得不舍下？」

陸希聲曰：「三非正而隨，其義可尚者，以承陽為順也。二以正為隨，而反不足稱，以乘剛為逆故也。」〔註23〕

仲虎曰：「易之例，不問陰陽。小子皆指初而言。《隨》初九陽稱小子，《漸》初六陰，亦稱小子。」〔註24〕

九四：隨有獲，貞凶。有孚在道，以明何咎？ 《象》曰：「隨有獲」，其義凶也。「有孚在道」，明功也。

述曰：王《註》：「處說之初，下據二陰，三求係己，不距則獲，故曰『隨有獲』也。」彭山曰：「九四以陽剛當有為之任，得陰之從，『有獲』之象。隨以陰從陽為正，故陽剛在四，亦得為貞。但位不中，又在說體。隨而說之，以為己獲，疑於暱矣。四多凶，近也，況有植黨自私之嫌哉！故『貞凶』。」〔註25〕質卿曰：「斯地也，斯時也，惟有孚可以感人，惟在道可以持己。孚以感人，則覬覦之心息；道以持己，則朋比之念消。此非苟且以遷就事機者所能以其明也。如此則隨者不厭其多，獲者不傷其正，夫何咎也？非明難矣哉！」

陽剛中實，「有孚」也。以陽居陰，剛柔不偏，「在道」也。此惟陽明皙於事幾，故能如是以明也。居凶位而免於咎，非天下之至明不能與於斯。故象又以為「明功」。

「有孚在道」乃為臣者家常茶飯，此處只不改其常耳。處危疑之地，只有一片誠心，至誠可貫金石，蹈水火，惟「有孚」故能「在道」。《大有》「匪其

〔註23〕見李衡《周易義海撮要》卷二《隨》。
〔註24〕見胡炳文《周易本義通釋》卷一《隨》。
〔註25〕見季本《易學四同》卷一《隨》。

彭」,可謂「在道」矣,須從「有孚」上來。此惟剛明之人知進退存亡,而不失其正,故能如此,故曰「以明何咎」。

《象旨》:「三非正應,故曰孚,自四言之也。震為大塗,曰道。互艮,光輝,曰明。言四所孚之三在震道之上,以明相接,猶言不敢自他途以進也。『功也』自為句。五多功,故稱功。言四之志率所隨以赴五,非植黨也。」〔註26〕

九五:孚於嘉,吉。 《象》曰:「孚於嘉」,位正中也。

述曰:敬仲曰:「孚,信也。嘉,美也。九五所信者美善,所用者賢也。用賢人,君之吉也。」〔註27〕章氏曰:「惟中正之君,然後能信用中正之賢。九五陽剛中正,下應六二之中正,所謂『迪知忱恂於九德之行』,心誠信而隨之者也,故曰『孚於嘉』。五非有係而有失,二非隨求而有獲,蕩蕩平平,一德一心之孚也,吉道也。」〔註28〕

夫配曰嘉偶,昏曰嘉禮,言陰陽相得也。隨之世,皆急於求合,故陰爻皆有係。四陽貞而凶。惟五陽不苟隨,而隨出於孚,配合嘉禮,其吉為何如!〔註29〕

邵寶曰:「九五孚於六二,而不知其小子之係君道也。六二系於初九,而不知丈夫之失臣之道固如是乎。雖然,此隨之時也。故以二之中正尚不免於負俗之累,況其他乎?是故君子去其所係而嘉德成矣。」〔註30〕

上六:拘係之,乃從維之,王用亨於西山。 《象》曰:「拘係之」,上窮也。

述曰:上六以柔居柔,柔得其正,處隨之極,進無所隨,而獨係於五,有「拘係之,乃從維之」之象。蓋柔順之至。「無以為喻。若有以拘而係之者,喻之不足。若又從而縶之維之者,是雖逃之有不脫,辭之有不聽,況可得間而離之乎?此『亨西山』,《升》『亨岐山』,周公係爻之時,西伯已追王矣,故稱王。其曰西山、岐山云者,皆取其不越祭也。隨爻重隨意,升爻重升意,以見

〔註26〕見熊過《周易象旨決錄》卷二《隨》。
〔註27〕見楊簡《楊氏易傳》卷七《隨》。
〔註28〕章潢《周易象義》卷二《隨》與此大不同,曰:

> 九五陽剛居尊,且得六二正應,所孚一於中正,而至誠動物,略無所係,蕩蕩平平,天下成不言而信之化矣。此非隨之至善而得夫亨嘉之會者乎?吉可知矣。《象》曰:「位正中也。」上下中正以相孚,則九五之孚一惟隨乎善而已矣。夫配曰嘉偶,昏曰嘉禮,言陰陽相得也。隨之世,皆急於求合,故各爻皆有係、有求、有獲。惟五陽不苟隨,而隨出於孚,配合孔嘉,其吉為何如!五不言係,亦不言隨,而獨曰孚,以其位本中正故也。

〔註29〕參前一條引章潢《周易象義》。
〔註30〕見邵寶《簡端錄》卷一《易》。

固於隨，不妄升耳。據上之象，其隨之之誠雖『用亨於西山』，神且隨之而格，則人之隨可知也。」〔註31〕

虞翻曰：「乘剛無應，『上窮也』。」〔註32〕六二舍五而係初，九四舍初而係三，皆介陰陽之間，有得有失，而皆偏係之私。至於上六，進無可隨，故曰「窮也」。文王處紂之時，以之為臣，而係於君，陰隨陽之正理也。卦、爻、《彖》、《象》，總是隨時之義。雖上九至於拘係縶維，如文王蒙大難，不忘天王聖明之念，正是隨時之極。

蠱☶ 巽下艮上

「伏曼容曰：『蠱，惑亂也。萬事從惑而起，故以蠱為事。』《左傳》：『女惑男，風落山，謂之蠱』，是其義也。」〔註33〕

器久不用則蟲生之謂蠱，人生宴溺而疾生之謂蠱，天下久安無為而弊生之謂蠱。〔註34〕

《序卦》：「蠱者，事也。」《雜卦》：「蠱則飭也。」觀卦象固見蠱之所由成，而卦才則皆足以治蠱者也。程《傳》：「陽剛尊而在上，陰柔卑而在下，男雖少而居上，女雖長而居下，尊卑得正，上下順理，治蠱之道也。」「其位不易，其道則變。下順於理，上止於則，巽艮合而事皆止於順，則何蠱之不治？」〔註35〕

王《註》：「上剛可以斷制，下柔可以施令。既巽又止，不競爭也。有為而無競爭之患，故可以有為也。」

「易道不重在發明成蠱之由，惟重治蠱之道。終始相承，則爻中所謂父母與子之象，亦有着落，不必各爻另尋父母之象。」〔註36〕蘇氏曰：「蠱之災，非一日之故也，必世而後見，故爻皆以父子言之，明父養其疾，至子而發也。」〔註37〕

〔註31〕見張獻翼《讀易紀聞》卷二《隨》。
〔註32〕見李鼎祚《周易集解》卷五《隨》。
〔註33〕見李鼎祚《周易集解》卷五《蠱》。
〔註34〕見蘇軾《東坡易傳》卷二《蠱》。
〔註35〕程《傳》：
　　　　夫治亂者，苟能使尊卑上下之義正，在下者巽順，在上者能止齊安定之，
　　　事皆止於順，則何蠱之不治也？
〔註36〕見章潢《周易象義》卷二《蠱》。
〔註37〕見蘇軾《東坡易傳》卷二《蠱》。

蠱：元亨，利涉大川。先甲三日，後甲三日。

《彖》曰：蠱，剛上而柔下，巽而止，蠱。蠱，元亨而天下治也。「利涉大川」，往有事也。「先甲三日，後甲三日」，終則有始，天行也。

　　述曰：質卿曰：「蠱從蟲從皿，物必腐而後蟲生之，蟲叢而物斯蠱矣。人必怠也而後弊生之，弊積而世斯蠱矣。卦象巽艮合體而為蠱，蓋積漸使然也。夫蠱，亂之徵也，亦治之機也。有因無事而失守，有因多難而興邦。世誠蠱矣，則起弊維風，從此而可振；改絃易轍，從此而可行。塞而大通，理有必然，故為元亨。蠱而元亨，天時也。乘天時而效治道，人功也。及此時而疏瀹整剔，俾前之積蠱拔其根株，而無遺其芥蔕，如涉大川，乃為利焉。是何也？天地間最難得者，時。時也者，君子濟世之大本也。世之有治亂，猶陰陽之有代謝也。而治亂之相為循環，猶代謝之相為迭運也。故有先甲之三日，必有後甲之三日。天運流行，始終相代，乃一定而不可已。世至於蠱，必有元亨之期。時至元亨，必當效利涉之用。是之謂天人相待之理，行所無事之道。先甲之三日，子、寅、辰也。後甲之三日，午、申、戌也。有子、寅、辰必有午、申、戌，如環無端，千古不易。」

　　梁寅曰：「言蠱極必治而治蠱有道也。『蠱，元亨』者，蠱之既治也。不先言治蠱之道，而乃先言其效者，明亂之可治也。『利涉大川』，方治蠱之時也，故謂之『往有事』。『先甲』、『後甲』，即所謂『有事』也。」〔註38〕

　　蔡汝楠曰：「蠱者，亂之將傾。君子慮《豐》之盈，不慮《蠱》之壞。天道人心向於有事，可以慮始矣。故天時為『元亨』，人事為『利涉大川』。『先甲三日』，欲達其機；『後甲三日』，欲要於久。此乃所以『涉大川』而圖『元亨』者也。作新者，達之道也。變化者，久之道也。」〔註39〕

　　吳因之曰：「剛上而柔下，不專屬君臣。天下人才，只是剛柔二種。剛者須賴柔以裁其激，柔者須賴剛以作其懦。二者相交相接，如房、杜之謀斷相資，然後可以維持天下。今剛者亢然自高，鄙柔者之不足與有為，而不交於柔以求濟；柔者俛然自卑，安於剛者之不吾與，而亦不交於剛以求濟。二者判隔不相為用，則激者無所於裁，懦者無所於作，各任其偏，同於僨事，而天下日壞矣。」《本義》：「艮陽居上，巽柔居下，上下不交。」上下便是不交。「『剛上柔下，

〔註38〕見梁寅《周易參義》卷一《蠱》。蔡清《易經蒙引》卷三上《蠱》亦引之。
〔註39〕蔡汝楠《說經劄記》卷一《易經劄記・蠱卦》。（《四庫全書存目叢書》第149
　　　　冊，第22頁）

巽而止』，非蠱也，乃所以致蠱也。」〔註40〕

「利涉大川，往有事也」，欲其有涉川之勇也。〔註41〕「涉」字最有力。須如救焚，如拯溺，危難艱險，迴避不得。爻說「幹」字，便是「涉大川」之意。此非有剛果之資，如何做得？

「先甲」、「後甲」是一時，是一件事。「先於此推其所以然，後於此慮其將然也。一日、二日至於三日，言慮之深，推之遠。究其所以然，則知救之之道；慮其將然，則知備之之方。善救則前弊可革，善備則後利可久。」〔註42〕

蠱者，極壞也。惟極壞，然後有事。是從空另做一番。故曰「先甲三日」。若將衰未衰時，用些維持挽回之術，只是因仍舊貫，補緝其間，非有事之謂。處大壞極弊田地，乃旋乾轉坤之日，豈修廢舉墜之日？惟其重新整頓，自我作古之事，所以最難下手。多有革弊之人，能反一時極重之勢，不旋踵而難端不發於此而發於彼，方稱治蠱，蠱又復來。此係慮淺謀近、坐狼疾人之病。故有「後甲三日」之戒。

《象旨》：「三互震，東為甲也。『三日』指互震三畫言。巽固進退不決，苟非艮止於上，則亦未蠱。若巽而動，則為《恒》矣。『先甲三日』為巽初致蠱之由，『後甲三日』則震上飭蠱之極，故《恒》曰『終則有始』，《蠱》亦曰『終則有始』。」〔註43〕

《象》曰：山下有風，蠱。君子以振民育德。

述曰：張獻翼曰：「《小畜》之『風在天上』，《觀》之『風在地上』，《渙》之『風在水上』，亡所阻也，故曰『行』。山下之風，旋轉於內而已，亡能達也，故曰『有』。」〔註44〕《象旨》：「『山下有風』，則何以蠱？邵子曰：『蠱者，風之族也。』蠱以風化，故字從蟲。今夫『山下有風』，則木多滯淫而蠱生焉，蠱之象也。」〔註45〕

「君子治蠱有道。民心之蠱，以玩愒頹廢，未知所振作耳。振者，鼓舞興

〔註40〕見蔡清《易經蒙引》卷三上《蠱》。張獻翼《讀易紀聞》卷二《蠱》引之而不言。

〔註41〕季本《易學四同》卷三《象彖爻上傳》：「『有事』則欲其有涉川之勇耳。」

〔註42〕程《傳》。

〔註43〕見熊過《周易象旨決錄》卷二《蠱》。

〔註44〕見張獻翼《讀易紀聞》卷二《蠱》。按：此說本於俞琰《周易集說》卷十一《象辭一》。

〔註45〕見熊過《周易象旨決錄》卷二《蠱》。

起之意，故曰作新民。育德者，從民心之善根提撕而煦養之，以啟其自新之機。所以振之者，不徒條教之設、號令之申，蓋治其本也。譬之良醫之治病，振者驅其外邪，育者養其元氣也。」〔註46〕

風播長空則舒慘變，寒暑遷而歲功成。今在山下，則迴旋鬱滯，不能條暢動盪，蠱之象也。巽之弊，失於懁懦，風則能振動萬物者也。艮之弊，失於苟止，山則能畜養萬物者也。君子體之，日新其德，於以振起民偷，而長養其新心，人人皆振，如風之鼓外物；涵育其德，如山之涵內氣。如是而天下之蠱為元亨矣。〔註47〕

初六：幹父之蠱，有子考，无咎，厲，終吉。　《象》曰：「幹父之蠱」，意承考也。

述曰：蠱以漸積，在初尚易為力。初最下，為內卦之主，「子」象。以陰居陽，以柔行剛，幹蠱象。克體父志，不襲其弊，為父補過，是為有子而考得无咎。當事之首，是以危也。能堪其事，故「終吉」。汝吉曰：「父子一體也。曰『父之蠱』，明無得諉爾。幹蠱者，以權濟。初，巽主，稱隱以行權，故善之。而質柔，故戒之厲焉。」

質卿曰：「人子能幹父蠱，方稱為有子。不然，與無子同。『有子考』始得『无咎』。不然，未免有咎也。此人子始事，可以無憾。然幹蠱終非易事，少涉意氣，少不詳慎，動成愆尤，故『厲，終吉』。」

巽為木幹，蠱以內蠱而剝落，象木幹朽。然根本固在也。幹立而枝葉附之以立，故曰幹蠱。

敬仲曰：「『意承考』者，初六有柔順象，不得已而幹父之蠱，其意未嘗不順承者也。其意則承，其事則不可得而承矣。承其事則蠱弊，終不盡除，乃所以彰父之惡也。故有孝子不明其義，一於順承，因仍蠱弊，殊為失義。」〔註48〕

〔註46〕見王畿《大象義述》。（吳震編校整理《王畿集》，鳳凰出版社 2007 年版，第658～659 頁）

〔註47〕趙汝楳《周易輯聞》卷二《蠱》：

　　　　艮為山，巽為風。風播長空則舒慘變，寒暑遷而歲功成。今在山下，則入於巖穴，迴旋鬱滯，不能條達動盪，蠱之象也。巽之弊，失於奰懦，風則能振動萬物者也。君子體風之用以振民。艮之義，主於蓄養，山則能蓄養萬物者也。君子體山之用以育德。振民育德，可以亨蠱也。

〔註48〕見楊簡《楊氏易傳》卷七《蠱》。

九二：幹母之蠱，不可貞。　《象》曰：「幹母之蠱」，得中道也。

述曰：九二「幹母之蠱」尤難。「幹父」者，必於承家當事之時，而「幹母」則承歡慈闈之日也。王《註》：「居於內中，宜幹母事。婦人之性，難以全明。宜屈己剛，既幹且順。故曰『不可貞』。」蘇氏曰：「陰性安無事而惡有為，是以為蠱之深者。歸之母而幹之尤難，正之則傷愛，不正則傷義。非九二其孰能任之？二以陽居陰，有剛之實而無用剛之跡，可以免矣。」〔註49〕《象》曰『得中道也』，可見柔行巽入乃為幹母之中道也。」〔註50〕

質卿曰：「治蠱易，得中道為難。得乎中道，則所幹者皆慈祥愷悌之發，一念不已之真情，非徒為其事之當而已。」

林希元曰：「五以陰柔居尊位，委任九二，有母之象。」〔註51〕「『不可貞』，本以剛承柔來，凡剛多有所違拂，而柔必有所不堪，故以為戒。」〔註52〕《紀聞》曰：「『母』者，陰尊之號。如《晉》之稱『王母』，亦謂五也。非不可正也，不可固執以為正也。有母在，而以剛行之，有時而違拂矣。」〔註53〕

彭山曰：「蠱以卦陽剛止於上，安靜而不理事，所以致蠱者在此。」〔註54〕《彖》：「蠱，元亨而天下治也。」「唯『元亨』然後可以振起，否則不可為矣。」〔註55〕「九二：幹母之蠱，不可貞。」「貞者，陰靜之德，而陽剛則『元亨』之發用也。『不可貞』則當用『元亨』矣。所重在陽，所難在『幹母之蠱』，故特於九二發之。」〔註56〕

〔註49〕　見蘇軾《東坡易傳》卷二《蠱》。
〔註50〕　見章潢《周易象義》卷二《蠱》。
〔註51〕　馮椅《厚齋易學》卷十二《易輯傳第八》：「石守道曰：『六五陰居尊位，委任九二，有母之象。』」
〔註52〕　見林希元《易經存疑》卷三《蠱》。
〔註53〕　見張獻翼《讀易紀聞》卷二《蠱》。
　　　　　另，董真卿《周易會通》周易經傳集程朱解附錄纂註卷第四《蠱》：
　　　　　　　李氏椿年曰：「母柔子剛，於義為得。然而不可以為貞也。有母在，而以剛行之，有時而違拂矣。」
〔註54〕　季本《易學四同》卷一《蠱》：
　　　　　　　父以上九言，陽剛在上，父之象也。然止於上，則安靜而不理事，所以致蠱者在此，故曰「父之蠱」。
〔註55〕　見季本《易學四同》卷三《彖象爻上傳》。
〔註56〕　季本《易學四同》卷一《蠱》：
　　　　　　　母之蠱，謂初六也。貞者，德之收斂而無為者也，與「元亨」不同。九二陽剛得中，元亨有為之德也。初六柔巽，必須剛以幹之，不可斂於無為也，故曰「不可貞」。「不可貞」則當用「元亨」矣。九二乘初六，故以母蠱發義。

九三：幹父之蠱，小有悔，无大咎。　《象》曰：「幹父之蠱」，終无咎也。

述曰：九三居下之上，才位皆剛，能幹父蠱者也。三巽體剛正，以正幹父，得人子之大義。但處位不中，容有過差處，未免「小有悔」而「无大咎」。過剛不中，巽體得正，一時俱有。吳因之曰：「子之於親，豈容有小悔？程子云：『有小悔，已非善事親也。』然孔子以其幹蠱之功大，故直許之曰『終无咎』。」汝吉曰：「『終无咎』，果之也，果之使忠臣孝子之心得精一自信焉。」

六四：裕父之蠱，往見吝。　《象》曰：「裕父之蠱」，往未得也。

述曰：彭山曰：「陰柔得正，但非強幹之才。其體艮止，亦非進而飭蠱者，寬以居之而已。故為『裕父之蠱』之象。此非有不正之德縱蠱使之日深也。然蠱豈優游無為者之所能持乎？由此而往，以止自安，見吝必矣。言『裕』為蠱之害如此。」〔註57〕「《象》曰：『往未得也。』『未得』所以見吝。」〔註58〕曰干蠱，所患不在不能矣，患其大過耳，故初曰「厲」，二曰「不可貞」，三曰「小有悔」，曰「裕蠱」；所患不在不審矣，患其不果耳，故曰「見吝」，曰「未得」。使之反裕而為幹也。

六五：幹父之蠱，用譽。　《象》曰：幹父「用譽」，承以德也。

述曰：五陽剛，得中之位，可以有為。六柔居之，體和履中，承應皆陽，柔以剛濟，不貞不裕，能「幹父之蠱」也。嗣君以成就先德為孝，故曰「用譽」，榮譽之道也。《傳》稱「天子孝曰就，言德被天下，澤及萬物，終始成就，榮其祖考也。」〔註59〕可以明六五「幹父」「用譽」之旨。

幹蠱貴剛柔相濟。二、五正應，剛柔合德，幹不違中，以成元亨之治。恢弘舊業，掩飾前過，而美譽施於其父，曰「用譽」。《象》曰「承以德也」，德本中而言，是為善繼善述之道，不獨「意承考」而已。

或謂「用譽」即九二之賢民譽也。又二多譽。卜子夏曰：「柔非能干蠱也，事必有主之者矣。」〔註60〕則任賢正六五，所以為幹蠱者，非以用譽為用賢也。

〔註57〕季本《易學四同》卷一《蠱》：
　　　　然陰柔得正，但貞靜自守，寬以居之而已，非有不正之德而縱蠱使大也。
　　　　雖無不正，然以止自安，亦可羞之道。故自裕而往，當即見其有吝，非必以惡
　　　　致吝而後為吝也。言「裕」，亦為蠱之害者如此。
〔註58〕見章潢《周易象義》卷二《蠱》。
〔註59〕語見《孝經注疏》卷一《天子章第二》，稱「《孝經援神契》云」。
〔註60〕見《子夏易傳》卷二《蠱》。

上九：不事王侯，高尚其事。　《象》曰：「不事王侯」，志可則也。

述曰：蠱，物壞而有事也。諸爻皆汲汲幹事，皆事王侯之事者。至上則事外矣。陽剛在上，位則亢也；處蠱之極，時當止也。故曰「不事王侯」，不復事君也。君猶高尚其所為之事，言尊崇之於上也。艮為止，有「不事王侯」之象。一陽在五之上，有「高尚其事」之象。如《大畜》「剛上而尚賢」之意。「山下有風，蠱」，而此爻在山之上，故不以蠱象。最處事上，而不累於物，其志為可則。王昭素曰：「取不貪之志以為法也。」〔註61〕觀上志未平，則其志亦可則矣。《漸》上「可用為儀」、「不可亂也」，皆一義也。

汝楳曰：「上九在蠱之終。事之蠱壞者，至六五而幹之畢矣。蠱未亨，則視國事猶家事。蠱既亨，則致國事而高自事。」〔註62〕蘇氏曰：「見蠱之漸也，則涉川以救之。及其成，則『不事王侯』以遠之。蠱之成也，良醫不治，君子不事事。」〔註63〕由趙說則功成身退之事，由蘇說則陋巷簞瓢之事，皆所謂以無事為事也。治蠱在於「振民育德」，故有取於高尚者不事，而曰其事，蓋與「往有事」者同用矣。

紫溪曰：「卦以幹蠱象涉川。爻言幹蠱，必剛柔中。過剛，則急治而失之貞；過柔，則緩而不治，失之裕。君虛中以任賢臣，得中以濟世。二、五相應，此蠱之所以不終於蠱也。古今稱輪蠱者，無如周宣王。考其時，則顯允方叔、孝友張仲，其承德弘矣。《鴻雁》安集，《車攻》飭武，不貞不裕，其化理中矣。彼其先甲、後甲之攻，載之《詩》者，迄今可考鏡也。漢之元、成，宋之元和，天下之蠱，既已日深。而漢臣則優游靡斷，泄泄然惟裕蠱之安；宋臣則矯枉過正，又不免為幹蠱之悔。天下事從此日非矣。雖然，寧為幹之悔，無為裕之吝，此又當事者所當權衡也。」〔註64〕

〔註61〕見李衡《周易義海撮要》卷二《蠱》。
〔註62〕趙汝楳《周易輯聞》卷二《蠱》：
　　蠱至上而亨，干蠱亦至上而止。功成身退，不事王侯，所尚之事足以高抗浮雲。蠱未亨，則視國事猶家事。蠱既亨，則致國事而高身事。
　　胡廣《周易大全》卷七《蠱》：
　　誠齋楊氏曰：「上九在蠱之終。事之蠱壞者，至六五而幹之畢矣。此上九所以『高尚其事』也。」
　　按：《誠齋易傳》未見此語。
　　又，張獻翼《讀易紀聞》卷二《蠱》：「上九在蠱之終。事之蠱壞者，至六五而幹之畢矣。此上所以『高尚其事』。」
〔註63〕見蘇軾《東坡易傳》卷二《蠱》。
〔註64〕蘇濬《生生篇·蠱》：

初六爻，項氏曰：「蠱之成卦，乃因《坤》之上六來為初六，則初六者，成卦之主也。故聖人於此爻詳言治蠱之事，專取卦主為義，不論其才也。況去柔居剛，亦有志於治蠱者，故《象》取其義，而爻戒其危焉。」〔註65〕「『幹父之蠱』，跡若不順，意則承之。跡隨時而遷，久則有弊，何可承也？孝子之於父，不失其忠愛之意而已。」〔註66〕「初六有幹蠱之志，九二有內幹之才，九三有外幹之才。大抵蠱下三爻皆能幹者，以其巽體主於行事也。」〔註67〕

上九爻，項氏曰：「居蠱之終，則無事之時也；在蠱之外，則不當事之人也。然當事者以幹蠱為事，不當事者以高尚為事，亦各事其事，故不曰無事而曰『高尚其事』。事得其宜，非宜幹而不幹者，故曰『志可則也』。」〔註68〕

按：「《蠱》六爻，皆以剛為貴。初與五，以爻位剛，亦得吉譽。九三剛而不中，在他卦多凶，而於《蠱》獨『无大咎』。惟六四一爻，位與德俱柔，遂以見吝。以此見『幹蠱』『涉川』非剛不濟也。上九無預於事，亦以剛介為尚〔註69〕。」〔註70〕蓋「蠱卦之體，巽伏而不動，外剛而內柔，有致蠱之象，而其諸爻乃有治蠱之才。九二以柔行剛，能幹母之蠱也；九三以剛行剛，能幹父之蠱者也；初六、六五皆資柔而志剛，亦有幹蠱之志；初在下而承乾，故為意在承考，臣之事也；五在上得中，而應乎乾，故為德足以承考，君之事也。初當治蠱之始，故為厲；五享治蠱之成，故為譽。方承繼之，初驟有所改，以跡言之，但見其危，安得有譽？惟識者察之，知其意非悖父，爾及事定之後，人

蠱之時，天下之亂極矣。彼坐視斯世之亂，而漠然莫之理者，山林之不事王侯者之所安也。若有憂天下之心，豈能晏然而已耶？是故為君者，必急於用賢；為臣者，必急於匡世。固不急治而失之真，亦不緩治而失之裕；固不以未治而偷安，亦不以既治而忘危。此蠱所以不終於蠱，而中興之業，卒與創業同光也。觀古今之談中興者，必嘖嘖周宣，而夷考其業，則顯允方叔、孝友張仲，其成德弘矣。《鴻雁》安集，《車攻》飭武，不貞不裕，其化理中矣。彼其先甲、後甲之功，載之《詩》者，迄今可考鏡也。漢之元、成，宋之元祐，天下之蠱，既已日深。而漢臣則優游靡斷，泄泄然惟裕獮之安；宋臣則矯枉過正，又不免為幹蠱之悔，天下事從此日非矣。雖然，寧為幹之悔，無為裕之吝，此又當事者所當權衡也。

〔註65〕見項安世《周易玩辭》卷四《初六》。
〔註66〕見項安世《周易玩辭》卷四《意承考也》。
〔註67〕見項安世《周易玩辭》卷四《初六》。
〔註68〕見項安世《周易玩辭》卷四《上九》。
〔註69〕「尚」，《周易玩辭》作「高」。
〔註70〕見項安世《周易玩辭》卷四《六爻》。

被其德，乃始信其為孝而稱譽之。治蠱之難有如此」。〔註71〕

臨☷ 兌下坤上

劉濂曰：「二陽浸長，以臨於陰，故為臨。陰為民，陽為君。大君臨民之象也。」〔註72〕

王《註》：「此剛長之卦也，剛勝則柔危矣。柔有其德，乃得免咎。故此一卦，陰爻雖美，莫過无咎也。」

臨：元亨利貞，至於八月有凶。

《彖》曰：臨，剛浸而長，說而順，剛中而應，大亨以正，天之道也。至於八月有凶，消不久也。

述曰：臨，蒞也。傳言之大也，陽大陰小，一陽初復尚微，浸長至二陽，四陰順之而往也，可大已。《臨》也，十二月之卦也。《臨》且《泰》，而元元始而亨而利而貞。六陽純乾，天道成焉，大終矣。而反之《姤》、之《遯》、之《觀》，四陰浸消二陽，則《臨》之二陽至《觀》危矣，故曰「至於八月有凶」。

汝楳曰：「一陽之復雖已亨，而陽尚微。至二陽，則九二居臣位之正，猶《乾》之見龍為天下所利見，可以出臨群陰。其為亨也，視《復》為大。於時陰猶盛，陽之臨之，利得其正。然至於八月，則二陽浸消而有凶矣。」〔註73〕「有凶不必凶，而凶在其中也。有屬不必屬，而屬在其中也。有悔不必悔，而悔在其中也。」〔註74〕

《陰符經》：「天地之道浸，故陰陽相勝。」《臨》曰「剛浸而長」，《遯》曰「浸而長」，自《臨》而長為《泰》，自《遯》而長為《否》。浸，漸也。〔註75〕二陽浸長，進臨群陰，是有臨人之象，故曰「臨也」。〔註76〕內兌為說，說則二陽之進也為不逼外；坤為順，順則三陰之從也為不逆。剛當浸長，過則為

〔註71〕見項安世《周易玩辭》卷四《卦爻總義》。
〔註72〕劉濂《易象解》卷二《臨》。(《四庫全書存目叢書》經部第4冊，第260頁)
〔註73〕見趙汝楳《周易輯聞》卷二《臨》。
〔註74〕見王安石《臨川集》卷六十三《易泛論》。
〔註75〕王應麟《困學紀聞》卷一《易》：
　　　《陰符經》云：「天地之道浸，故陰陽勝。」愚嘗讀《易》之《臨》曰「剛浸而長」，《遯》曰「浸而長也」。自《臨》而長為《泰》，自《遯》而長為《否》。浸者，漸也。聖人之戒深矣。
〔註76〕趙汝楳《周易輯聞》卷二《臨》：「浸，漸也，猶水之浸其長，有漸也。通六爻而言，則一陽浸長而為二陽，是有臨人之象。」

邪。而二為剛中，則陽德方亨而不過。柔正用事，權在於五，而五為正應，則剛柔合德而有為。此《臨》之「大亨以正」，是乃天之道也。王《註》：「陽轉進長，陰道日消，君子日長，小人日憂，『大亨以正』之義也。八月陽衰而陰長，小人道長，君子道消，故曰『有凶』。」汝楳曰：「消，不久之義，專以二陽之消息為主，以《臨》與《觀》反也。《臨》為二陽之長，《觀》為二陽之消，少進一位即為《剝》，而陽之消不久矣。當臨之時，人皆喜陽剛之漸長，而聖人於斯際，已垂浸消之戒。視《剝》、《復》、《否》、《泰》言『長』、『消』於二卦者，其憂深思慮為尤切。」〔註77〕「浸長」者原始，「有凶」者要終，言當制於未亂也。

汝吉曰：「八月之卦，陽旅退藏，能無傷乎？則夫長而消，固不久也。明於勝復之運者，當時撫几，功成不尸，毋亟疾以迫之，庶夫《書》稱帝『臨下以簡』，《詩》稱天『臨下有赫』，《禮》天子『有臨天下』之稱。此訓大以德下，下而後能有臨也。無訓迫者，矧有凌乎？凌之上之也。其所由，殆於『八月有凶』之戒異矣。」

吳因之曰：「『元亨利貞』是言目下雖盛，卻不可不貞。『八月有凶』是言後日將衰，益見其不可不貞。」

自一陽以至六陽，惟《乾》稱「元亨」，《大壯》與《夬》不言「亨」，《復》與《泰》「亨」，不言「元」，乃《臨》獨「元亨」，何也？天下之勢，惟方興為最盛。臨之浸長，方興之勢也。蓋盛莫盛於臨，故「元」可；憂亦莫切於臨，故曰「有凶」。「當其剛浸長之時，便戒以陰長之意。」〔註78〕「陽長至二，未過乎中，即為之戒。戒貴乎早也。」〔註79〕

《象旨》：「『大亨以正』，亨，通也。『天』，指二之剛中也。敬仲曰：『惟民生厚，因物有遷。與物通者，往往失正，而況大亨乎？大亨而不失其正者，非人之所能為也。大亨，人亨也。正，人正也。而曰『天道』，明其不加人為也。人心至動至變，無思無為，是謂天性之妙，天之道也』。」〔註80〕

〔註77〕見趙汝楳《周易輯聞》卷二《臨》。

〔註78〕《二程遺書》卷十七：

　　　　《臨》言「八月有凶」，謂至八月是《遯》也。當其剛浸長之時，便戒以陰長之意。

〔註79〕見胡炳文《周易本義通釋》卷一《臨》。

〔註80〕見熊過《周易象旨決錄》卷二《臨》。

　　　　按：節引楊簡之說有誤，致「人心」二字無處安置。《楊氏易傳》卷八《臨》：惟民生厚，因物有遷。應酬交錯，與物亨通，往往失正，而況於大亨乎？

《象》曰：澤上有地，臨。君子以教思無窮，容保民無疆。

述曰：澤之上有地，澤之所以恃有隄防安靜，而不至於潰溢四出者，地之博厚無垠也。君子之於民亦然。臨之以勢，勢有盡也。臨之以教，教無窮也。教思無窮，肫肫無已之意，澤之深也。包容之，保育之，以奠麗民而無疆。無疆者，坤德也，厚之至也。此大德臨民之道。君子所以法澤地之象者，三代之民不忘先王之澤。三代之下，一決則橫流矣。〔註81〕

初九：咸臨，貞吉。　《象》曰：「咸臨貞吉」，志行正也。

述曰：剛，君德也。剛長為臨。咸者，臨之體也。一陽初復在下，有應於四，心無私係，徧感群陰，以至公而感大順，臨民之道也，故曰「咸臨」。所居者正，所感而應者皆正，故曰「貞吉」。〔註82〕《象》曰「志行正也」，陽在下，未當臨陰之任，而曰「咸臨貞吉」者，以與二同德而升，志行其正也。志陽剛有為之志，蓋必進而上行矣。卦以二陽臨四陰，陽雖長而陰猶盛，非協力不足以勝，故初、二皆曰「咸臨」。

「陽本天氣也，地感天氣之臨，曰『咸臨』。」〔註83〕章氏曰：「三陽在下為交泰，天地之氣相通也。二陽在下為《咸》、《臨》，陰陽之氣相感也。」〔註84〕質卿曰：「只是志行正，便自心相感通，故為《咸》、《臨》。若意在感人，即屬有心，如何成《咸》？」

九二：咸臨，吉無不利。　《象》曰：「咸臨，吉無不利」，未順命也。

述曰：二陽浸長，與五正應，其志得行，故為「咸臨，吉無不利」。四陰

大亨而不失其正者，非人之所為也，天道也。大亨，人亨也。正，人正也。而曰「天之道」者，明其不加人為，不流入於人心。至動至變，無思無為，是謂天性之妙，是謂天之道也，是謂「道心」。

〔註81〕朱震《漢上易傳》卷二《臨》：

水，天下之至柔也。以土制水，宜若易者。然迫之以險隘，奔潰四出，壞之而後已。居之以寬大，則畜而為澤矣。君子之於民也亦然。臨之以勢，勢有盡也。親之以教，教無窮也。是以忘有盡之勢，思無窮之教。教思無窮，則待之非一日也。故包容之，保有之，而無疆無疆者，坤德也，厚之至也。三代之民，不忘乎先王之澤者，教也。三代而下，一決則橫流而不可復者，臨之以勢也。

〔註82〕朱長文《易經解‧臨》：

一陽初復於下，心无私係，徧感群陰，以至公而得大順，臨民之正道也。所居者正，所感而應者皆正，故曰「貞吉」。

〔註83〕見章潢《周易象義》卷二《臨》。

〔註84〕章潢《周易象義》未見此語。

在上猶盛，二陽自下臨之，初以正，二以中，皆以至公，徧感群陰，而得其大順，曰「咸臨」。咸，無心之感也。感也而忘其咸，臨也而忘其臨，故「吉無不利」。是以《象》曰「未順命也」。坤有順德，而卦則在上。陽自下進，至三陽開泰，則陰無不順。今尚在二，「未順命也」。九二「咸臨」，不強其順，而徐俟其自順，無迫促以勝之之意焉，此以德臨人之象也。〔註85〕所以「吉無不利」者以此。

蘇氏曰：「二陽在下，方長而未盛也。四陰在上，雖危而尚強也。九二以方長之陽而臨眾陰陰，負其強而未順命，從而攻之，陰則危矣。而陽不能無損，故九二以咸臨之而後吉，陽得其欲而陰免於害，故『無不利』。」〔註86〕

《象旨》：「『未順命』者，六五在二陰之間，故雖知臨，其命未必皆當。二體兌說，嫌於舍我所學以從上。然本剛中而應，故有都俞籲咈焉。孔《疏》『斟酌事宜，有從有否』者，是也。」〔註87〕趙汝楳曰：「二、五雖為正應，然群陰方在五左右，五又陰體，易與比昵。君側之小人，易肆其奸。二之未順命，正陽剛中正之妙，所以調停君心，制伏陰氣，而使之無不順也，故曰『吉，無不利』。」〔註88〕

六三：甘臨，無攸利。既憂之，无咎。 《象》曰：「甘臨」，位不當也。「既憂之」，咎不長也。

述曰：二陽臨四陰，以大臨小，主德言也。四陰臨二陽，以上臨下，主位言也。三陰柔，不中正，臨浸長之剛，兌口柔說，故為甘臨之象。〔註89〕善柔之性則然也。虞翻曰：「失位乘陽，無應，故『無攸利』。」〔註90〕趙汝楳曰：

〔註85〕朱長文《易經解·臨》：「剛而得中，不強其順，而俟其自順，無迫促以勝之之意焉。此以德臨人之象也。」

〔註86〕見蘇軾《東坡易傳》卷二《臨》。

〔註87〕見熊過《周易象旨決錄》卷二《臨》。

〔註88〕趙汝楳《周易輯聞》卷二《臨》：

二、五雖為正應，然群陰在五之左右，寧不惡二陽之浸長？或有挾天子以令九二者，順之則失己，弗順則君側之小人得肆其姦。聖人不曰弗順而曰未順者，懼權姦執之以為口寔，猶曰我姑未順，以俟行中大君之改命也。

〔註89〕吳澄《易纂言》卷一《臨》：

六三互坤之下畫，坤土味甘，兌口柔說，以言媚人，陰柔不正，下臨浸長之剛，勢將逼己而甘言以媚說之，故曰「甘臨」。

〔註90〕李鼎祚《周易集解》卷五《臨》：

虞翻曰：「兌為口，坤為土，『土爰稼穡作甘』，兌口銜坤，故曰『甘臨』。失位乘陽，故『無攸利』。言三失位無應，故『憂之』。動而成泰，故咎不可長也。」

剛長之世，非甘言諂佞之所利也。以位陽而比剛德，故能憂。既憂之，則變其甘說之意，而順陽剛之正，咎可免矣。憂與甘正相反。〔註91〕曰「甘臨」，位不當也。「陽剛當位，乃可臨人。今以六居三在下之上，是處不當位也。既憂之可以補過，咎亦不長。」〔註92〕項氏曰：「六三以甘媚臨而無攸利，見二陽之難說。『既憂之，无咎』，見二陽之易事。」〔註93〕

六四：至臨，无咎。　　《象》曰：「至臨无咎」，位當也。

　　述曰：四處下體之上，陰柔得正，而應於陽剛之初，居正位而親下賢，誠意切至相感通也，故為「至臨」之象。〔註94〕剛勝則柔危，柔能順剛，乃得无咎。《象旨》：「『至臨』者，坤兌之交，地澤相依，臨之至也。以六居四，正也。去其正而止曰『位當』，何也？《象傳》歸『大亨以正』於『剛中』，故不予陰以正也。」〔註95〕

　　程《傳》：「居近君之位，為得其任。以陰處四，為得其正。與初相應，為下賢。所以雖在多凶之地而无咎，蓋由位之當也。」〔註96〕

六五：知臨，大君之宜，吉。　　《象》曰：「大君之宜」，行中之謂也。

　　述曰：趙氏曰：「夫聰明睿知，足以有臨，是曰『知臨』。六本柔闇，承比皆陰，而稱『知臨』，以應二也。二『咸臨』，君德臨之，權在焉。五尊位，柔順居中，委而聽之，無一毫自用之私，為『知臨』也。大君臨制萬國，職惟親賢。今舍親比而任正應，濟柔以剛，握中以運，己不勞而天下之治成，此『大君之宜』，吉之道也。」〔註97〕

〔註91〕季本《易學四同》卷一《臨》：「憂與甘相反。」
〔註92〕趙汝楳《周易輯聞》卷二《臨》：
　　　　陽剛當位，乃可臨人。今以六居三，位既不當，何以能臨？聖人以「咎不長」釋「无咎」，以見未憂之前，固嘗有咎；既憂之後，咎乃不長耳。
〔註93〕見熊過《周易象旨決錄》卷二《臨》，不言係引用。
　　　　按：原見項安世《周易玩辭》卷四《六三》：
　　　　六三以甘媚臨而無攸利，見君子之難說也。「既憂之，无咎」，又見君子之易事也。
〔註94〕朱長文《易經解·臨》：「陰柔得正，而應於陽剛之初，虛心下賢，誠意切至，无咎宜矣。」
〔註95〕見熊過《周易象旨決錄》卷二《臨》。
〔註96〕程《傳》無「雖在多凶之地而」。
〔註97〕趙汝楳《周易輯聞》卷二《臨》：
　　　　知者聰明叡知，足以有臨也。宜者，時措之宜。
　　　　六本柔暗，今乃能燭群陰之情，不昵比其私，而下應剛中之二，知者之事

　　卦主二爻剛長，五與正應，故為「知臨」，專重陽剛言。《象旨》：「劉績引
《緯書》『陽氣在內，中和之德臍乎盛位，浸大之化行於萬民』，庶幾近之。」
〔註98〕初九「志行正」，九二「未順命」，至六五陰居尊位，以中合中，咸臨之
德得行於天下，「大君之宜」，莫大於此。《象》曰「行中之謂也」，即舜之用中
於民而為大知也。

　　上六：敦臨，吉，无咎。　《象》曰：「敦臨」之吉，志在內也。

　　述曰：敦，厚也。坤之上畫，地之最厚處。上六陰柔，居高臨下，然以坤
厚載物之德臨之，以俟二陽之進，而不以高自居，厚之至也，故曰「敦臨」。
〔註99〕上六之為「敦臨」，以感於陽氣之大亨以正，而又無比應牽繫之私〔註
100〕，所以為地道之至順，而成臨之美也，吉又无咎，甚為陽剛幸之。

　　蘇氏曰：「敦，益也。內，下也。六五既已應九二矣，上六又從而附益之，
謂之『敦臨』。《復》之六四既已應初九矣，六五又從而附益之，謂之『敦復』。
其義一也。」〔註101〕章氏曰：「地上高堆曰墩。」〔註102〕坤艮皆土也，故取
「敦臨」、「敦復」、「敦艮」之象。

　　金賁亨曰：「『咸臨』，王道也，以至誠感物而不期應，所謂無心之感也。
『甘臨』，伯道也，以私恩悅人而非正也。四與初應，大臣之親賢，故曰『至
臨』。五與二應，明君之任賢，故曰『知臨』。君臣協心，王道已成。上六『敦
臨』，夫亦敦篤其咸臨者而已，故曰『志在內也』。」〔註103〕

　　　也。大君臨制萬國，固有時措之宜。其舍親比之陰，而應正位之剛者，乃因時
　　　施宜，不容不爾，斯固所以得吉也。於六五稱大君者，以四陰盛於上，故大書
　　　特書，以明君位也。
〔註98〕見熊過《周易象旨決錄》卷二《臨》。
〔註99〕吳澄《易纂言》卷一《臨》：
　　　　敦，厚也。坤之上畫，地之最厚處。天高而覆物者，以上臨下也。地厚而
　　　載物者，以下承上，非臨也。上六陰柔，居高臨下，然以坤厚載物之德臨之，
　　　以俟二陽之進，而非敢以柔臨剛也。在上而不以高自居，厚之至也，故曰「敦
　　　臨」。此爻取義，乃《臨》卦之正意。
〔註100〕章潢《周易象義》卷二《臨》：「且與下五爻，陰陽皆無比應牽繫之私，實無
　　　所不感，無所不臨，所以『吉，无咎』也。」
〔註101〕見蘇軾《東坡易傳》卷二《臨》。
〔註102〕見章潢《周易象義》卷二《臨》。
〔註103〕金賁亨《學易記》卷二《臨》：
　　　　「咸臨」，王道也，以至誠感物而不期其應，所謂無心之感也。「甘臨」，
　　　伯道也，以私恩悅人而非正也。咸即《咸》卦之咸，猶《履》之言「夬履」
　　　也。四與初應，大臣之親賢者也，故曰「至臨」。五與二應，明君之任賢者也，

張氏曰：「說而順，剛中而應」，君子進臨小人之道也。「敎思無窮，容保民無疆」，大君臨涖小民之道也。《大象》之臨與卦辭所謂臨者，有二道焉。初、二之「咸臨」，卦辭之所謂臨也。剛正剛中，皆以正矣，五之「知臨」，《大象》之所謂臨也，吉則敎思、容保之遺矣。「凡卦陽上陰下者，取尊卑定分之義，《否》與《恒》也；陰上陽下者，取往來交感之義，《泰》與《咸》也。故《臨》二陽曰『咸』。」〔註104〕「初、二『咸臨』，下臨上，剛臨柔也；『甘臨』、『至臨』、『知臨』、『敦臨』，上臨下，柔臨剛也。」〔註105〕諸爻無不言臨者，既憂之者，反「甘臨」而為「至臨」、「敦臨」也。「兌終為悅，『甘臨』者，小人之事；艮終為厚，『敦臨』者，君子之德。」〔註106〕「剛多善，亦不必偏善；柔多不善，亦不必偏不善。宜贊以位之當。」〔註107〕「咸者，臨之體，言公也；至者，臨之情，言密也；知者，臨之道，言明也；敦者，臨之誠，言久也；甘者，臨之賊，言邪也。」〔註108〕

故曰「知臨」。臣守其道而不阿，故曰「未順命」。君不自用而取諸人，故曰「行中」。君臣協心，王道已成，無所作為，宜惇篤其道，以保太平而已。故上六曰「敦臨」。敦臨之道，任賢弗懈而已，故曰「志在內」，謂內卦二陽也。夫亦敦篤乎其所謂「咸臨」者而已。

〔註104〕崔銑《讀易餘言》卷一《臨》。
〔註105〕張獻翼《讀易紀聞》卷二《臨》。
〔註106〕崔銑《讀易餘言》卷一《臨》。
〔註107〕楊萬里《誠齋易傳》卷六《臨》。
〔註108〕張獻翼《讀易紀聞》卷二《臨》。
按：此一節見張振淵《周易說統》卷三《臨》：
張幼于曰：「『說而順，剛中而應』，君子進臨小人之道也。『敎思無窮，容保民無疆』，大君臨涖小民之道也。凡卦陽上陰下者，取尊卑定分之義，《否》與《恒》也；陰上陽下者，取往來交感之義，《泰》與《咸》也。故《臨》二陽曰咸。初、二『咸臨』，下臨上，剛臨柔也；『甘臨』、『至臨』、『知臨』、『敦臨』，上臨下，柔臨剛也。諸爻無不言臨者，既憂之者，反『甘臨』而為『至臨』、『敦臨』也。兌終為悅，『甘臨』者，小人之事；艮終為厚，『敦臨』者，君子之德。咸者，臨之體，言公也；至者，臨之情，言密也；知者，臨之道，言明也；敦者，臨之誠，言久也；甘者，臨之賊，言邪也。」
張獻翼《讀易紀聞》卷二《臨》：
故初、二皆曰「咸臨」，復曰「朋來」，咸即朋之義，臨即來之義。舜以一臨四，周公以一臨三，孔子以一臨一，故舜之流放，周公之東征，視孔子兩觀之役為難。初以未當臨陰之任，故曰「志行正」而已，《象》以「八月有凶」警君子，爻以「既憂之，无咎」戒小人。上六積累至極處，有敦篤之義，如「敦艮」、「敦復」之「敦」。以厚接物，未有不安者，故「敦復無悔」、「敦艮，吉」、「敦臨，吉」。初、二「咸臨」，下臨上，剛臨柔也。「甘臨」、「至臨」

《象》曰：「澤上有地，臨。」項氏曰：「澤上於地，人所防之。澤，陂、堰是也。澤有時而決，其所容亦有限。地中有澤，自然之澤，鉅野、洞庭是也。澤無時而窮，其所容亦無限。以教臨民，猶地中之澤。教民之念，既無時而窮，則所容保之民，豈復有限哉？放勳曰：『勞之來之，正之直之，輔之翼之，使自得之，又從而振德之。』曰：『戒之用休，董之用威，勸之以九歌俾勿壞。』所謂『教思無窮』者，此之謂也。」〔註 109〕

初九爻，項氏曰：「初者，臨之始也。以九居初既正，而所感六四又正，固守其正者也。雖其心可尚，然不周於用，吉在自守而已。」〔註 110〕「夫初九、九二，皆臨陰者也，以陽臨陰，反在陰下，有男下女之象，故皆為賢。夫之臨婦，其道如此。」〔註 111〕

楊氏曰：「君子之學，豈不欲有臨哉？臣之臨事臨民，君之臨天下，均臨也。初九當陽長之初而處下位，其名實氣志已足以感動六四近君之臣，宜起而從之，不可失也，方且守貞固以為吉者。蓋士之從人，患在不審。近臣賢且正乎？四皓從子房。近臣不賢且正乎？兩生拒叔孫。不然，有從無審，如固從憲，融從冀，劉、柳從叔文，吉乎？故曰『志行正也』，非不欲行志也，惡不正也。」〔註 112〕九二爻，項氏曰：「九二不主於貞，而主於中，則善用其臨者也。此以中感，彼以中應，君安之，眾信之，故不獨其身之吉，而行之於世，亦無不利也。蓋二陽初長，四陰方盛，猶未肯順聽其命，必用中而後為利。若直行吾志，必不利於行也。故《象》於初九則曰『志行正也』，於九二則曰『未順命也』，於六五則曰『大君之宜，行中之謂也』。聖人當剛長之時，其為君子慮，可謂

「知臨」、「敦臨」，上臨下，柔臨剛也。二不為甘臨所惑，見君子難悅，持己之正也。三能憂而无咎，見君子易事，待人之恕也。三不利而四无咎，三不正無應，四正而應也。聞之《陰符經》云：「天地之道浸，故陰陽勝。」《臨》曰「剛浸而長」，《遯》曰「浸而長」，自《臨》而長為《泰》，自《遯》而長為《否》。浸者，漸也。初九升聞之君子，九二得位之君子，六四好賢之近臣，六五任賢之大君，上六厚德樂善之長者。小人在位者，六三而已。剛多，善亦不必偏善；柔多，不善亦不必偏不善。宜贊以位之當。咸者，臨之體，言公也；至者，臨之情，言密也；知者，臨之道，言明也；敦者，臨之誠，言久也；甘者，臨之賊，言邪也。

兩相比勘，《周易說統》索隱，僅加粗部分為張獻翼之說。

〔註 109〕見項安世《周易玩辭》卷四《大象》。
〔註 110〕見項安世《周易玩辭》卷四《初九　九二》。
〔註 111〕見項安世《周易玩辭》卷四《初九　九二》，原在上一節之前。
〔註 112〕見《誠齋易傳》卷六《臨》。

深矣。陽進至三為泰，剛外順矣。九二、六五猶以中行為福，而況於未順命之時乎！」〔註113〕

六三爻，熊氏曰：「三不中不正，又兌口柔說，互坤，土味甘，故謂『甘臨』之象。與甘節之甘異矣。動則成乾三惕，若憂象也，故『无咎』同。或曰與《泰》『艱貞无咎』同。以三變成泰。」〔註114〕「剛長之世，將泰之世也，故初九升聞之君子，九二得位之君子，六四好賢之近臣，六五任賢之大君，上六厚德樂善之長者。小人在位者，六三而已。以陰柔之資，據二陽之上，自知其位之不當，自疑夫二陽之見逼，然孤而無與，亦何能為哉？挾兌說之極，行甘諂之言，取容而已。然君子可不憂乎？彼雖甘諂而不獲利，吾亦憂之，而後咎不長也。」〔註115〕故曰「言甘誘我也」〔註116〕，忘誘者昌。

六五爻，項氏曰：《臨》六五曰：『知臨，大君之宜』，慮後世必有以苛察為知者矣，故曰『大君之宜』，行中之謂也，言知在知人，使中正之賢得行其道，不在偏知也。」〔註117〕如堯、舜之知急親賢是也。如「《家人》上九曰：『威如，吉』，慮後世必以刻下為威者矣，故曰『威如之吉，反身之謂也』，言威在自畏，不在威人也」〔註118〕。

上六爻，項氏曰：「按：《臨》以下卦臨上，四最在先，與下卦相逼，故為『至臨』。上最在後，與下卦隔四陰，故為『敦臨』。敦者，積厚之名也。五不先不後，獨當其中，與二相知，故為『知臨』。相知者宜於得吉，相逼者僅以位當而得无咎。上與二無交者，從當位之例，无咎可也。而又得吉，何哉？蓋《臨》之上、二有相交之理，非他卦比也。《臨》與《頤》互相易，《頤》之上、二相交而成《臨》，《臨》之上、二亦相交而成《頤》。以交二而言，則可以得五之吉；以當位而言，則可以得四之无咎。是以為『吉，无咎』也。夫子解『吉』字曰『敦臨之吉，志在內也』，內即九二，敦即《頤》之上艮也，明與二合志，則上為化民，遂成由頤之主，此其所以兼四、五之德而有之也。」〔註119〕

〔註113〕見項安世《周易玩辭》卷四《初九　九二》。

〔註114〕見熊過《周易象旨決錄》卷二《臨》。

〔註115〕見《誠齋易傳》卷六《臨》。

〔註116〕語見《左傳・僖公十年》。

〔註117〕見項安世《周易玩辭》卷四《臨六五　家人上九》。

〔註118〕見項安世《周易玩辭》卷四《臨六五　家人上九》。

〔註119〕見項安世《周易玩辭》卷四《上三爻》。

觀☲坤下巽上

程《傳》：「二陽在上，四陰在下，陽剛居尊，為群下所觀，仰觀之義也。在諸爻，則惟取觀，見隨時為義也。」

王《註》：「觀之為義，以所見為美者也，故以近尊為尚，遠之為吝。」

趙汝楳曰：「九五尊居天位，四陰雖盛，不敢逼也，仰觀而已，故卦名觀。然不音觀瞻之觀，而音觀闕之觀者，取九五示觀之義。《爾雅》：闕謂之觀，魯兩觀是也。猶示教法於象魏，使萬民觀之也。陰壯於內，陽消於外，聖人特主陽以名卦，其意深矣。或曰：主陽可也，若例以十二卦之義，何亦不言陰壯？曰：《臨》之『八月有凶』，聖人固豫為之戒矣。」〔註120〕

觀：盥而不薦，有孚顒若。

《彖》曰：大觀在上，順而巽，中正以觀天下。「觀，盥而不薦，有孚顒若」，下觀而化也。觀天之神道，而四時不忒。聖人以神道設教，而天下服矣。

述曰：卦以五陽觀示坤民，故為觀。鄭玄曰：「五互體艮，艮為鬼門，又為宮闕，此天子宗廟之象。」〔註121〕王《註》：「王道之可觀者，莫盛於宗廟。宗廟之可觀者，莫盛於盥也。」祭未有不薦者，但觀之取義，以誠敬在未有事之先，故「觀，盥而不薦，有孚顒若。」不待有事而大君觀示之義，萬民觀感之意，具象中矣。「有孚」謂五。「顒若」，君德有威容貌。《詩》曰：「顒顒卬卬」，君德之謂也。〔註122〕

仲虎曰：「此獨就觀示上，發『盥而不薦』之義，以象二陽在上，無為而化。祭必先盥。盥者，未用事之時。祭則薦而用事。聖人至德之化，如將祭而盥，不待見於用事。孚信在中，已顒然可仰也。」〔註123〕觀法莫此為親切。質卿曰：「觀是無為之妙，纔涉有為，便不是觀。」

天下惟陽為大為上。二陽在上，為下四陰所觀，故曰大觀。其德順而不逆，巽而不忤，又以陽剛處中正，中則不過，正則不偏，以此居尊，所以能

〔註120〕趙汝楳《周易輯聞》卷二《觀》。

〔註121〕《周易鄭注·觀》：「九五，天子之爻。互體有艮，艮為鬼門，又為宮闕。地上有木而為鬼門宮闕者，天子宗廟之象也。」

〔註122〕李鼎祚《周易集解》卷五《觀》：

虞翻曰：「《觀》，反《臨》也。以五陽觀示坤民，故稱觀。盥，沃盥。薦，羞牲也。孚，信，謂五。『顒顒』，君德有威容貌。……《詩》曰：『顒顒卬卬，如圭如璋』，君德之義也。」

〔註123〕胡炳文《周易本義通釋》卷一《觀》。

觀天下。范長生曰：「柔下浸長，剛大在上，其德可觀，故曰『大觀在上』。」「順巽，兩卦之德也，順為之本，巽以出之。順者，順人心之所同，巽則不強人之必從，為柔服群陰之道。曰中曰正，則群陰之取衷也。」〔註124〕王《註》「『觀，盥而不薦，有孚顒若』，下觀而化也」：「統說觀之為道，不以刑制使物，而以觀感化物者也。神則無形者也，不見天之使四時，『而四時不忒』，不見聖人使百姓，而百姓自服也。」吳澂曰：「常人以言設教，則有聲音；以身設教，則有形跡。聖人之設教，非有聲音，非有形跡。不設而設，不教而教，天下一觀感之餘，其應捷如影響。應其所感，亦如四時之應乎？天而無有差忒也。蓋『所存者神』，故『所過者化』也。」〔註125〕「教莫大於觀感，而政令為下。」〔註126〕

吳因之曰：「觀示絕不是所可見之示，下觀不是觀看之觀，都不著形跡，不落聲臭。天人之至妙至妙者，盡於此矣。『盥而不薦，有孚顒若』，只是觀字注解。將祭而盥，盥而尚未祭，這時節胸中是甚麼境界，凜然肅然，一毫妄念雜意也自容著不得。為觀者須常是這樣光景，不論內外動靜，而精神之愈斂愈神，愈收愈潔，無一息不似盥而未薦之時，則其孚信在中而顒然可仰矣。文王不顯亦臨，無斁亦保，無然畔援，無然歆羨，此真所謂不薦之孚也。故模寫得如此親切。」

曰中正，曰神道設教，純是示，示以意；曰化，曰服，純是仰，仰以意。化者潛運默移之謂，服者心安意肯之謂。順巽說他性情，其合下資稟質地如此。中正則養之德。順不是順於理，心下常是和平安妥，無躁動決裂之狀。巽不是入於理，其心隱約收斂，沉而不浮，潛而不露之意。所以養得到中正田地，便與盥而不薦之意思，無別「觀天之神」。兩「神」字黏着觀示說天以「四時不忒」觀天下。聖人以心之中正，觀天下設教，就是為觀。其觀示處，不露形跡聲臭，故曰神。「聖人以神道設教」，猶言聖人設教皆神道耳。

〔註124〕趙汝楳《周易輯聞》卷二《觀》：
　　　　順巽，兩卦之德也。順為之本，巽以出之。順者，順人心之所同，巽則不強人之不欲，此示觀之道也。中正亦九五也，居中履正，以是而觀天下，則無苛察，無私照，此觀民之道也。

〔註125〕吳澂《易纂言》卷三《象上傳》。

〔註126〕楊萬里《誠齋易傳》卷六《觀》。
　　　　按：張獻翼《讀易紀聞》卷二《觀》：「常人以言設教，則有聲音；以身設教，則有形跡。聖人不設而設，不教而教，其應捷如影響。教莫大於觀感，而政令為下。」採錄吳澂、楊萬里兩家之說，不言係引用。

《象》曰：風行地上，觀。先王以省方觀民設教。

述曰：風行地上，遍觸萬類。周觀之象先王於地風，得省方觀民設教之道。民有方，方有俗，俗有風，移風易俗，在因民而設之教。汝吉曰：「風奢教儉，風儉教禮，風淫教貞，利末教義。風偒以戾，教之尚賢崇齒，陳禮播樂，使俗移而不知。教之所設，從民風劑焉。則以大觀在上，風之起自身者微而教易行矣。」理齋曰：「設教者，教之以中正也，所以為觀也。又當知不薦之化遠以神，觀民之教近以實。」

歐陽永叔曰：「聖人處乎人上而下觀於民，各因其方，順其俗而教之。民知各安其生，而不知聖人所以順之者，此所謂『神道設教』也。或曰：順民，先王之所難歟？曰：後王之不戾民者鮮矣。」〔註127〕

初六：童觀，小人无咎，君子吝。　《象》曰：「初六，童觀」，小人道也。

述曰：觀者，觀九五也。五陽剛中正之君，惟近之乃見其光。初陰柔在下，去五最遠，如童子之觀，不能遠見也。小人謂下民。初，民位。下民之觀於上，趣順而已。其為童觀，不足為咎。在君子，則大人在上而失利見之會，可羞吝矣。《象》曰：「『初六童觀』，小人道也」，甚言非君子所宜有也。

項氏曰：「『百姓日用而不知』，君子不著不察，則可羞矣。」〔註128〕「六二，闚觀」，胡氏謂如仁者見之謂之仁，智者見之謂之智。〔註129〕

六二：闚觀，利女貞。　《象》曰：「闚觀」「女貞」，亦可醜也。

述曰：二以陰柔之小在內，雖與五為應，而隔於三、四，猶在門內而闚門外。以闚為觀，所見者狹也。居內處中，寡所鑒見，體柔履順，不能大觀。故曰「利女貞」，婦人之道也。〔註130〕

湛原明〔註131〕曰：「小人童觀，不足責矣。以君子之人，得大君之應，不

〔註127〕（宋）歐陽修《易童子問》卷一。
〔註128〕項安世《周易玩辭》卷四《童觀闚觀》：
　　　　下民日用而不知，則其常也。君子而不著不察，則可羞矣。
〔註129〕胡炳文《周易本義通釋》卷一《觀》：
　　　　初位陽，故為童。二位陰，故為女童。「觀」是茫然無所見，小人日用而不知者也。「闚觀」是所見者小而不見全體，仁者見之謂之仁，知者見之謂之知者也。
〔註130〕王《注》：
　　　　處在於內，無所鑒見。體性柔弱，從順而已。猶有應焉，不為全蒙，所見者狹，故曰『闚觀』。居觀得位，柔順寡見，故曰『利女貞』，婦人之道也。
〔註131〕湛若水，字元明。此語出處俟檢。

能明見九五陽剛中正之道，但睨視朝美一班於形似之粗，如女子之闚觀也。丈夫而效女子之見，不亦醜乎？」

吳幼清曰：「初居陽，象男童。二居陰，象女子。」〔註132〕「觀艮之互體，少男為童。」〔註133〕李鼎祚曰：「六二離爻，離為目，又為中女，互艮，艮為門闕，女目臨門，闚觀之象也。」〔註134〕

六三：觀我生進退。　《象》曰：「『觀我生進退』，未失道也。」

述曰：《象旨》：「我者，三自謂。天地之大德曰生，而人得以為生者。《觀》，八月之卦，刑中有德，故以生言。」〔註135〕生，陽德也。四陰壯盛，陽氣浸消，生機漸微。觀，五陽觀示群陰，使觀感而化，不至於剝陽，所謂「觀我生」也。初居下，不能上進。二位柔，不能大觀。六三可進矣，故示之「觀我生」，以為進退。《象旨》：「六三居下之上，而近於巽。《雜卦傳》曰『巽為進退』，故六三自觀其生，以審所學。」〔註136〕「非內心自復，不能識我生。非本體常惺，不能觀我生。」〔註137〕

張氏曰：「可以進而不進，是使赤子不得乳其母也。未可以進而進，是未能操刀而使割也。三之位可進可退，使不觀我生，是不能量己，豈能應人？」〔註138〕

《象》曰：「未失道也。」道，觀之道也。陰爻主於觀五，惟四得觀之道。「童觀」、「闚觀」，則失之矣。三有應於上而所處不當，故觀我生以定所履，進退自審，未至失道。他卦三不中，多不吉；二中，多吉。觀獨以遠近取義，皆欲觀五也。〔註139〕

〔註132〕吳澄《易纂言》卷一《觀》六二。

〔註133〕吳澄《易纂言》卷一《觀》初六。

〔註134〕李鼎祚《周易集解》卷五
　　　　　觀案：六二離爻，離為目，又為中女，外互體艮，艮為門闕，女目近門，「闚觀」之象也。

〔註135〕熊過《周易象旨決錄》卷二《觀》。

〔註136〕熊過《周易象旨決錄》卷二《觀》。

〔註137〕見張振淵《周易說統》卷三《觀》、張次仲《周易玩辭困學記》卷五《觀》，稱「吳草廬曰」。

〔註138〕張獻翼《讀易紀聞》卷二《觀》。

〔註139〕馮椅《厚齋易學》卷十三《易輯傳第九》：「馮當可曰：『他卦三不中多不善，二居中多善。而《觀》以遠近取義，故如此。』」
　　　　　胡炳文《周易本義通釋》卷一《觀》：
　　　　　　　三處上下之間，有進退之象。他卦三不中，多不善；二居中，多善。而

六四：觀國之光，利用賓於王。　《象》曰：「『觀國之光』，尚賓也。」

述曰：《象旨》：「觀陰消陽之時，以六四為主爻，當用事而逼近九五。五以剛陽臨坤土之上，國之光也。『觀國之光』，與『童觀』、『闚觀』相反，與五『我生』相應。五之『我生』，即『國之光』。周史謂『光遠而自他有耀』，是矣。項氏曰：『國有光則賓，無光可觀則敵。當觀之時，聖人懼焉。』坤，國象。光，陽光也。又互艮有光。五君位，王象。四近五，『賓於王』之象。」〔註140〕

趙氏曰：「國光猶言邦國之光。觀莫明於近。六四已離下卦，密邇大觀之主，觀見國之道德光華也。若人也，蓋賢者能者，宜用賓於王矣。」〔註141〕四既親見人君道德之光，則必為王者所賓。興賢禮士，有道之朝如此。利者，四之利也。四柔得正，與五剛中相得。又四為巽體，柔在下而巽上剛，故其象如此。」〔註142〕

《觀》以遠近取義，故如此。諸爻皆欲觀五，惟近者得之。六四最近，故可決於進。六三上下之間，可進可退之地，故不必觀五，但觀我所為，而為之進退。《本義》曰：」占者宜自審。「蓋當進退之際，惟當自審其所為何如耳。
　　熊過《周易象旨決錄》卷二《觀》：「他卦三不中，多不善；二中，多善。《觀》獨以遠近取義，皆欲觀五也。道即生也。」
另，胡廣《周易大全》卷八《觀》：
　　中溪張氏曰：「五為觀之主，近五者宜進，遠五者宜退。若初、二去五遠，則無可進之理。四去五近，則用賓於王矣。可進可退，唯三之特為。然道，觀之道也。觀四陰爻，惟四得觀之道。初、二則失觀之道。三之進退在我，故曰『未失道也』。」

〔註140〕熊過《周易象旨決錄》卷二《觀》：
　　觀陰消陽長之時，以六四為主爻，而逼近九五。然以陰居陰而得正，故有此象。坤為國，互艮有光。五君位，有王象。四承五，有賓王象。「國之光」，即五之「我生」者。周史謂光遠而自他有耀，是矣。項氏曰：「國有光則賓，無光可觀則敵。當觀之時，聖人懼焉。」
　　按：所引項氏之說見吳澄《易纂言》卷一《觀》。原出項安世《周易玩辭》卷五《尚賓也》，曰：「國有光則人賓之，無光可觀則為敵可知。故當觀之時，聖人懼焉。」
　　另，周史之說見《左傳·莊公二十二年》。
〔註141〕趙汝楳《周易輯聞》卷二《觀》：
　　國光，猶《詩》言「邦家之光」。利，宜也。……四已離下卦，密邇大觀之主，不特觀其禮樂典章之文，直能觀國之光華。若人也，蓋賢者能者，宜用賓於王者之庭也。
〔註142〕程《傳》：
　　觀莫明於近。五以剛陽中正，居尊位，聖賢之君也。四切近之，觀見其道，故云「觀國之光」，觀見國之盛德光輝也。不指君之身而云國者，在人君而言，豈止觀其行一身乎？當觀天下之政化，則人君之道德可見矣。四雖陰

　　敬仲曰：「六三未決於進者，六四有進之象矣。六四之進，乃觀國之光輝而進。九五賢明中正，在尊位。上九亦陽明，在賓師之位。國多賢聖，有道之光。《象》曰『尚賓也』者，明其國貴尚賓賢，可以進也。國有道，必尊賢禮士，又以明士不可苟賤，必有禮賓之道而後可進。若自苟賤，則何以行其道？重己所以重道也。」〔註143〕

九五：觀我生，君子无咎。　《象》曰：「觀我生」，觀民也。

　　述曰：《象旨》：「『觀』作平讀。《觀》之變《剝》在此。然刑中有德，故九五以我所生觀示於人，《彖》所謂『中正以觀天下』者是也。故有『君子无咎』之象。『君子』者，履中正者也。」〔註144〕

　　彭山曰：「『我』，對下三陰而言。」〔註145〕陰至於壯，陽德生長之機微矣。五為觀之主，曰「觀我生」，即《彖》「不薦」之「孚」也。通天下以生生之仁而示之極也，惟君子乃无咎。五本陽剛在上之君子，群陰自下觀之，非能中正以觀，何以使下觀皆化？非能化天下於中正，何以為大觀之主？故曰「君子无咎」也。孔《疏》：「我教化善，則天下著君子之風；教化不善，則天下著小人

　　　柔，而巽體居正，切近於五，觀見而能順從者也。「利用賓於王」，夫聖明在上，則懷抱才德之人皆願進於朝廷，輔戴之以康濟天下。四既觀見人君之德，國家之治，光華甚美，所宜賓於王朝，效其智力，上輔於君，以施澤天下，故云「利用賓於王」也。古者有賢德之人，則人君賓禮之，故士之仕進於王朝則謂之賓。
　　　季本《易學四同》卷一《觀》：
　　　　　六四上比於九五。五，君位，而九則君德也。君德之光輝發見於國，而四切近之。又六在巽體，巽而從之能觀見其道也者，故曰「觀國之光」。賓，禮待之如賓也。古者賢德之人，人君賓禮之，故士之仕進於朝者則謂之賓耳。王即居君位者也。四既觀見人君盛德之光，則用此以賓於王而利矣。利者，四之利也。
〔註143〕楊簡《楊氏易傳》卷八《觀》：
　　　　　六三有退之象，則六四有進之象矣。六四之進，乃觀國之光輝而進。九五賢明，中正在上，上九亦陽明。國多聖賢，有道之禮樂刑政，無作惡作好，不動乎私意，如日月之光，無思無為而及物自廣。必如此而為有道，賢人斯敢進，故「利用賓於王」。《坤》卦曰：「不習無不利，地道光也」，《大畜》「輝光」，《艮》「其道光明」，《需》「光亨」，《履》「光明」，《未濟》「君子之光」，皆明安正不動而見於云為之妙。《象》曰「尚賓也」者，明其國貴尚賓賢，可以進也。明其禮賢，國有道必尊賢禮士，又以明士不可苟賤，必有禮賓之道而後可進。若自苟賤，則何以行其道？重己所以重道也。
〔註144〕熊過《周易象旨決錄》卷二《觀》。
〔註145〕季本《易學四同》卷一《觀》：「『我』者，對在下群陰而言。」

之俗。」君子風著，已乃无咎。蘇氏所謂「難乎其无咎也」〔註146〕。

　　汝吉曰：「夫王者通天下為其身五『觀我生』，必觀之民。民若於道，且歸於仁，不賞不怒，而勸以懲，則孚之孚也。匹夫匹婦，不獲自盡。海隅蒼生，未其康共。王之視之，予瘵予痏，於自反何窮哉！此王者之觀也。」

　　民之善惡生於君，君之善惡形於民。五任天下之重，觀民之俗，以察己之道。百姓有過，在予一人。上為化主，故觀我即觀民也。〔註147〕

　　上九：觀其生，君子无咎。　《象》曰：「觀其生」，志未平也。

　　述曰：其，對我而言，他人之詞也。最處上極，不當事任，而德之為人所觀者猶九五，〔註148〕亦九五所觀法者。「處天下所觀之地」〔註149〕，雖無位乎其心，通天下以生生，故曰「觀其生」。陽剛君子，以生德師帥天下，必皆君子而後无咎。若猶未也，敢自以為非，已咎哉！

　　《象旨》：「觀者，上觀之，其指下陰而言。於是陰生益盛，二陽漸消之勢決矣。上未能中正以觀天下，以陽居陰，乘五之上，尤而能悔，不以無位，安然放意。此所以无咎，而《象》表其志也。四陰浸長，應曰『小壯』，而名『觀』者，陰本巽順也。上必中正，然後下觀而化。上九之『志未平』，有以也夫。」〔註150〕

　　《臨》之「八月有凶」，指觀也。觀本陰壯陽消，小人逐君子，聖人特主陽以名卦。為小人觀君子之象，故五、上二爻曰「君子无咎」，明二陽向消，君子方危，能如五如上皆君子，乃可无咎耳。五以位，上以志，皆以陽德感化群陰，陰本巽順乎上，君子之道猶存於世，而不至於剝也，故曰當觀之時聖人懼焉。

〔註146〕蘇軾《東坡易傳》卷二《觀》。
〔註147〕楊萬里《誠齋易傳》卷六《觀》：
　　　　民之善惡生於君，君之善惡形於民。九五欲觀己之所生，觀於民之君子小人而已。天下皆君子耶，我庶乎无咎矣。天下有一小人耶，其咎將誰歸？故觀堯、舜者以比屋，觀文武者以群黎。
　　　　王《注》：
　　　　上之化下，猶風之靡草，故觀民之俗，以察己道。百姓有罪，在予一人。君子風著，己乃无咎。上為化主，將欲自觀，乃觀民也。
〔註148〕朱子《集傳》：「上九陽剛居尊位之上，雖不當事任，而亦為下所觀，故其戒辭略與五同。」
〔註149〕王《注》。
〔註150〕熊過《周易象旨決錄》卷二《觀》。

「觀，盥而不薦」，項氏曰：「古之君子，不必親相與言也，以禮樂相視而已，此所謂觀也。然猶假禮樂，未足以為大觀。必也篤恭於上，不動而敬，不言而信，無聲無臭，而萬邦作孚，方謂大觀。故曰『盥而不薦』。盥者，祭之初步，方詣東榮，盥手於洗，凡祭之事未為也。薦者，祭禮之最盛，四海九州之美味，四時之和氣，無不陳也。齋明盥潔，無所陳布，而『有孚顒若』已不可掩，蓋相觀而化，其神如此，故謂之神道也。『盥而不薦』，恭己而無為爾，非重盥而輕薦也。如所謂不動不變，豈以動為不美哉？但不變動而已。」〔註151〕

六二爻，項氏曰：「六二在中饋，故曰闚利，言其於觀也。如婦人之目，所闚者狹也。婦無公事，所知者蠶織；女無是非，所議者酒食。此在女德，不失為貞。男子而寡見諛聞，則可醜矣。故曰『利女貞，亦可醜也』。初六、六二皆小人之安於下者也，故獨論其德，以為非君子之事而已。」〔註152〕

六三爻，項氏曰：「五為一卦之主，以中正觀天下，為天下之所尊仰。凡言我者，皆指五也。觀卦四陰，進逼二陽。初稚、二貞，未有陵陽之勢。六三以不正之小人，在下卦之上，其志剛躁將進而逼陽，以成四陰之勢者。特以九五中正，尚未失道，故未敢遽進，方觀九五之所為，以為進退，故曰『觀我生進退，未失道也』。」〔註153〕「《臨》以二陽逼四陰，九二尚用咸以臨之，而不敢遽進者，以陰方強盛，未順命也。《觀》以四陰逼二陽，六三尚用觀以伺之，而不敢必進者，以陽方中正，未失道也。此兩《象》辭，皆指所敵言之，而諸儒往往求於本爻，所以未得其說。兩辭皆稱『未』者，臨終當為泰，觀終

〔註151〕項安世《周易玩辭》卷四《盥而不薦》：

　　古之君子，不必親相與言也，以禮樂相示而已，此所謂觀也。然猶假禮樂，未足以言大觀也。則不見而章，不動而變，無為而成，不言而信，不怒而威，不賞而民勸，不怒而民威於鈇鉞，篤恭而天下平，無聲無臭而萬邦作孚，此所謂大觀也，故曰「盥而不薦」。盥者，祭之初步，方詣東榮，盥手於洗。凡祭之事，百未為也。薦者，祭禮之最盛。四海九州之美味，四時之和氣，無不陳也。齋明盥潔，無所陳布，而『有孚顒若』，已不可掩，蓋相觀而化，其神如此。故謂之神道也。先儒謂盥則誠意方專，薦則誠意已散，「盥而不薦」謂專而不散，非也。仁人孝子之奉祀也，豈皆至薦則誠散乎？此但以「盥而不薦」象恭己而無為爾，非重盥而輕薦也。如所謂不動而變，不言而信，豈以言動為不美哉？但不煩言動而已。

〔註152〕項安世《周易玩辭》卷四《童觀闚觀》。「闚利」，《周易玩辭》作「闚觀」；「初六六二」，《周易玩辭》作「二爻」。

〔註153〕項安世《周易玩辭》卷四《觀我生　觀其生》。

當為剝，方長之勢決不但已，特未而已，非終於不進也。」〔註154〕

六四爻，項氏曰：「國有光則賓，無光可觀則敵。當觀之時，聖人懼焉。以四陰方盛，勢與五敵，所幸九五未失君道，故四止於尚見而為賓使，其以不正相遇則為敵。」〔註155〕

九五爻，項氏曰：「以六三、九五皆曰『觀我生』，觀專指六三不正之小人，方視九五以為進退。九五知其如此，則當自觀我之所生，以為休咎之決。民向之，則我為君子。民背之，則我非君子。故曰『觀我生』、「觀民也」，民即在下之眾陰也。」〔註156〕

上九爻，項氏曰：「上九當剝之時，在卦之外，無民無位。小人之進退，下民之向背，皆不由己，但謹視其身，思自免咎而已，非卦之主，故但稱其生。此即《剝》之君子觀象之時也。陰進則滅陽為坤，陰不進則陽存而為碩果，道之興廢皆未可知，故曰『觀其生，志未平也』。觀本是小人逼君子之卦，但以九五中正在上，群陰仰而視之，故聖人取之，以為小人觀君子之象。象雖如此，勢實漸危，故五、上二爻皆曰『君子无咎』，言君子方危，能如九五之居中履正，能如上九之謹身在外，僅可免咎耳。不然，九五建中正以觀天下，雖元吉大亨可也，豈止无咎而已哉！明二陽向消，故道大而福小也。此即唐武宗之時，內之宦者、外之牛李之徒，皆欲攻李德裕，但以武宗剛明在位，故仰視而未敢動，一日事變，則萬事去矣。」〔註157〕按：我字，「凡論全卦之義，皆以主爻為我。《蒙》以九二為主，故《彖辭》稱我者，九二也；《小畜》以六四為主，故《彖辭》稱我者，六四也；《頤》以上九為主，初九所稱之我，即上九也；《小過》以六五為我，《中孚》以六二為我；《觀》以九五為主，六三所稱之我，即九五也。皆統一卦之義者也。獨《需》三、《解》三、《鼎》二、《旅》四自

〔註154〕項安世《周易玩辭》卷四《臨未順命　觀未失道》。

〔註155〕項安世《周易玩辭》卷四《尚賓也》：
尚者，配上之名。賓者，對主之稱。舜尚見帝，迭為賓主，即其義也。四陰方盛，勢與五敵，所幸九五未失君道，而四又履正，故其來止於尚見而為賓使，其以不正相遇則為敵矣。國有光則人賓之，無光可觀則為敵可知。故當觀之時，聖人懼焉。

〔註156〕項安世《周易玩辭》卷四《臨未順命　觀未失道》。接前六三爻所引，曰：
為九五者，知其如此，則當自觀我之所生，以為休咎之決。民向之，則我為君子。民背之，則我非君子也。故曰「觀我生」、「觀民也」，民即在下之眾陰也。

〔註157〕項安世《周易玩辭》卷四《臨未順命　觀未失道》，接前九五三爻所引。

以本爻之吉凶而稱我，非一卦之事也。」〔註158〕

噬嗑䷔震下離上

程《傳》：「噬，齧也。嗑，合也。口中有物間之，齧而後合之也。卦上下二剛爻而中柔，外剛中虛，人頤口之象也；中虛之中，又一剛爻，為『頤中有物』之象。口中有物，則隔其上下，不得嗑，必齧之，則得嗑，故為噬嗑。」

吳因之曰：「此除害之卦，非安常無事之卦。惟人事則有之。若造化，孰為之間？孰為之齧哉？惟雷震而元氣以舒，頗略相似。然始焉，元氣未舒，乃天地自然，節候未至，非有所以間之也。及雷之震，亦非有所除而去之也。雷震正是元氣發抒處，又非一去而一合也，與噬嗑之義何干？《大象》曰：『雷電，噬嗑』，蓋二物並見，有合之意。此只取嗑意，不取噬意，非卦名本旨。此孔子之《易》，非伏羲之《易》也。《大象》限定在卦象上取，故只得假借言之。程《傳》謂『凡天下至於一國一家，至於萬邦，所以不和合者，皆由有間也，無間則合矣。若君臣父子親戚之間，有離貳怨隙者，蓋讒邪間於其間也，除去之則和合矣。故間隔者，天下之大害也』。此言甚當。又謂『天地之生，萬物之成，皆合而後能遂。凡未合者，皆有間也』。不知為天地之間者何物，而天地之去間是何等作用。隆山李氏因謂『震雷離電，天地生物，有為造化之梗者，必用雷電搏擊之』〔註159〕，尤不可曉。」

噬嗑：亨。利用獄。

《彖》曰：頤中有物，曰噬嗑。噬嗑而亨，剛柔分，動而明，雷電合而章。柔得中而上行，雖不當位，「利用獄」也。

述曰：「噬嗑，亨」，卦自有亨義也。天下之事，所以不得合者，以有間也。齧去其間，則得合，噬合而亨矣。〔註160〕楊中立曰：「《噬嗑》，除間之卦也。除間以刑為用，故『利用獄』。獄者，所以治間而求其情也。治而得其情，則刑之而天下服矣。」〔註161〕

〔註158〕項安世《周易玩辭》卷四《我》。「《觀》以九五為主，六三所稱之我，即九五也」，《周易玩辭》在「《頤》以上九為主」之前。

〔註159〕李過《西溪易說》卷五《噬嗑》。

〔註160〕程《傳》：
　　　　「噬嗑，亨」，卦自有亨義也。天下之事，所以不得亨者，以有間也。噬而嗑之，則亨通矣。

〔註161〕胡廣《周易大全》卷八《噬嗑》。

程《傳》：「不云『利用刑』而云『利用獄』者，卦有明照之象，利用察獄也。獄者所以究治情偽，得其情則知為間之道，然後可以設防與致刑也。」

質卿曰：「《彖》言頤，以實為體，以虛為用。頤之中豈可使之有物哉？有物則隔其上下。若噬其物，上下乃合而得亨也。卦形，頤之象。九四，『頤中有物』之象。」王《註》：「有物有間，不齧不合，無由亨也。」「剛柔分」謂震剛在上，離柔在下。總大體而言，一剛一柔，不相混雜，故謂之分。分則動而有威，明而能照，威照並行而不偏矣。其動也，雷之奮也；其明也，電之爍也。雷皷電作，合成天威，造化震曜之用至章也，故曰「雷電合而章」。陰居五位，是柔得中而上行也。輔嗣所謂「能為齧合而亨通，必有其主，則五是也。凡言上行，皆所之在貴也。」侯果曰：「以陰居五，雖則失位，文明以中，斷制枉直，不失情理，故『利用獄』。」〔註 162〕

卦德動而明，本剛柔分來。「雷電合而章」，則「動而明」之象也。〔註 163〕宋衷曰：「用刑之道，威明相兼，若威而不明，恐致淫濫；明而無威，不足伏物。故雷電並合而噬嗑備。」〔註 164〕敬仲曰：「治獄除間之道，人情多失之偏。太柔則無威，過剛則多有不察。今也剛柔明動，合而成章，不偏不亂，豈心思人力之所及哉！無思無為，感而遂通，如雷電合作，天道自然之威，用變化之神、中節之妙也。」〔註 165〕仲虎曰：「雷電有時獄之用，亦有時不至。如頤中有物，強梗者為之間，獄豈宜用哉？既明且威，又柔且中，治獄之道也。」〔註 166〕

《紀聞》曰：「昔五侯僭逼，罪狀顯明，成帝得於親目，非不明也，乃不能如文帝之誅薄昭。臨時赦而不誅，則雷不與電合矣。趙、蓋、韓、楊之死，

〔註 162〕 李鼎祚《周易集解》卷五《噬嗑》：
　　　　侯果曰：「坤之初六上升乾五，是柔得中而上行，雖則失位，文明以中，斷制枉直，不失情理，故『利用獄』。」
〔註 163〕 張獻翼《讀易紀聞》卷二《噬嗑》：「卦德動而明，卦象『雷電合而章』，皆剛之得中者。」
〔註 164〕 李鼎祚《周易集解》卷五《噬嗑》。
〔註 165〕 楊簡《楊氏易傳》卷八《噬嗑》：
　　　　夫用威除間之際，人情多失之偏，多有所不察今也。除間之時，剛柔明動，合而成章，不偏不亂，豈心思人力之所及哉！無思無為，感而遂通，如雷電之合，作變化之神、中節之妙，「不可度思，矧可射思」，此大易之道也。
〔註 166〕 胡炳文《周易本義通釋》卷一《噬嗑》。

宣帝非不斷也，然皆罪非當死，則電不與雷合矣。此卦卦象雷電並作，則是當罰即罰，當刑即刑，如雷之奮而與電合；罰所當罰，刑所當刑，如電之光而與雷合。有以克協乎獄理，克成乎獄道矣，故曰『雷電合而章』。六五『上行』，當用刑之權也。『柔得中』者，若周之《呂刑》，雖一篇之中，殊極哀矜惻怛之意。然至大辟，亦與其贖，則是姑息之甚，未免柔而失中矣。此卦六五，君位也。據其以陰居陽，處不當位，如舜之遭四凶、周公之遇三叔、孔子之值少正卯，不免於有獄也。以卦具四者之善，則『利用獄』。」〔註167〕

《象旨》：「『頤中有物』，則為《噬嗑》。《賁》何以不為《噬嗑》？俞氏所謂噬者必下動，《賁》無震也。『剛柔分』，震剛離柔，分居內外，非謂三陰三陽也。柔得中上行，對賁言之，謂居尊在上而行事也。簡輔曰：『先言得中，後言上行，因《賁》之離居下也。如《本義》，當作柔上行而得中矣。』簡言是也。」〔註168〕

《象》曰：雷電噬嗑，先王以明罰勑法。

述曰：雷電威明並用曰噬嗑。「雷電相隨，有相合之義」〔註169〕，天威之章著也。先王象雷以用威，象電以用明，則於明罰勑法見焉。夫罰以寬刑之用，或罪疑而輕，或過大而宥。凡以深致其厚之意而過聽深文者，何有於原情，故言「明罰」。法以制刑之中，或垂之象魏，或讀之黨州。〔註170〕凡以嚴示畫一之守而巧詆緣飾者，或得以舞智，故言「勑法」。「利用獄」是臨時，「明罰勑法」是平日。與其有間而後治之，不若未間而豫防之，所謂為之刑威以類天之震曜者也。「離，火也。不為火者五卦。遇雷則為電，《噬嗑》、《丰》是也。遇地則為明，《晉》、《明夷》是也。重離亦以明言之。」〔註171〕

侯果曰：「雷所以動物，電所以照物。雷電震照，則萬物不能懷邪，故先王則之，明罰勑法，以示萬物，欲萬方一心也。」〔註172〕

〔註167〕張獻翼《讀易紀聞》卷二《噬嗑》。

〔註168〕熊過《周易象旨決錄》卷二《噬嗑》。

〔註169〕石介之說，見李衡《周易義海撮要》卷三《噬嗑》。

〔註170〕楊簡《楊氏易傳》卷八《噬嗑》：

法書亦平時勑正之，或垂之象魏，或讀之於閭，又讀之於族，又讀之於黨於州，皆所以勑戒之，欲其無犯。

〔註171〕俞琰《周易集說》卷十一《象辭一》，稱「馮氏曰」。又見張獻翼《讀易紀聞》卷二《噬嗑》，不言。

〔註172〕李鼎祚《周易集解》卷五《噬嗑》。

初九：屨校滅趾，无咎。　《象》曰：「屨校滅趾」，不行也。

述曰，《象旨》：「初、上不言噬，無位受刑之象。初在卦始，其過淺薄，刑以誡，使不復重犯。陽剛橫亙於震足之下，遮沒其趾之象。」〔註173〕「震動於下，不禁則行。《象》曰『不行』，止惡於其初也。」〔註174〕卜子夏曰：「戒為治者，不可以不禁其微。」王《註》：「居無位之地，以處刑初，受刑而非治刑者也。凡過之所始，必始於微，而後至於著。罰之所始，必始於薄，而後至於誅。過輕戮薄，故『屨校滅趾』，桎其行也。足懲而已，故不重也。過而不改，乃謂之過。小懲大誡，乃得其福，故『无咎』也。」

石守道曰：「『屨校』，以桎其足，使止而思其故。初九以陽剛震懼，能思以止過，故『无咎』。上九不能思，所以有『滅耳』之凶。」

《紀聞》曰：「《周官·掌囚》：『下罪桎。』桎，足械也。械亦曰校。罪之大者，何之以校？屨校不懲，必至何校；滅趾不戒，必至滅耳。初、上，囚之始，惡與怙終者。中四爻，治獄者。初之无咎，囚之无咎；二之无咎，指治獄者；三、五之无咎，囚不得而咎之也。」〔註175〕

六二：噬膚滅鼻，无咎。　《象》曰：「噬膚滅鼻」，乘剛也。

述曰：「噬，齧也。齧者，刑克之謂也。」〔註176〕《象旨》：「膚，鼎肉之大臠，謂二中正而乘初剛。噬之滅鼻，則其噬合矣。」〔註177〕侯果謂「乘剛，噬必深」〔註178〕，非專尚深刻也。「人之噬肉，豈有掩沒至鼻？假以象其噬之合耳。」〔註179〕

吳因之曰：「『噬膚』，若說服之甚易，則與『滅鼻』相矛盾。這易是自家

〔註173〕熊過《周易象旨決錄》卷二《噬嗑》：
　　　　初、上不言噬，無位受刑之象。初在卦始，罪薄過小，陽剛橫亙於震足之下，遮沒其趾之象。
〔註174〕章潢《周易象義》卷二《噬嗑》：
　　　　況震為足，震動於下，不禁則行，惟校其趾則不得以行其惡矣。是以《象》曰「不行」，謂止惡於其初也。
〔註175〕張獻翼《讀易紀聞》卷二《噬嗑》。其中，「桎足械也」，《讀易紀聞》作「桎足械也」。
　　　　按：《周禮·秋官司寇第五》，曰：「掌囚，掌守盜賊。凡囚者上罪梏拲而桎，中罪桎梏，下罪梏。」
〔註176〕王《注》。
〔註177〕熊過《周易象旨決錄》卷二《噬嗑》。
〔註178〕李鼎祚《周易集解》卷五《噬嗑》。
〔註179〕張獻翼《讀易紀聞》卷二《噬嗑》。

身上易。六二中正，心無偏私，所謂『公生明』者也。一審察而立見其情，一剖決而隨當其罪，不待擬議已得明允，是為『噬膚』。」

以下四爻主治獄者，曰「噬膚」、「噬腊肉」、「噬乾胏」、「噬乾肉」，皆頤中有物，噬而合之之象。腊之噬難於膚，胏難於腊。乾肉不若膚之易而易於腊胏，其為間之大小、用刑之淺深，亦於各爻見之。禮祭有膚鼎，膚者，牲腹之下柔軟無骨之肉。六二柔得正而乘初剛，治之易易，故象「噬膚」。小物全體而乾曰腊。腊之言夕也。朝暴於夕乃乾曰腊，肉藏骨，六柔三剛，有此象也。乾胏、乾肉而帶聯骨，至堅難噬。九以陽剛居四，已入上體，此郡國之獄上於士師者，其間愈大，用刑愈深，故有「乾胏」之象。乾肉，胏之去骨者。五正位而六以陰居之，蓋獄成而讞於王，雖有強梗，其詞已服，故為「噬乾肉」之象。草廬吳氏謂六二、六三二柔畫爻詞並云肉，謂無骨者也；九四一剛畫，爻詞不言肉而言胏，謂有骨者也。〔註180〕曰「滅鼻」，曰「遇毒」，曰「金矢」，曰「黃金」，皆象其用刑；曰「艱貞」，曰「貞厲」，皆象其宅心。〔註181〕

六三：噬腊肉，遇毒，小吝，无咎。　《象》曰：「遇毒」，位不當也。

述曰：《象旨》：「三在膚裏，稱肉。離日煠之為腊。或曰腊取三剛象，肉取六柔象，肉藏骨，柔中有剛，亦通。」〔註182〕王《註》：「處下體之極，而

〔註180〕季本《易學四同》卷一《噬嗑》：

　　此下四爻皆以噬言，主於治獄也。膚者，牲腹之下柔軟無骨之肉。禮祭有膚鼎，即此膚也。六二以罪人言，以陰居陰，肉之最易噬者。

　　腊小物，全體而乾者，如狐、兔之類然。不謂之乾，則腊乃朝曝於夕而乾，非若乾胏、乾肉之曝久而堅者矣。腊而言肉，則所腊之肉而非骨也。三與五皆陰爻，故止言肉，但大小不同耳。若九四陽爻，言胏則肉之帶骨者，以其堅韌之甚而言矣。故草廬吳氏謂六三、六五二柔畫爻辭並云肉，謂無骨者也；九四一剛畫爻辭不云肉而云胏，謂有骨者也。得其意矣。

　　程《傳》：

　　九四居近君之位，當噬嗑之任者也。四已過中，是其間愈大而用刑愈深也，故云「噬乾胏」。胏肉之有聯骨者，乾肉而兼骨，至堅難噬者也。

　　季本《易學四同》卷一：

　　乾，曝乾也。四、五在離體，故皆以乾言。胏肉之有聯骨者，乾肉而兼骨，至堅難噬者也。以犯罪者言，則九以陽剛居四，正所以為間者，然已入於上體，則其間愈大，用刑愈深，故有「噬乾胏」之象。

〔註181〕崔銑《讀易餘言》卷一《噬嗑》：

　　曰「膚」，曰「腊肉」，曰「乾胏」，曰「乾肉」，皆狀其強梗。曰「滅鼻」，曰「遇毒」，曰「金矢」，曰「黃金」，皆狀其用獄。爻位不當，故服之也難。曰「艱貞」，曰「貞厲」，皆狀其宅心。

〔註182〕熊過《周易象旨決錄》卷二《噬嗑》。

履非其位，以斯食物，其物必堅。豈惟堅乎？將遇其毒。『噬』以喻刑人，『臘』以喻不服，『毒』以喻怨生。然承於四而不乘剛，雖失其正，刑不侵順，故雖『遇毒，小吝，无咎』。」

敬仲曰：「彼實強梗而又陰險三噬而除之，而反『遇毒』者，三無德也。以不中不正之行而刑人，人無有服從之者，能不遇毒乎？故曰『位不當也』。然彼為間，而三噬之當矣。雖以不能致其心服為羞吝，而吝亦小耳，終於『无咎』也。噬嗑以柔中為貴，三本柔順之質，非用法過刻者，而又應上九剛明之人，能辯明邪正，審察獄情，所以終『无咎』。」〔註183〕

九四：噬乾胏，得金矢，利艱貞，吉。　《象》曰：「利艱貞，吉」，未光也。

述曰：九四當噬嗑之任，象大司寇掌邦刑者，二、三皆刑官也。九以陽剛居四，已入於上體，是為間之大者，故云噬乾胏。肉有骨謂之胏。乾胏至堅難噬，噬至堅而得金矢，金取其剛，矢取其直。〔註184〕九陽德，本自剛直，以剛克彊，以直理枉，故為「得金矢」之象。〔註185〕王逢曰：「以剛直之道刑人，非艱難於正則不吉。四動而不正，故戒以艱貞。」劉牧曰：「居臣位之極，履近乎危，又獄事不可輕慢，故『艱貞』乃『吉』。」〔註186〕

彭山曰：「治獄之任，雖非柔弱者所能勝。然四尚未得中正，其剛直則於

〔註183〕楊簡《楊氏易傳》卷八《噬嗑》：

夫彼為間，三噬而除之，當也，而反「遇毒」者，三無德焉，不當位也。無德者雖行之以正，猶難濟。雖然，三非間者，彼為間而三除之，於義為正，雖有「小吝」，終於「无咎」。

按：與此所引差別較大。

另，楊萬里《誠齋易傳》卷六《噬嗑》：「能不遇毒乎？故曰『位不當也』。」

〔註184〕俞琰《周易集說》卷四《噬嗑》：「金取其堅，矢取其直。得金矢則得其情，而無情者不得盡其辭也。」

季本《易學四同》卷一《噬嗑》：

乾，曝乾也。四、五在離體，故皆以乾言。胏，肉之有聯骨者。乾肉而兼骨，至堅難噬者也。以犯罪者言，則九以陽剛居四，正所以為間者。然已入於上體，則其間愈大，用刑愈深，故有「噬乾胏」之象。金取其剛，矢取其直。以治獄者言，則剛直之道乃九四之所本有。得剛直之道以治獄，故又為「得金矢」之象。噬乾胏而得金矢，則所以治強梗者，由我之剛直也。

〔註185〕（元）趙汸《周易文詮》卷一《噬嗑》：

大臣以剛居柔，是以明斷之才，存欽恤之念。以此治獄，為能以剛克強，以直理枉。雖遇難治之人，亦得其情，而堅者剖，直者伸，為「噬乾胏，得金矢」之象。

〔註186〕李衡《周易義海撮要》卷三《噬嗑》。

哀矜折獄之意容有不足矣。」〔註187〕吳澂曰：「戒以艱貞而得吉，是其道之未光也。」〔註188〕石守道曰：「以陽居陰，失位刑人，其道未光，不能以德服人也。三不當位，故『遇毒』。四當治獄之任，以不得中，故『未光』。五柔得中而上行，然猶曰『貞厲，无咎』。乃知治獄難矣。」

《紀聞》曰：「『九四合一卦言之，則為間而受噬者。卦詞利用獄，是刑四也。以六爻言之，則任除間之責者，與三陰同噬初上者也。』〔註189〕『《象》以五之柔為主，故曰柔得中而上行，利用之言獨歸之五。爻以四之剛為主，吉之為言獨歸之四。主柔而言，以仁為治獄之本；主剛而言，以威為治獄之用。』〔註190〕物至於噬而後嗑，德下衰矣。所謂三辟之興，皆叔世也。」〔註191〕

六五：噬乾肉，得黃金，貞厲，无咎。　《象》曰：「貞厲，无咎」，得當也。

述曰：六五君位，獄成而告於王，〔註192〕王聽之之事也，而謂之「噬乾肉」。《象旨》：「林黃中曰：『折肉披筋而燻之，似剛非剛，似柔非柔也。』其疑於剛柔，以六居五也。黃，中色。金，剛物。五成離之主，剛位而柔中，能斷獄而得其情者也，故云『得黃金』。然實柔體，故戒其貞固而懷危厲，乃得无咎。貞者，正也。厲者，離火之嚴，所以為德威也。離初，故未光。離終，故不明。此離之中，故得當也。《象》言不當而爻言當，猶治獄得當失當之雲，位與事之分也。在一卦，柔居五，位本不當；在一爻，則居中用剛，而能貞厲，

〔註187〕季本《易學四同》卷一《噬嗑》：
　　　治獄之任，雖非柔弱者所能勝。然四尚未得中，任其剛直以治獄，則雖能服其強梗，而或不能盡哀矜勿喜之心，故必以艱難為正，而不以獄之已治為能，乃可得吉。
〔註188〕吳澄《易纂言》卷五《象上傳》。
〔註189〕按：此一部分，《讀易紀聞》原作「九四合二卦言之，則為間者；以六爻言之，則任除間之責者」。檢胡廣《周易大全》卷八《噬嗑》：
　　　龜山楊氏曰：「九四合一卦言之，則為間者也。以六爻言之，則居大臣之位，任除間之責者也。」
　　　雙湖胡氏曰：「以全體言，九四為一卦之間，則受噬者在四，卦辭『利用獄』，是刑四也。以六爻言，則受噬者在初、上，故初、上皆受刑，四反為噬之主，與三陰爻同噬初、上者也。」
　　　可知此一部分係據《周易大全》雜糅楊時、胡一桂之說，而非直引《讀易紀聞》。
〔註190〕按：見胡廣《周易大全》卷八《噬嗑》，稱「建安丘氏曰」。《讀易紀聞》引之而不言。
〔註191〕張獻翼《讀易紀聞》卷二《噬嗑》。
〔註192〕季本《易學四同》卷一《噬嗑》：「蓋五為君位，獄成而告於王之時也。」

故用獄則得當矣。九四金剛而近五之中直，故曰『得金矢』。六五黃中而近四之用剛，故曰『得黃金』。君臣以剛柔相濟，亦皆用獄之道。」〔註193〕

紫溪曰：「九四陽德剛直，剛則不靡，直則不撓，是得治獄之道者。然且艱焉、貞焉。大司寇哀矜之心固當如此。五居中而任九四之剛，即《鼎》所謂『黃耳金鉉』也。中則不偏，剛則不弛，是得治獄之道者。然且貞焉、厲焉。大君欽恤之心固如此。」〔註194〕

上九：何校滅耳，凶。 《象》曰：「何校滅耳」，聰不明也。

述曰：中爻言噬嗑之事，「至上九，罪人得而重刑施矣」〔註195〕。梁寅曰：「初卑下而無位，上高而無位，故皆為受刑者。過陽之極，不能卑伏，此惡極罪大、怙終不悛之人也。」〔註196〕「鄭玄曰：『互坎為耳，離為槁木，木在耳上也。』滅耳，校之厚，掩過其耳，不見也。」〔註197〕「何校」、「滅耳」皆自上取象。孔《疏》：「罪已及首，性命將盡，非復可誡。校既滅耳，將欲刑殺，非可懲改。」凶莫甚焉！王《註》：「『聰不明也』，故不慮惡積，至於不可解也。」「耳本聰，且為離體，而滅其耳，正以罪其聰之不明也。」〔註198〕離上，亦有不明之象。

〔註193〕 熊過《周易象旨決錄》卷二《噬嗑》：

林黃中曰：「折肉披筋而燫之，似剛非剛，似柔非柔也。」其疑於剛柔，以六居五也。五成離之主，而又柔中。黃者，中也。五變為乾金，故曰「金」。項氏曰：「於四噬其乾肺之強，而得其金矢之用。於五噬其乾肉之強，而收其黃金之用。聖人待強梗之仁是也。」貞者，正也。厲者，離火之嚴，所以為德威也。離初，故未光。離終，故不明。此離之中，故得當也。《象》言不當而爻言當，猶漢獄失當得當之云，位與事之分也。柔以居五，本不當，然能貞厲，故用獄則得當矣。九四金剛而近五之中直，故曰『金矢』。六五黃中而近四之用剛，故曰『得黃金』。君臣以剛柔相濟，亦皆用獄之道。

按：（宋）林栗（字黃中）《周易經傳集解》卷十一《噬嗑》：

六五，坎也，以陰居剛，而在上卦之中，故曰「噬乾肉」。坎為豕，為堅，故有乾肉之象。乾肉者，析骨披筋而曝之也。無膚與骨，特乾肉耳，似剛非剛，似柔非柔。

〔註194〕 蘇濬《生生篇·噬嗑》。

〔註195〕 崔銑《讀易餘言》卷一《噬嗑》。又見張元蒙《讀易纂》卷二《噬嗑》、張獻翼《讀易紀聞》卷二《噬嗑》。其中，《讀易紀聞》不言係引用。

〔註196〕 （元）梁寅《周易參義》卷一《噬嗑》。

〔註197〕 熊過《周易象旨決錄》卷二《噬嗑》。

按：李鼎祚《周易集解》卷五《噬嗑》：「鄭玄曰：『離為槁木，坎為耳，木在耳上，何校滅耳之象也。』」

〔註198〕 章潢《周易象義》卷二《噬嗑》。

蘇氏曰：「居噬嗑之時，六爻未有不以噬為事者也。自二與五，反覆相噬，猶能戒以相存也。惟初與上，內噬三陰，而莫我噬之，貪得而不戒，故始於小過，終於大咎。聖人於此兩者，寄小人之始終；於彼四者，明相噬之得喪。」〔註199〕

賁☲☶離下艮上

蔡清曰：「以卦變言，則『柔來文剛』，『剛上文柔』而為《賁》。以二體言，則下離上艮，『文明以止』而為《賁》。以六爻言，則或就本爻言，自取賁義，如初、五、上是也；或以相比而為賁，如二之附三，三之得賁於二陰是也；又或以相應而求賁，如四之於初是也。又初、二、三、四所謂賁者，皆賁之常；五、上所謂賁者，則賁之變也。」〔註200〕

《紀聞》曰：「卦變剛來柔進之類，亦是就卦已成後，用意推說，以見此為自彼卦而來耳，非真先有彼卦而後方有此卦也。古註說《賁》卦自《泰》卦而來，乾坤合而為《泰》，豈有《泰》復變為《賁》之理？只是換了一爻，是卦成了，自然有此象。柔來文剛，剛上文柔，如剛上柔下、損上益下謂剛居上，柔在下；損於上，益於下；皆據成卦而言，非謂《乾》卦中升降也。《訟》、《无妄》云『剛來』，豈自上體而來？凡以柔居五者，皆曰柔進而上行；柔居下者也，乃居尊位，是進而上也，非謂自下體而上也。」〔註201〕

賁：亨。小利有攸往。

《彖》曰：「賁，亨」，柔來而文剛，故「亨」。分剛上而文柔，故「小利有攸往」，天文也。文明以止。人文也。觀乎天文，以察時變；觀乎人文，以化成天下。

述曰：賁，飾也。賁飾為文，文不能自行，須忠信為主本，故曰無本不立，陽剛是也。本立矣，柔從文，焉有無亨乎？亨於有本之文也。文易渝，亦不能久行，必反之本質，而後為賁。「小利有攸往」，陰進而反於陽也，所謂復歸於樸，至文也。卦離明在內，陰麗於陽，有燦然莫掩之文焉。艮止於外，陰為陽

〔註199〕《東坡易傳》卷三《噬嗑》。
〔註200〕蔡清《易經蒙引》卷三下《賁》。
〔註201〕張獻翼《讀易紀聞》卷二《賁》。
　　　　朱熹《晦庵集》卷五十四《答王伯豐洽》：
　　　　　　如卦變圖剛來柔進之類，亦是就卦已成後，用意推說，以此為自彼卦而來耳，非真先有彼卦而後方有此卦也。古注說《賁》卦自《泰》卦而來，先儒非之，以為乾坤合而為《泰》，豈有《泰》復變為《賁》之理？

止，有不盡飾之意焉，故曰「賁，亨。小利有攸往」。

仲虎曰：「『柔來而文剛』，是以剛為主也。剛往文柔，必曰『分剛上文柔』者，亦以剛為主也。蓋一陰下而為離，則陰為陽之助而明於內；一陽上而為艮，則陽為陰之主而止於外。是知皆以剛為主。而《彖傳》以陰為小者，此也。」〔註202〕王《註》：「剛柔不分，文何由生？」《象旨》：「『天文』上，據郭京《舉正》脫『剛柔交錯』四字。」〔註203〕吳臨川曰：「交錯者，初與二，三與四，五與上皆以一剛一柔相間。在天日月之行星辰之布，亦剛柔交錯，故曰『天文』。」〔註204〕朱氏曰：「在人則父剛子柔、君剛臣柔、夫剛婦柔。朋友者，剛柔之合。長幼者，剛柔之序。五者交錯，燦然有文，天理也，非人為也。上下、內外、尊卑、貴賤，其文明而不亂，各當其分而止。」〔註205〕故曰「人文」。「觀乎天文」，可以「察時變」，而聖人之脩政和民，以天文也。「觀乎人文」，可以「化成天下」，而聖人之神道設教，以人文也。乃聖人用賁之道也。「『化』謂舊者變新，『成』謂久而成俗。」〔註206〕

吳因之曰：「『柔來文剛』，是當質勝之餘，而以文濟之。『剛上文柔』，是當文勝之後，而以質救之。文以濟質，質不為陋固文也。質以救文，復還大雅。雅道之中，真文見焉，亦文也。故《彖傳》並用『文』字。人情自質而趨於文也易，自文而反於質也難。人之喜文，如水就下。聖人一說到賁飾，便慮到末流之弊，便預為之隄防，故亨之下，即斷之曰『小利有攸往』。」

天文與時變原是兩件，但其氣則相通耳。若化成天下，不過令天下皆成人文而已。觀人道有自然之文，見得人有不可不著之文明，有不可不止之定分。如此，則知所以立教之準，故能範圍天下，示之文明，示之以止，使皆燦然無有鄙陋，秩然無有踰越。共由於人文之中，而天下化成矣。

《象》曰：山下有火，賁。君子以明庶政，無敢折獄。

述曰：山下有火，賁之象。離火明於內，艮山止於外，明不及遠也。「明庶政，無敢折獄」，只根象上明不及遠意來。

初九：賁其趾，舍車而徒。　《象》曰：「舍車而徒」，義弗乘也。

述曰：初九陽剛，在離體之始，剛正則不屈於慾，離體則本有其明，以此

〔註202〕胡炳文《周易本義通釋》卷十一《象上傳》。
〔註203〕熊過《周易象旨決錄》卷二《賁》。
〔註204〕吳澄《易纂言》卷三《象上傳》。
〔註205〕朱震《漢上易傳》卷三《賁》。
〔註206〕吳澄《易纂言》卷三《象上傳》。「變新」，《易纂言》作「化新」。

自賁於下，是謂「賁其趾」之象。在下故稱趾。「舍車而徒」，所以為趾之賁也。
賁之時，六爻雖交相賁飾，初比二而應四，二與上興，不下文初；四待文於上，
初亦不得其文；惟以義自潔而已。《象》曰「義弗乘也」，素貧賤行乎貧賤，行
而宜之之謂義也。初九得居下之理，亦賁之道。

敬仲曰：軒車，人之所以為賁者初九在下，義不乘車，窮不失義也。以義
為榮，不以車為榮。義在於徒，其榮在徒；義在於趾，其賁在趾。人達此者寡
矣，故聖人於是發之。〔註207〕

六二：賁其須。　《象》曰：「賁其須」，與上興也。

述曰：《象旨》：「六二一陰施於二陽之間，以文剛者也。然成離之主而性
炎上，故為『賁其須』之象。須，待也，指九三而言象。以文剛，爻實之，曰
此與上俱興者也。」〔註208〕王《註》：「得其位而無應，三亦無應，俱無應而
比焉，近而相得也。」須如《詩》所謂「卬須我友」。柔必須剛以興起文明之
盛，故有斯義。離火得附，則光燦然而成賁。不麗陽剛，安得賁乎？故曰「與
上興也」。

吳因之曰：「即陰陽相與，便見其賁。九三之賁亦然。陰與陽間雜而處，
便增飾成文。陰之從陽，陽之受陰，皆理所宜，亦見順理成章處。」

九三：賁如濡如，永貞吉。　《象》曰：「永貞」之「吉」，終莫之陵也。

述曰：九三陽剛，處文明之極，而二比之，陰陽相錯，賁然而文，濡然而
沃。〔註209〕蓋賁飾之盛，自生光彩。光彩之盛，則生潤澤，故曰「賁如濡如」
也。賁懼其盛也，濡懼其溺也。三本剛正，惟永貞而不變則吉。三與二非應而
相親，故有「永貞」之戒。〔註210〕

〔註207〕按：與楊簡《楊氏易傳》卷九《賁》差異較大，其文曰：
　　　初九在下，義不乘車。君子以義為榮，不以車為榮。義在於徒，其榮在
　　徒；義在於趾，其賁在趾。人達此者寡矣，故聖人於是發之。
〔註208〕熊過《周易象旨決錄》卷二《賁》：
　　　六二一陰施於二陽之間，以文剛者也。然成離之主而性炎上，故為賁須
　　之象也。在頤曰須，在口曰髭，在頰曰髯。侯果曰：「自三至上，有頤之象。
　　二在頤下，須之象也。」卦以文剛，爻實之，曰此附上而興者也。
〔註209〕李衡《周易義海撮要》卷三《賁》：
　　　處下體之極，居得其位，與二相文，又得其潤，永保其貞，物莫之陵，
　　吉孰甚焉！《注》。剛以得位，兩柔附之，賁然而文，濡然而沃，其潤雖阻它應，
　　履位相保，可以守正而獲吉。子。
〔註210〕程《傳》：

羅彝正曰：「陵生於狎，三能永貞，二雖比己而終莫之陵。下陵上卑，陵尊相賁者而至於相瀆，則剛之自失也。」〔註211〕

王《註》：「處下體之極，居得其位，與二相比，俱履其正，和合相潤，以成其文者也。既得其飾，又得其潤，故曰『賁如濡如』也。永保其貞，物莫之陵，故曰『永貞吉』也。」

《象旨》：「九三有離文自飾，故曰『賁如』；有坎水自潤，故曰『濡如』。據而兩獲之象。」〔註212〕章氏曰：「三、四剛柔相雜，且離、艮相連，故曰賁。如此又以兩卦相賁取象。」〔註213〕

六四：賁如皤如，白馬翰如。匪寇，婚媾。 《象》曰：六四，當位疑也。「匪寇，婚媾」，終無尤也。

述曰：六四以柔居柔，在艮體之下，求文柔之剛以為賁者，去之尚遠。而密近於三，為剛所迫，內懷疑懼，雖履正位，未果其志，故有「賁如皤如，白馬翰如」之象。四所乘者，三之剛，有馬象。〔註214〕三為互坎之盜，有寇象。三既貞於二而無他，則匪為寇者，而四遂成其為婚媾矣。始雖懷疑，終受上九之文，無尤也。

《象旨》：「陸績以『震為白，為馬』。震為白馬者，巽為白足顙，為白顛，皆出震；而震，四之互象也。《檀弓》：『戎事乘翰。』翰，白色。」〔註215〕皤白、馬白，與艮陽「白賁」同象，宛然從受賁之意。六四艮體，其賁將止，而

　　　三處文明之極，與二、四二陰間處相賁，賁之盛者也，故云賁如。如，辭助也。賁飾之盛，光彩潤澤，故云濡如。光彩之盛，則有潤澤。《詩》云：「麀鹿濯濯。」「永貞吉」，三與二四非正應，相比而成相賁，故戒以常永貞正。賁者，飾也。賁飾之事，難乎常也，故永貞則吉。

〔註211〕董真卿《周易會通·周易經傳集程朱解附錄纂註卷第五·賁》、胡一桂《易本義附錄纂疏》周易象上傳第五《賁》、胡廣《周易大全》卷九《賁》錄節齋蔡氏之說：

　　　陵，侮也。三能永貞，則二柔雖比己而濡如，然終莫之陵侮，而不至陷溺也。

〔註212〕熊過《周易象旨決錄》卷二《賁》。
〔註213〕章潢《周易象義》卷二《賁》。
〔註214〕章潢《周易象義》卷二《賁》：

　　　六四柔居柔位，且在艮體之下，其賁將止，而文將反乎質也，故人馬皆白，有「賁如皤如，白馬翰如」之象。……四雖當陰柔之位，而密比於三，亦若有可疑者。

〔註215〕熊過《周易象旨決錄》卷二《賁》。按：李鼎祚《周易集解》卷五《賁》：「陸績曰：『震為馬，為白，故曰白馬翰如。』」

文將反於質矣。〔註216〕「當位疑」，何也？欲退則失上之文，欲進則懼三之難，或飾或素，鮮潔其馬，翰如以待，故曰「疑」也。〔註217〕或言四與初正應為婚媾〔註218〕，然卦主「剛上文柔」而言。四、上乃陰陽正合之偶，如《屯》二言婚媾，指下初陽，不指正應之五。況初既「義弗乘」矣，以四為往求初者，泥也。三貞於二，無強要掠取之意，故曰「匪寇，婚媾」。

六五：賁於丘園，束帛戔戔，吝，終吉。　《象》曰：六五之吉，有喜也。

述曰：五居中履尊，下無應，與六四近不相得，而上比文柔之剛，得止之義，以成賁之道，故有「賁於丘園」之象。丘園質素，而非華美之處。五為賁主，不賁於京朝而賁於丘園。「束帛戔戔」，獨任其質，獨守其約，其賁飾之時，而儉嗇若此，於人情誠謂之吝。然任賢則於事可久，守約則漸反於真，終成吉也。鄧伯羔〔註219〕曰：「人情必有所厭薄，則有所喜快。於文勝之時，而為丘園之賁，豈不甚可喜乎？」

凡卦尊陽，故《履》、《大畜》、《蠱》、《賁》、《觀》上九皆尊，尚陽剛之象。《賁》上本文柔之主，五以柔中親下之「束帛戔戔」以將，誠意雖吝，而終吉。終也者，上也。五得上之文，而喜可知也，寧不吉哉？〔註220〕《象旨》：「艮為山丘，為果蓏，而又在震林之上，則上丘園也。『束帛』者，匹兩為束，六五以兩拆成爻之象。又以坤畫，《九家》為束帛象也。」〔註221〕

上九：白賁，无咎。　《象》曰：「白賁，无咎」，上得志也。

述曰：上九，賁之極，所謂「分剛上而文柔」者此也。以剛居之，其本色也。本色無色，故為「白賁」之象。文極而反質素，賁於是乎止矣。夫何咎？

〔註216〕章潢《周易象義》卷二《賁》：
　　　　六四柔居柔位，且在艮體之下，其賁將止，而文將反乎質也。故人馬皆白，有「賁如皤如，白馬翰如」之象。
〔註217〕王《注》：
　　　　有應在初而閡於三，為己寇難，二志相感，不獲通亨，欲靜則疑初之應，欲進則懼三之難，故或飾或素，內懷疑懼也。鮮絜其馬，「翰如」以待。雖復正位，未敢果其志也。三為剛猛，未可輕犯，匪寇乃婚，終無尤也。
〔註218〕章潢《周易象義》卷二《賁》：「然終與初九正應，以成婚媾，何尤之有？」
〔註219〕朱彝尊《經義考》卷五十八著錄鄧氏伯羔《古易詮》二十九卷、《今易詮》二十四卷。俟訪。
〔註220〕熊過《周易象旨決錄》卷二《賁》：
　　　　然上本文柔之主，五以柔中，亦能將幣以從之。……陰爻嗇，故用幣薄。終也者，上也。五得上之文，喜而後可知也，寧不吉哉？
〔註221〕熊過《周易象旨決錄》卷二《賁》。

孔《疏》「白賁故无咎，守志任真，得其本性」者也。何以謂之得志？在上而文柔，成賁之功。六五之君，又受其賁。故雖居無位之地，而實尸賁之功，為得志，與他卦居極者異矣。〔註222〕

夫禮莫大乎去偽。曰「白賁」，其人心之本然乎？周文之敝，繼周者當用忠質，亦人心之所厭也。「昔孔子謂子貢曰『夫白而白，黑而黑，夫賁又何好乎？』又謂子張『質有餘者不受飾』。達此，可知聖人之學《易》矣。」〔註223〕

《象旨》：「上稱『白賁』，賁者，文飾也。字從貝，諧卉聲。貝，水蟲，背有雜文如錦者。陰蟲也。《說卦》曰：『坤為文。』今上以乾畫居賁終，則以陽漫之，故其賁白謂不雜也。『得志』者，蘇氏曰：『柔之文剛也，往附於剛，以賁從人也。剛之文柔，柔來附之，以人從賁者也。以賁從人，則賁存乎人；以人從賁，則賁從乎己。此上九之所以得志也。陽行其志，而陰聽命，惟其所賁，故曰『白賁』。受賁莫若白也。』」〔註224〕

吳因之曰：「人雖正當馳驟紛華之日，其心中定有一點厭薄處，此是真心，此之謂志。『白賁，无咎』，便不汨沒了這念頭，能反而得其太素。太樸之真心，故曰『得志』。」

剝䷖坤下艮上

述曰：卦之所以名剝者，陰道消陽，消至於五，勢必剝盡一陽而後已也。為卦坤順而艮止，故剝至四而極，五能順而止之，此一陽所以不盡剝，窮上反下而為《復》也。

馮椅曰：「五陰一陽之卦，一陽在上下者為《剝》、《復》，象陽氣之消長也；在中者為《師》、《比》，象眾之所歸也。三四在二體之際，當六畫之中，其自上而退處於下者為《謙》，自下而奮出乎上者為《豫》。此觀畫立象之本旨也。」〔註225〕

〔註222〕程《傳》：
> 白賁无咎，以其在上而得志也。上九為得志者，在上而文柔，成賁之功。六五之君，又受其賁。故雖居無位之地，而實尸賁之功，為得志也。與他卦居極者異矣。

〔註223〕熊過《周易象旨決錄》卷二《賁》。

〔註224〕熊過《周易象旨決錄》卷二《賁》。

〔註225〕馮椅《厚齋易學》卷十二《易輯傳第八》，稱「李子思曰」。

剝：不利有攸往。

《彖》曰：剝，剝也，柔變剛也。「不利有攸往」，小人長也。順而止之，觀象也。君子尚消息盈虛，天行也。

述曰：荀爽曰：「柔變剛者，謂陰外變五。五者至尊，為陰所變，故曰剝也。」〔註226〕一柔變剛為《姤》，《姤》言「柔遇剛」。再變《遯》，三變《否》，四變《觀》，五變《剝》。《剝》言「柔變剛」，變則盡反其所為矣。〔註227〕《否》曰「小人道長，君子道消」。君子小人，勢猶鈞等。《觀》五陽在上，「君子无咎」。至《剝》則柔變五剛而居之，無復君子之道，故曰「不利有攸往」。〔註228〕「小人長也」，為君子危之也。坤順而艮止，卦象曰觀此卦象，不可顯其剛直，「順而止之」，使不為害可也。小人既極其盛，盛極則衰，亦有可以順止之理，隨消息盈虛以行其道。逐時消息盈虛，天道之所以行也。

所謂「不利有攸往」者，不可往而大有為也。謹身晦跡，巽言衡命，不犯手，不觸時耳。君子尚消息盈虛，靜觀天行。為世道計，雖剝之時，猶隱約委蛇於小人之間，靜處事外，不輕攸往，存吾之身，以乘其衰而圖之。不然，何以「順而止之」哉？

「順而止之」，卦有此象，小人方盛，不可逆止。彊亢激拂，觸忤以隕身。身既傾焉，功又不就，非君子之所尚也。故六五為剝主。爻言「宮人」，以明君位也。止權在五，則群陰皆順，而一陽免受其剝矣。此反《剝》為《復》之機也。「君子尚消息盈虛，天行也」，言陽消至極，必反而息，無終盡之理，見可以「順而止之」也。

仲虎曰：「『消息盈虛』，皆為陽言。《復》者，陽之息。《姤》者，陽之消。《乾》者，陽之盈；《坤》者，陽之虛。《剝》則陽之消而至於虛者也，其變也

〔註226〕李鼎祚《周易集解》卷五《剝》。

〔註227〕胡廣《周易大全》卷九《剝》：

建安丘氏曰：「自一柔變剛而為《姤》，再變《遯》，三變《否》，四變《觀》，五變《剝》，更進則盡變，而卦為純《坤》矣。聖人於《姤》，言『柔遇剛』者，姤，相邂逅之謂也。此言『柔變剛』，變則盡反其所為，君子悉為小人，天下之事有不忍言者。故遇可為也，變不可為也。」

〔註228〕趙汝楳《周易輯聞》卷三《剝》：

聖人於《否》言「小人道長」，於《剝》直言「小人長」者，《否》之時，君子小人之勢鈞等，其所長者，小人之道耳；《剝》之時，君子小人眾寡夐殊，勢之長盛有不可禦，故聖人直言其勢，不復言其道，其「不利有攸往」宜矣。

大矣，然亦『天行也』。」〔註229〕

李氏曰：「君子尚之，與時偕行。雖處剝之時，知其為天運之必然，其變也不可挽，而其後也必復」〔註230〕，故為『順而止之』之道。「一陽無恙，來復於此而基焉。」〔註231〕乃知《復》之「以順行」，養一陽於初動也。《剝》之「順而止」，全一陽於方危也。皆為君子言也。

《象》曰：山附於地，剝。上以厚下安宅。

述曰：卦以下剝上取義，乃小人剝君子象。以上厚下取義，乃人君厚民生。「『厚下』本坤言，『安宅』本艮言。」〔註232〕「山高絕於地，今附地者，明被剝矣。」〔註233〕孔《疏》：「剝之為義，從下而起，故在上之人當須豐厚於下，安物之居，以防於剝也。」王《註》：「『厚下』者，床不見剝也。『安宅』者，物不失居也。『厚下安宅』，治剝之道也。」

「山附於地」，陸績曰：「謂高附於卑，貴附於賤，君不能制臣也。」〔註234〕君子「以厚下安宅」，虞翻曰：「君當厚錫於下，賢當卑降於愚，然後安其居。」〔註235〕

殷士望曰：「卦言下剝上，象言上厚下者，譬之良醫得病之源者。《彖辭》也，得對症之方者。《象辭》也，各爻象或從治，或反治，均之愈病，易之道也。噫！君之剝喪元良，自剝其良心，惡能『厚下安宅』哉？故崇德以培其基者，不容已也。」

初六：剝床以足，蔑貞凶。　《象》曰：「剝床以足」，以滅下也。

述曰：《剝》一陽在上，五陰在下，有床之象。床取身之所處也。人以床為安，床以足為安。剝始自下，故為「剝床以足」。陰自下進，剝陽而先及其

〔註229〕胡炳文《周易本義通釋》卷十一《象上傳》。

〔註230〕董真卿《周易會通‧周易經傳集程朱解附錄纂註卷第五‧剝》：

　　　李氏舜臣曰：「消息盈虛，乃時運之使然，君子尚之，與時偕行。雖處剝之時，而不至於諮嗟感憂而變其所守者，知其後之必復，而屏心寧耐以待也。不然，不憤群陰之進，盡力以抗，則必激起其薰尾之毒，甘受其摧剝糜爛之禍，而不可救藥矣。」

　　　又見胡廣《周易大全》卷九《剝》。

〔註231〕趙汝楳《周易輯聞》卷三《剝》。

〔註232〕季本《易學四同》卷三《剝》。

〔註233〕李鼎祚《周易集解》卷五《剝》，稱「虞翻曰」。

〔註234〕李鼎祚《周易集解》卷五《剝》。

〔註235〕李鼎祚《周易集解》卷五《剝》。

足，漸至於身也。「蔑」，陸氏以為削蔑也〔註236〕已。蔑貞，謂蔑陽之正道也。〔註237〕剝初即滅下，必至於「蔑貞」，其「凶」可知。「此卦是據見成五陰剝上九一陽。初六之剝，都是剝上九。」〔註238〕

項氏曰：「《剝》六爻小象皆以君道言之，蓋君子小人消長之際，乃人君切身之利害也。初為民位，剝初則無民矣，故曰『以滅下』也。」〔註239〕

六二：剝床以辯，蔑貞凶。　《象》曰：「剝床以辯」，未有與也。

述曰：辯分隔上下者，床之幹也。陰漸進而上，剝至床之辯，殆必蔑貞而凶也。〔註240〕「『與』，應也，謂二與五應也。二若有應，則陰得陽以相濟，而與陽相為體用。無與則但從陰之故，與陰為黨，同一蔑貞而已。以其位之中正，故發此義。」〔註241〕

《象旨》：「鄭玄云：『足上稱辯，謂近膝之下，屈則相近，伸則相遠也。』愚謂二俯則聯初，仰則望五，正辯之象。然皆陰類而無應，故崔憬曰：『至三有應，二未有與也。』二，小人之惡，若上有剛德之與，則知有忌憚。若五為陽剛，則大觀在上而服矣。」〔註242〕

項氏曰：「二為臣位，剝二則無臣矣，故曰『未有與也』。」〔註243〕「《剝》本不假言凶，初、二言凶者，初患未深，二德中正，當可救正，未遽凶也。無能正之者，夫然後凶，故『蔑貞凶』，蓋猶有責望之意也。」〔註244〕

楊氏曰：「辯床之幹也。床有幹，國亦有幹。大臣，國之幹。二，大臣之位。今二柔進而變二剛，此小人進為大臣而退君子之大臣也，其當退九齡、相林甫之日乎？『與』，五陰一陽，陽孤且外，孰為之與？故曰『末有

〔註236〕「也」，按季本《易學四同》，似當作「是」。
〔註237〕季本《易學四同》卷一《剝》：
　　《剝》一陽在上，五陰在下，有牀之象。「剝牀以足」，謂一陰始消，一陽猶剝牀，而先及其足也。「蔑」，陸氏以為削蔑，是已。「蔑貞」謂蔑陽之正道也。陰剝陽而蔑貞，非陰能害陽，乃陰之自害也，故為初六之凶。
〔註238〕張獻翼《讀易紀聞》卷二《剝》。
〔註239〕項安世《周易玩辭》卷五《小象》。
〔註240〕程《傳》：「辨，分隔上下者，牀之幹也。陰漸進而上剝至於辨，愈蔑於正也，凶益甚矣。」
〔註241〕季本《易學四同》卷三《剝》。
〔註242〕熊過《周易象旨決錄》卷二《剝》。按：鄭玄、崔憬之說見李鼎祚《周易集解》卷五《剝》。
〔註243〕項安世《周易玩辭》卷五《小象》。
〔註244〕項安世《周易玩辭》卷五《凶无咎無不利》。

與也』。」〔註245〕丘氏曰:「凡陰陽相應為有與,《困》九四應初六,言『有與』是也。陰陽不應為無與,《井》初六不應六四,言『無與』是也。《咸》六爻皆應,則謂之『感應以相與』。《艮》六爻皆不應,則謂之『敵應不相與』。剝之『未有與』者,言當剝之時,在上未有以應陰,無以止陰之進也。」〔註246〕

六三:剝之无咎。 《象》曰:「剝之无咎」,失上下也。

述曰:荀爽曰:「眾皆剝陽,三獨應上,無剝害意,是以无咎。」〔註247〕孔《疏》:「上下群陰皆悉剝陽也,己獨能違失上下之情而往應之」,故得免剝廬之咎。趙氏曰:「三以失上下而无咎,猶《坤》以喪朋而有慶也。」〔註248〕

袁樞曰:「剝雖小人之事,以近陽為善,以有應於陽次之。近陽者,六五是也,故可以治剝;有應者,此爻是也,故不為剝。」〔註249〕

六四:剝床以膚,凶。 《象》曰:「剝床以膚」,切近災也。

述曰:「膚」者,床之膚,崔憬謂薦席也。六四在下卦之上,陰愈上進,與上九同體而切近,有「剝床以膚」之象。身臥膚上,剝膚則切近於身,非以膚為身膚也。《象》曰「切近災也」,「五,君位,其象身也。剝床及膚,災近於身。小人近尊,災切於君。四陰自下而進,黨日眾,勢日成,災其君必矣。」〔註250〕

六五:貫魚以宮人寵,無不利。 《象》曰:「以宮人寵」,終無尤也。

述曰:五為眾陰之長,凡剝者皆其類也。故雖體艮欲止,而在下者將依以進。〔註251〕五位得中,能部率群陰,如貫魚之次第,以順承乎陽,有「貫魚以宮人寵」之象。「魚」,陰物。「宮人」,陰類。「貫」,指一、二、三、四。而「以之」者,五也。「以宮人寵」,使均被恩眷,此外無假借也,如是何不利之

〔註245〕楊萬里《誠齋易傳》卷七《剝》。

〔註246〕董真卿《周易會通·周易經傳集程朱解附錄纂註卷第五·剝》、胡一桂《易本義附錄纂疏·周易象上傳第五·剝》、吳澄《易纂言》卷五《象上傳》、季本《易學四同》卷三《剝》。

〔註247〕李鼎祚《周易集解》卷五《剝》。

〔註248〕趙汝楳《周易輯聞》卷三《剝》。

〔註249〕馮椅《厚齋易學》卷十五《易輯傳第十一》、胡廣《周易大全》卷九《剝》。

〔註250〕楊萬里《誠齋易傳》卷七《剝》。

〔註251〕熊過《周易象旨決錄》卷二《剝》:「五,剝之主。凡剝者皆其類也。故雖體艮欲止,而在下者將附以進。」

　　另,蘇軾《東坡易傳》卷三《剝》:「觀之世,幾於剝矣,而言不及小人者,其主陽也。六五,剝之主。凡剝者皆其類也。」

有？蓋一陽在上，群陰所剝，非五以柔中之德，總領以承陽，則剝必盡矣。剝至於五，剝之極也，盈而消之時也，故可以「順而止之」，而更不言剝。〔註252〕

王《註》：「處剝之時，居得尊位，為剝之主者也。剝之為害，小人得寵，以消君子者也。若能施寵小人，似宮人而已，不害於正，則所寵雖眾，終無尤也。『貫魚』謂此眾陰也。駢頭相次，似『貫魚』也。」

《象旨》：「五統群陰，如後統眾妾。四為夫人，佐後。三，下卦之長，為九嬪，以主九御。二為世婦，初為御妻。」〔註253〕汝吉曰：「一陽在上，王象。五陰居尊，王後象。上一陽御眾陰，王在宮象。五統群陰，大順承君，象貫魚。然以六宮嬪婦敘御於王寢，望前先卑，望後先尊。」

敬仲曰：「『魚』、『宮人』，皆小人之象。『貫』，以柔制之也。『寵』，以愛御之也。皆『順而止之』之道。制小人良難，恐其不利也。如『貫魚如寵宮人』，則無不利矣，故曰『終無尤也』。」〔註254〕

上九：碩果不食，君子得輿，小人剝廬。　《象》曰：「君子得輿」，民所載也。「小人剝廬」，終不可用也。

述曰：此爻為艮止之主。一陽巋然在上，不為所剝，有「碩果不食」之象。果含生意。碩果，陽之實而在木末，又為上之象。王《註》：「處卦之終，獨全不落，故果至於碩而不見食也。」程《傳》：「『碩果不食』，將有復生之機。上九亦變，則純陰矣。然陽無可盡之理，變於上則生於下，無間可容息者也。」「君子」指上陽，「小人」指五陰。一陽以五陰為輿，蓋陽所乘以行；五陰以一陽為廬，蓋陰所入而處。〔註255〕君子當剝之極，必得其輿；小人當剝之極，

〔註252〕章潢《周易象義》卷二《剝》：
　　　六五陰柔居中，雖足以統率群陰，而實居一陽之下，使群陰若魚之相貫，順序而進，以順承乎陽，故為「貫魚以宮人寵」之象。「魚」，陰物。「宮人」，陰類。「貫」，指初、二、三、四。「以之」者，五也。五陰密比上爻之陽，故有寵。夫陰至五，已極矣，一陽在上，而五能以陰承陽，故無所不利。
　　季本《易學四同》卷一《剝》：
　　　魚，陰物。宮人，陰之美而可以得寵於陽者，指下四陰也。六五為眾陰之長，後之象也。柔而得中，能使群陰順序如貫魚然，「以宮人寵」，使皆獲寵於上也。五能如此，何不利之有？蓋一陽在上，非五以柔中之德，順而承之，則剝必盡矣。以剝言之，剝至於五，則剝已極，其凶可知。唯以六五柔中，欲開小人遷善之門，故發此義而更不言剝。
〔註253〕熊過《周易象旨決錄》卷二《剝》。
〔註254〕楊簡《楊氏易傳》卷九《剝》。
〔註255〕趙汝楳《周易輯聞》卷三《剝》：「陽下視群陰為輿，蓋陽所乘以行。陰仰視一陽為廬，蓋陰所入而處。」

則及其廬矣。廬亦取在上之義。陸績曰：「君子全得剝道，安其位，小人終不可安也。」〔註256〕《象旨》：「艮為果，故上九象碩果。」〔註257〕吳澂曰：「坤為大輿，五陰承載上九一陽，如人在車上，為『得輿』也。」〔註258〕周宴曰：「艮為廬象。」「群小剝正道以覆邦家，如剝床焉。自足及幹，自幹及膚，猶不已，必剝其室廬」〔註259〕，此小人剝極，無所容身之象也。

劉牧曰：「果不見食者，葉為之蔽。上九不見食，三、五為之蔽。」「六三應上九，而寧失群陰之心。六五比上九，而率群陰以求一陽之寵。一陽之功大矣。」〔註260〕

質卿曰：「『碩果不食』，蓋天意所生，人不得而食之。既不食，必復生息盛大。生息盛大，而『君子得輿』，小人必食所安而剝其廬矣。是雖剝其床，終必得其輿。其剝床者，乃自剝其廬歟？《象》曰：『小人剝廬，終不可用也』，乃所以深警之也。」

孫淮海曰：「『碩果不食』，其義最精。果中有核謂之仁，醫家謂桃仁、杏仁之類是也。凡一樹之根株、花葉、結實，皆在此仁之中。『復』者，復此仁耳。此仁復，而天地人之道歸矣。」〔註261〕「然非剝之不食，必不能致復之亨，故《剝》之上九之象，既可喜，又可危也。」〔註262〕

《義林》曰：「飛廉、惡來之黨方熾，而四友、十亂已產於周朝。李斯、趙高之惡方炎，而蕭、曹、陵、勃已生於漢世。陽其可盡剝乎？若小人，則商鞅出亡而無所舍，剝廬之慘，何所逃乎！」

〔註256〕（明）姚士粦輯《陸氏易解》。

〔註257〕熊過《周易象旨決錄》卷二《剝》：「艮為果蓏，蓏當二柔，果當一剛。上九之象，故稱碩果也。」

〔註258〕吳澄《易纂言》卷一《剝》。

〔註259〕楊萬里《誠齋易傳》卷七《剝》。又見張獻翼《讀易紀聞》卷二《剝》，不言係引用。

〔註260〕吳澄《易纂言》卷一《剝》。

〔註261〕孫應鰲《淮海易談》未見此語。

〔註262〕張獻翼《讀易紀聞》卷二《剝》。

讀易述卷五

復☷☳震下坤上

程《傳》：「為卦，一陽生於五陰之下，陰極而陽復也。陽，君子之道。陽消極而復反，君子之道消極而復長，故為反善之義。」

朱子曰：「大抵發生都只是一箇陽氣，只是有消長。上面陽消一分，下面便陰長一分。又不是別討箇陰來，只是陽消處便是陰，故陽來謂之復，復是本來物事；陰來謂之姤，姤是偶然相遇。」〔註1〕觀姤、復之名義，凡乾健坤順、乾君坤藏可並言之哉！

薛敬軒曰：「卦辭言造化之復，爻辭言人心之復。」〔註2〕

復：亨。出入無疾，朋來无咎。反復其道，七日來復，利有攸往。

《彖》曰：「復，亨」，剛反。動而以順行，是以「出入無疾，朋來无咎」。「反復其道，七日來復」，天行也。「利有攸往」，剛長也。復，其見天地之心乎！

述曰：何妥曰：「復者，歸本之名。群陰剝陽，至於幾盡，一陽來下，故稱『反復』。陽氣反復，而得交通，故云『復，亨』也。」〔註3〕趙汝楳曰：「陽自下而上則為剝，今由上反下，復於其所，故卦名復。陽在剝則窮，今復則道亨。出乎剝，入乎復。」〔註4〕一元生生不息之理，正會其時，故「無疾」也。

〔註1〕黎靖德《朱子語類》卷六十五《易一》。
〔註2〕（明）薛瑄《讀書錄》卷十一。
〔註3〕李鼎祚《周易集解》卷六《復》。
〔註4〕趙汝楳《周易輯聞》卷三《復》。

五陰之朋，咸來順之，善補剝時之過，故曰「无咎」。〔註5〕陽之初復，其氣甚
微。五陰方盛，懼為所阻塞而不得亨通，「無疾」、「无咎」，則一陽動而五陰順
之象也。陰陽消長之道，反復迭至。復者，剛反而復其道也。卦有六位，至七
而變，陽始消於姤，七變而成復，故云「七日來復」也。陽消既久而復其長，
有不可遏之勢，復之所以亨也，故「利有攸往」。〔註6〕侯果曰：「七日，七月
也。《豳詩》『一之日』，周之正月；『二之日』，周之二月。古人呼月為日，明
矣。」〔註7〕

《象旨》：「『剛』言反，見元貫終始，而今循之，反舊也。《剝》上九剛為
止，反遂成震，為動。『剛反』即動也。」〔註8〕「動而以順行」者，當剝極之
後，陽之始生，不敵眾陰，正《坤》上「龍戰」之時。動而不以順行之，則無
以養微陽之體，而甚陰干陽之咎，何得亨通？「出入無疾，朋來无咎」，陽順
而長，陰順而消，此一陽主五陰，為復之道也。道者，天運自然之道，故曰「反
復其道」。

《彖》「言『天行』者，《蠱》、《剝》、《復》三卦，蠱亂極而治，復陰極而
陽生乎利。往者以初。初者，復之主爻，剛所自長也。」〔註9〕丘輔國曰：「『剛
反』言剝之一剛窮上反下而為復也，『剛長』言復之一剛自下進上為臨為泰，
以至為乾也。以其既去而來反也，故『亨』；以其既反而漸長也，故『利有攸
往』。『剛反』言方復之初，『剛長』言已復之後。」〔註10〕

章氏曰：「所謂剛之反者，復其道也。其復之數，則不過乎七。何也？如

〔註5〕熊過《周易象旨決錄》卷二《復》：「五陰之朋，來順一陽，善補剝時之過，『无
　　　咎』之象也。」
〔註6〕季本《易學四同》卷一《復》：
　　　蓋初陽始復，其氣甚微，有以害之則摧折而不得亨盛，宜有咎者。無疾而
　　　朋來，何咎之有？「反復其道」，謂剛反而復其道也。「七日來復」者，卦有六
　　　位，至七而變，陽始消於姤，七變而成復，故云「七日來復」也。……此言陽
　　　消既久而復其長，有不可遏之勢，復之所以亨也，故「利有攸往」。
〔註7〕李鼎祚《周易集解》卷六《復》：
　　　侯果曰：「五月天行至午，陽復而陰升也；十一月天行至子，陰復而陽升
　　　也。天地運往，陰陽升復，凡歷七月，故曰『七日來復』。此天之運行也。《豳
　　　詩》曰：『一之日觱發，二之日栗烈。』『一之日』，周之正月也。『二之日』，
　　　周之二月也。則古人呼月為日，明矣。」
〔註8〕熊過《周易象旨決錄》卷二《復》。
〔註9〕熊過《周易象旨決錄》卷二《復》。
〔註10〕胡廣《周易大全》卷九《復》。又見張獻翼《讀易紀聞》卷二《復》，不言係引
　　　用。

時序，自午至亥，止於六月，至子則復矣。易卦自初至上，止於六爻，至初則復矣。七日者，數之所必不能越，乃天行一定之運也。如是可利有攸往。以陽剛一復，則其漸長也必矣，而不至於純乾不已也。是復也『其見天地之心乎』。蓋生物者，天地之心也。剝則一陽生生之機幾乎息矣，但七日則必來復，陽剛震動於下，則乾元資萬物之始者已於此乎萌焉，是復非天地之心，而復不可以見天地之心乎？天地之心見於一陽初動，而非見於靜。伊川先生發之已詳。」〔註11〕

王汝中曰：「《易》中凡言恐懼、言惕、言厲、言號、言悔、言危、言驚之類，皆指陽動之機而言，故曰『洊雷，震。君子以恐懼脩省』。合動靜之功也。」〔註12〕

質卿曰：「《復》如何便亨，只是剛反而為吾一身之主，自然亨。所以《困》只是『剛掩』，《无妄》只是『剛自外來而為主於內』。看來剛不可一日而不復，不可一時而使掩，不可一念而不主於內。」

復者，己之心也，而實天地之心也。未復，且不知己之心，安見天地之心？既復，則見己之心，自見天地之心。天地之心何？生生不息之心也。見之即入於無窮之門，微矣哉！

潘夢旂曰：「剝以順而止，復以順而行。君子處道消之極，生道長之初，未嘗一毫之不以順也。」〔註13〕

復見天地之心，要說得「見」字親切。人當積陰之時，以為剝不復亨。至於復，乃見天地生物之心，不可滅息。若是三陽發生萬物之後，則天地之心盡散在萬物，不能見得如此端的。剛柔皆天地之心，而「剛反」則見天地之心矣。動靜皆天地之心，而「動以順行」則見天地之心矣。七日、八月皆天地之心，而「七日來復」則見天地之心矣。剛柔消長皆天地之心，而「剛長」則見天地之心矣。〔註14〕

〔註11〕章潢《周易象義》卷二《復》。

〔註12〕王畿《大象義述》。（吳震編校整理《王畿集》，鳳凰出版社 2007 年版，第 660 頁）

〔註13〕胡廣《周易大全》卷九《復》。又見張獻翼《讀易紀聞》卷二《復》，不言係引用。

〔註14〕此一節見張獻翼《讀易紀聞》卷二《復》。開頭部分文字稍不同，「復見天地之心，要說得『見』字親切。人當積陰之時，以為剝不復亨。至於復，乃見天地生物之心，不可滅息」，《讀易紀聞》作「要說得『見』字親切。蓋此時，天地之間無物可見，只有一陽初生，見得天地之心在此」。

天地有天地之復，世道有世道之復，人心有人心之復。天地以冬至為復，世道以亂極而治為復，人心以既迷而悟為復。人心迷而能復，便足以合於天地之復，而能默握乎世道復治之機。卦合天道、人事而論，至爻乃皆以人心之復而言，其義不可繹乎？〔註15〕

《象》曰：雷在地中，復。先王以至日閉關，商旅不行，後不省方。

述曰：「地靜雷動，雷在地中，靜養動也。」〔註16〕王《註》：「復者，反本之名。」〔註17〕「動復則靜，行復則止，事復則無事也。」〔註18〕卜子夏曰：「冬至陽潛，動於地中也。帝王者，體化合乾，故至日閉關絕行，不務察事，以象潛之勿用，與時更始也。」〔註19〕卦以靜息為主。關宜開者而閉之，商旅出於途者而不行，皆取靜息之義。魏莊渠曰：「《月令》：是月齋戒，掩身以待陰陽之所定。」〔註20〕蔡氏曰：「商旅至賤，後至貴上。自後下至商旅，皆以安靜為事也。」〔註21〕

《象旨》：「『先王』也者，先代之王也。後為時王也。遵先王之遺意，而廣其條也。『閉關』象坤之闔戶，『商旅』象坤之眾。俞氏說如此。震為大塗，商旅之路。坤為靜，不行之象。坤為地，方之象。項氏曰：『《彖》取陽之復來，故可以出入；《象》取雷之在地中，故不可以行。』」〔註22〕

初九：不遠復，無祗悔，元吉。　《象》曰：「不遠」之「復」，以脩身也。

述曰：一陽震動於五陰之下，《剝》之反為《復》也。剝於上則反於下，

〔註15〕此一節見（明）曾朝節《易測》卷五《復》。
〔註16〕張獻翼《讀易紀聞》卷二《復》。
〔註17〕王《注·象》。
〔註18〕王《注·象》。
〔註19〕《子夏易傳》卷三《復》。
〔註20〕按：此語出朱熹《周易本義》。
　　（明）蔣一葵《堯山堂外紀》卷八十九《國朝》：「魏校，號莊渠，崑山人。顧鼎臣榜進士。」
〔註21〕（宋）黃震《黃氏日抄》卷六《讀易》、季本《易學四同》卷三《復》。
〔註22〕熊過《周易象旨決錄》卷二《復》。
　　俞琰《周易集說》卷十二《象辭二》：
　　　　「閉關」，象坤之闔戶。「商旅」，象坤之眾。震為大塗，商旅所行之路。坤為迷，不行之象也。坤為地方之象也。
　　項安世《周易玩辭》卷五《商旅不行後不省方》：
　　　　《彖》取陽之復來，故可以出入，可以朋來，可以有攸往；《象》取雷之在中，故不可以行，不可以出。彖與象取義不同。

故曰「不遠復」。陽本天地生生之心，剝而復，如寐而寤，往而來，由未復前觀之，故謂之復。「震无咎者存乎悔」，而復不遠者，不至於悔。曰「無祗悔」，明初陽之復即天地之心，不能不復者耳。悔從何來？此天命純粹至善之體，人心復還天德之元動，而未動一念常覺之真機，吉之先見者也，故曰「元吉」。

《復》之初爻，即《乾》之全體。當剝極之餘，一陽來復於下，其體震動得正，為五陰之主。此乾道由貞而元，無斷無續，無間可息，故曰「不遠復」。此「不遠」即「道不遠人」之「不遠」。復而未嘗有失也，能默識此，體吾心之復，即復天地之心。一陽為主，形色皆天，身無有不善者矣。故《象》曰「以脩身也」，於形著以檢身末已。

敬仲曰：「意起為過，不繼為復。不繼者，不再起也，是謂『不遠復』。復於意不起之始也。意起即覺，其過覺即泯然，如水之虛，泯然無際；如氣消空，不可致詰。人心自善，自神自明，應酬交錯，如鑑中萬象，鑑不動而萬象森。然意微起焉，即成過矣。微過即覺，覺即泯然。無際如初，神明如初，是謂『不遠復』。微動於意而即復，不於言行，則不入於悔。其曰『元吉』，吉孰大焉！《象》曰『以脩身也』，明乎脩身當如此而脩。」〔註23〕

六二：休復，吉。　《象》曰：「休復」之「吉」，以下仁也。

述曰：復主初之陽剛。六二以柔中之善，密比於初，陽氣上進而柔體能順，有必復之機，為「休復」也，吉矣。《象》曰「以下仁也」，初仁人，密比於下，在二有不容不復者。只以爻象剛柔正合之意言，非謂二之能下乎仁也。〔註24〕

〔註23〕文字節錄，且更換順序，與楊簡《楊氏易傳》卷九《復》差異較大，其文曰：
　　意起為過，不繼為復。不繼者，不再起也，是謂「不遠復」。……繼之之謂意起，即覺其過，覺即泯然，如虛之水，泯然無際；如氣消空，不可致詰。人心自善，自神自明，自無污穢。事親自孝，事兄自弟，事君自忠，賓主自敬，應酬交錯，如四時之錯行，如日月之代明，如冰鑑中之萬象。意微起焉，即成過矣。顏子清明，微過即覺。覺即泯然，無際如初，神明如初，是謂「不遠復」。微動於意而即復，不發於言行，則不入於悔戾。……元，始也，復於意未動之始也。其曰『元吉』，吉孰大焉！《象》曰『以脩身也』，明乎脩身當如此而脩。

〔註24〕章潢《周易象義》卷二《復》：
　　六二陰柔，雖不如初剛，但陽剛初復於下，則在二有必復之機，故為休復之象。休即心逸日休之意，吉之道也。復本於初之陽剛，休由於二之柔順，居中得正，密比於初，故「休復，吉」。《象》曰「以下仁也」，蓋九初仁人，密比於下，在二則有不容不復者。何也？與善人居，忽不自知其入於善也。況一陽復之於下，陽氣必為之上進，而仁者以萬物為一體，則輔仁之友寧有不休復者乎？若謂二能下乎仁，則於爻象未穩合。

《象旨》：「『休』讀如『休休有容』之『休』。二才位俱陰，柔順中正，剛之來復，而無所競，故稱『休復』，正與『下仁』之旨符會。仁指陽。」「不遠復」以合下，就是仁體。顏子當之矣。曾子追思其虛受之學、不校之仁，故曰進於誠，「休復」、「下仁」之吉也。《文中子》曰：「學莫便乎近其人。」〔註25〕

王《註》：「得位處中，最比於初。上無陽爻以疑其親，陽為仁行，在初之上而附順之，下仁之謂也。既處中位，親仁善鄰，復之休也。」

王介甫曰：「以卦言之，陽反為復。以爻言之，陽以進為復，初九是也；陰以退為復，六二、六三、六四是也。陰以退為復，故六二乘初，有下初之意。」〔註26〕

六三：頻復，厲，无咎。　《象》曰：「頻復」之「厲」，義无咎也。

述曰：剛反之世，柔不能競。自二而上，皆求復者也。〔註27〕六三處震動之極，過中失正，困乃思復，有「頻復」之象。王《註》：「『頻』，頻蹙之貌。蹙而求復。」蓋徵色發聲而後喻改者，以尚近初復也，故能自惕厲而得无咎。復貴於速。曰「頻復」，則去而迷復也甚易，反而補過也甚難。以其震體有懼，以成則之義，所謂「震无咎」也。

六四：中行獨復。　《象》曰：「中行獨復」，以從道也。

述曰：四雖非中位，而六以陰居之，為得其正，又處群陰之中，在順之體，下與初應，依中而行，獨得所復者也，故為「中行獨復」之象。復之所以為復，全在初爻，五陰皆復此而已。但二、三、五、六與初不相應，唯四在陰中，有所專向，故發此義。

《象旨》：「二以初為仁，四以初為道者，道自行言，率性之義，取四為外體象也。」〔註28〕「凡卦三、四皆可言中，如《益》三、四皆以『中行』言。又卦五陰，二、三近陽，五、上遠陽，四居遠近之中，在震大塗之上，故曰『中行』。」〔註29〕

六五：敦復，無悔。　《象》曰：「敦復，無悔」，中以自考也。

述曰：六五之於初，非比非應，固應有悔。然五位陽也，體則坤之中，坤

〔註25〕按：「學莫便乎近其人」出《荀子·勸學篇第一》。
〔註26〕李衡《周易義海撮要》卷三《復》。
〔註27〕（明）朱謀㙔《周易象通》卷三《復》：「自五以下，皆求復者也。」
〔註28〕熊過《周易象旨決錄》卷二《復》。
〔註29〕熊過《周易象旨決錄》卷二《復》。按：在上一節引文之前。

靜而中有主，能下順陽剛，得居尊之體，故曰「敦復，無悔」。《象》曰「中以自考也」，「自考」如「考中度衷」之「考」。〔註30〕五本中位，得其本心，故能「自考」，不遷於物，不動於意，進於不遠之復，亦免於悔也，中之可貴如此。《繫辭》曰：「復以自知。」此曰「中以自考」，蓋亦庶幾矣。

俞氏曰：「二居下卦之中而『休復』，四居五陰之中而『獨復』，五因二、四之中，自考乎己之中，有不善，未嘗不復於善也。」〔註31〕

李隆山曰：「《易》中陽長之卦，凡在上，陰柔之主則未嘗不附而順之，無所於逆。故《復》為一陽之長，而六五則以『敦復，無悔』。《臨》為二陽之長，而六五則以『知臨』為『宜』。《泰》為三陽之長，而六五則『帝乙歸妹』為『祉』。《大壯》為四陽之長，而六五則以『喪羊於易，無悔』。諸卦六五爻大率皆以下順陽剛，而得居上之體。作《易》者當陽長之世，以此垂訓。要之，皆所以為君子地云耳。」〔註32〕

上六：迷復，凶，有災眚。用行師，終有大敗，以其國君凶，至於十年不克徵。《象》曰：「迷復」之「凶」，反君道也。

述曰：彭山曰：「『迷復』，復而迷者也。卦以初陽為復，六在群陰之上，而遠於復，陰暗之極者也，故有『迷復』之象。」〔註33〕孔《疏》：「復最後，是迷暗於復。『以迷求復』，所以凶也。『有眚災』者，暗於複道，必無福慶，唯有眚災也。」程《傳》：「迷而求〔註34〕復，無施而可，用以行師，則終有大敗，以之為國，則君之凶也。『十年』，數之終。」師敗君凶，至於十年而不復，甚言迷復之不可如此。〔註35〕彭山曰：「言『十年』者，當復之時，無終迷之

〔註30〕熊過《周易象旨決錄》卷二《復》：「『考』如『考中度衷』之『考』。」
〔註31〕熊過《周易象旨決錄》卷二《復》：
俞氏曰：「二居下卦之中而『休復』，四居五陽之中而『獨復』，五因二、四之中，自考乎己之中是已。」
按：俞琰《周易集說》卷二十二《爻傳三》：
二居下卦之中，故「休復，吉」。四居眾陰之中，故「中行獨復」。五居上卦之中，故「敦復，無悔」。孔子釋「敦復，無悔」而曰「中以自考」，蓋謂六五因二之中、四之中以自考乎己之中也。自考而中矣，則又何悔之有？
〔註32〕董真卿《周易會通·周易經傳集程朱解附錄纂註卷第五·復》、胡廣《周易大全》卷九《復》。
〔註33〕季本《易學四同》卷一《復》。
〔註34〕「求」，程《傳》作「不」。
〔註35〕胡炳文《周易本義通釋》卷一《復》：
用行師，終有大敗，及其國君亦凶，至於十年，終不能行。爻之凶未有如此之甚者，爻之辭未有如此之煩而不殺者，甚言迷復之不可也。

理。十年之後，猶可復也。若〔註36〕以迷復為終迷不復，則初陽之復，當遂滅息矣。」〔註37〕王汝中曰：「『迷復』者，非迷而不復，以其求復而失其主本，逾求復而愈遠於道，故曰『迷復之凶，反君道也』。」〔註38〕吳草廬曰：「『君道』謂初陽所復之仁也。『迷復』之『凶』，不仁之甚者也。」〔註39〕

　　虞翻曰：「坤冥為迷。」〔註40〕陰柔而居坤體之上，所謂「先迷」也，故為「迷復」。康成曰：「異自內出為眚，害物為災。」荀爽曰：「坤為眾，故曰『行師』。謂上行師而距於初，陽自上升，必消陰，『終有大敗』。」是也。〔註41〕虞翻曰：「坤為死喪，故『終有大敗』。」〔註42〕其君謂五，虞翻謂「坤為邦國，故『國君凶』矣」〔註43〕。「十年」者，李鼎祚曰：「坤數主十也。」〔註44〕「乾無十，坤無一。陰數極於六，而七則又為乾之始；陽數極於九，而十則自為坤之終。故凡言十，坤終之象。」〔註45〕江夏劉績曰：「『迷復，凶，有災眚』，此言不從陽之凶。上六比君，欲為六五征不服，然終不克，此言敵陽之凶。」是也。「反君道」者，五中以自考，上六不中也。〔註46〕

〔註36〕「若」，《易學四同》作「程子」。
〔註37〕季本《易學四同》卷一《復》。
〔註38〕王畿《大象義述》。（吳震編校整理《王畿集》，鳳凰出版社 2007 年版，第 661 頁）
〔註39〕季本《易學四同》卷三
　　　　「反」，草廬吳氏以為與《象傳》「剛反」之「反」同。「君道」謂初陽所復初之仁也。「迷復」之「凶」，不仁之甚者也。
　　　　按：吳澄《易纂言》卷五《象上傳》：
　　　　「反」字與《象傳》「剛反」、《同人・象傳》「困而反則」、《序卦傳》「窮上反下」、《古文尚書》「乃反商政」之反同。
　　　　故此處所引，實季本之說，非吳澄之說。
〔註40〕李鼎祚《周易集解》卷六《復》。
〔註41〕李鼎祚《周易集解》卷六《復》。
〔註42〕李鼎祚《周易集解》卷六《復》。
〔註43〕李鼎祚《周易集解》卷六《復》。「邦國」，《周易集解》作「異邦」。
〔註44〕李鼎祚《周易集解》卷六《復》。
〔註45〕胡廣《周易大全》卷九《復》，稱「雲峯胡氏曰」。
〔註46〕此一節引熊過《周易象旨決錄》卷二《復》：
　　　　上六陰暗之極，居坤之成。坤為先迷，故曰「迷復」。鄭康成曰：「異自內生曰眚，害物為災也。」「行師」者，坤為眾。荀爽謂「上行師而距於初，陽息上升，必消陰，『終有大敗』」，是也。其君謂五，虞翻謂「坤為邦國，故國君凶」。「十年」者，李鼎祚曰：「坤數主十也。」乾無十，坤無一。陰數極於六，而七則又為乾之始；陽數極於九，而十則自為坤之終。故凡言十，坤終之象。……江夏劉績曰：「『迷復，凶，有災眚』，此言不從陽之凶。上六比君，欲為六五征不服，然終不克，此言敵陽之凶。」是也。「反君道」者，五中以自考，上六不終也。

質卿曰：「《易》之凶，未有大於《復》之上爻者。蓋人心不過迷悟二端。復不可迷也。若迷於復，則其患有不可勝言者，故甚其辭耳。」

「復亨」節，晁公武氏曰：「自《剝》至《復》，入也。自《復》至《夬》，出也。《臨》、《泰》、《復》之朋也，為內卦曰『來』。」「『反復』，音復。與《剝》相反，《剝》卦復而成《復》，故曰『反復其道』。剝之初升為上，上降為初，一與六爻則其數七，故曰『七日來復』。兩句皆以剝言之，不必泛指他卦也。《剝》曰『不利有攸往，小人長也』；《復》曰『利有攸往，剛長也』。」「《剝》曰『君子尚消息盈虛，天行也』，《復》曰『反復其道，七日來復，天行也』，二卦對言。道之興廢，要之皆是天命。」「然《易》之意，凡以為君子謀，聖人謂復其見天地之心，吾以是見聖人之心。」〔註47〕

六三爻「頻」，蹙也。六三不中不正，不可以言復。然當復之時，親與下仁之賢相比，猶知有復也。但其覺不早，其過已形，其反而得本心也，必至警心蹙首，而後能為「頻復」之象。雖不如二，「義无咎也」。楊廷秀論「休復」，「微曾子，子夏不聞喪明之過。微子游，曾子不察襲裘之過」〔註48〕，此正可以明「頻復」之義。

上六爻，項氏曰：「二與初比，四與初應，三與初同體者也，獨五、上二爻與初無交，上窮陰而不反，故災眚凶敗並至而不可解。陰勝〔註49〕之時，君

〔註47〕按：原出項安世《周易玩辭》卷五《復》卦，其文曰：

《出入無疾朋來无咎》：

晁公武氏曰：自《剝》至《復》，入也。自《復》至《夬》，出也。《臨》《泰》《復》之朋也，為內卦，曰「來」。

《反復其道七日來復》：

「反復」，音復。「來復」，音服。《復》與《剝》相反，《剝》卦復而成《復》，故曰「反復其道」。剝之初，升為上，上降為初，一與六爻則其數七，故曰「七日來復」，兩句皆以剝言之，不必汎指他卦也。《剝》「不利有攸往」，《復》「利有攸往」。《剝》曰「不利有攸往，小人長也」，《復》曰「利有攸往，剛長也」。《易》之意，凡以為君子謀也。聖人謂復其見天地之心，吾亦以是見聖人之心也。

《天行也》：

《剝》曰「君子尚消息盈虛，天行也」，《復》曰「反復其道，七日來復，天行也」。道之興廢，皆是天命。

可見《讀易述》除節略外，還打亂了《周易玩辭》的文本順序，且加入「二卦對言」一句。

〔註48〕楊萬里《誠齋易傳》卷七《復》。

〔註49〕「勝」，《周易玩辭》作「盛」。

道常為小人所以，故曰『以其國君凶』，又曰『反君道也』。事若在君，則為亢陽，不為窮陰矣。上六居純坤之極，故曰『至於十年不克征』。泛言災害，恐與諸卦同，故別言行師用國之禍，以明其凶之大且久也。」〔註50〕「上六即《坤》之上六，龍戰之爻，故有行師之象，蓋與初戰也。」〔註51〕

无妄䷘ 震下乾上

程《傳》：「為卦乾上震下。震，動也。動以天為无妄動，以人慾則妄矣。」金賁亨曰：「『无妄』，誠也。《史記》作『無望』，蓋有所期望，非誠矣。其義一也。各爻辭兼有此意。」〔註52〕

无妄：元亨利貞。其匪正有眚，不利有攸往。

《彖》曰：无妄，剛自外來而為主於內，動而健，剛中而應，大亨以正，天之命也。「其匪正有眚，不利有攸往」，无妄之往，何之矣？天命不祐，行矣哉！

述曰：震主初陽，由乾索也。震乾合體，為動以天。《象旨》：「妄者，二陰，耦畫之象。无妄者，一陽，奇畫之象。陽一在內，則不二，故名无妄。」〔註53〕「元亨利貞」，无妄之德也。

趙汝楳曰：「動與天合，理應大亨。然乾有性情，猶曰『利貞』，況震之動，吉凶悔吝由是而生焉，安得不利於正乎？不然，則眚從內生，其於往也，將何所利？」〔註54〕

震之初陽即《乾》之初畫。「剛自外來」，是外卦純陽之剛來下為卦主也。震一君二民，初陽為主，二陰順從之象，動而愈健，純乎陽德。所主之剛，不隨動而衰也。「剛中而應」，孚於柔中所主之剛，有相須而濟也，使有妄之道滅，无妄之道成，非「大亨以正」而何？〔註55〕何如動以亨也、動以正也，何如而能動以正也、動以天也。故曰「天之命也」。明「剛自外來」者，非由外鑠，自乾而來，象自天降命也。所謂无妄，正而已，震動而歸之靜也，匪

〔註50〕項安世《周易玩辭》卷五《敦復無悔 以其國君凶》。
〔註51〕項安世《周易玩辭》卷五《迷復行師》。
〔註52〕金賁亨《學易記》卷二《无妄》。
　　　按：朱子《本義》：「《史記》作『無望』，謂無所期望而有得焉者，其義亦通。」
〔註53〕熊過《周易象旨決錄》卷二《无妄》。
〔註54〕趙汝楳《周易輯聞》卷三《无妄》。
〔註55〕王《注》：
　　　「剛自外來而為主於內」，動而愈健。「剛中而應」，咸剛方正，私欲不行，何可以妄？使有妄之道滅，无妄之道成，非大亨利貞而何？

正則失其貞靜之本體矣。故有眚，而於往不利。无妄何以有匪正乎？既已无妄，而更有所往動。無所之動，非正也，妄也，天命弗祐焉，凶悔吝隨之，吾得行乎哉？「正言之曰『何之矣』，又反言之以歎曰『行矣哉』，甚言其不宜往也。」〔註56〕

　　按：卦辭重「正」字。九居初，六居二，正也。六三不正，故有災。九四可正，故免於咎。九五得中，故疾而有喜。卦辭「其匪正有眚」，則上九當之矣。

　　《象旨》：「卦以下為內，上為外。陽本在上，故稱『外來』，對《大畜》之辭也。《大畜》以艮止〔註57〕一陽為主，剛在外；《无妄》以震下一陽為主，剛在內。內動而外健，故『大亨』。五剛中而應二，故正。正釋貞。天命猶言乾道。天地之中，正即道，道即命也。」〔註58〕「其匪正有眚」，《說文》：目病生翳曰眚。人心一无妄，其有妄，如目有眚。眚非實有妄也。

　　淮海曰：「程子：『動以天，故无妄，動以人則妄。』又曰：『雖無邪心，苟不合正理，則亦妄也。』得經旨矣。朱子解无妄以為實理〔註59〕。自然无妄即是實，實即是理，理即是自然。實理、自然，所謂正也。故无妄者正也。卦詞曰大亨利正，初九之剛自外來而為主於內，宅心之實也，所謂正也。『動而健』，行義之勇也，所謂正也。五剛中而二柔中以應，待物之誠也，所謂正也。正者，天之命也，故大亨也。卦詞曰『匪正有眚，不利攸往』，則反是也。天之命，即實理之自然。无妄者，吉凶禍福悉付之自然。雖吉凶禍福之來無常，而吾之正則有常，故吉與福亨矣，凶與禍亦未嘗不亨，以亨道在我也。不正則雖吉與福，何亨之有？故曰『不知命，無以為君子』。正者，『天之命也』。」〔註60〕

《象》曰：天下雷行，物與无妄。先王以茂對時育萬物。

　　述曰：應言「天下雷行，无妄」，今云「物與无妄」者，欲見萬物皆无妄也。先王以此无妄之誠，養育萬物，盡物之性而不為私，其斯以為動以天乎？盡物之性，贊天地之化育，胥此矣。而總則盡性之事，性誠也。

〔註56〕俞琰《周易集說》卷十六《象傳三》。又見張獻翼《讀易紀聞》卷二《无妄》，不言係引用。

〔註57〕「止」，《周易象旨決錄》作「上」，與「震下」相對。

〔註58〕熊過《周易象旨決錄》卷二《无妄》。

〔註59〕朱子《本義》：「『无妄』，實理自然之謂。」

〔註60〕孫應鼇《淮海易談》卷二《无妄》。（《四庫全書存目叢書》經部第7冊，第665～666頁）

湛原明曰：「天為純陽。雷者，陽之動。陽動而萬物發生，勾者萌，甲者拆，蟄者驚，藏者發。洪纖高下，物各付物，而天不與焉。不與焉者，動以天也。動以天者，无妄也。『先王以茂對時育萬物』，聖人體无妄之道也。茂，盛也。動以天，故盛也。因其時而施，因其物而付，聖人無與於時與物也，此天道自然之妙用，聖人所以體天而无妄者也。」

初九：无妄，往吉。　《象》曰：「无妄」之「往」，得志也。

述曰：李舜臣曰：「震陽初動，誠一未分，剛實無私，以此而往，動與天合，其又奚必有應而後能往哉？此初九之往所以得無心之吉也。」〔註61〕王《註》：「體剛得正，以貴下賤，行不犯妄，故往得其志。」

《象旨》：「初九即剛之為主於內，上應九四，兩剛不相牽繫，直心而往，此心之本體，故曰得志。」〔註62〕趙氏曰：「陽在下者，必陞於上。況乾父在上乎初，无妄之體動而上往，可得上升之志，以得志為吉也。《升》初六曰『上合志也』，取義同。『得』與『合』，微有優劣。《无妄》，陽而升陰也。」〔註63〕

六二：不耕穫，不菑畬，則利有攸往。　《象》曰：「不耕穫」，未富也。

述曰：耕農之始，穫其成功也。田，一歲反草曰菑，三歲悉耨曰畬。无妄主震，初動於六二坤土之下，二以柔順中正而從之，二又應五，為臣從王之義，蓋不造其事而主之，初不擅其美而歸之五，故有「不耕穫，不菑畬」之象。六二貞靜之體，如此不發首而耕，不創新而菑。陰道無為，承令而已。不自功而穫，不自利而畬。陰道無成，代終而已。未嘗或有富之之心焉，此之謂无妄「則利有攸往」，言「則」者，見「匪正」之不利也。陰虛，故「未富」。敬仲曰：「『未富』者，虛中無實之謂，因不耕穫而發此義。」〔註64〕

卜子夏曰：「剛正而在乎前，柔守位而上應也，其可妄乎？不合初以首事，不與鄰以謀富，故不耕不菑，穫畬而已矣。承令而行，則利其往也。」

六三：无妄之災，或繫之牛。行人之得，邑人之災。　《象》曰：行人得牛，邑人災也。

述曰：質卿曰：「六三，无妄者也。履非其位，己則不妄，而災或罹之，

〔註61〕董真卿《周易會通·周易經傳集程朱解附錄纂註卷六·无妄》、胡廣《周易大全》卷十《无妄》。
〔註62〕熊過《周易象旨決錄》卷二《无妄》。
〔註63〕趙汝楳《周易輯聞》卷三《无妄》。
〔註64〕楊簡《楊氏易傳》卷九《无妄》。「虛中」，《楊氏易傳》作「中虛」。

曰『无妄之災』。其象如何？如或繫之牛，彼無故而來也；行人之得，此無故而去也。而邑人受其災，則亦以無故而罹也。無故之事，則人所不能為之必也。行人之與居人，兩不相值。得牛之與失牛，事有相因。蓋適然之遭如此，君子烏得而避焉？」《紀聞》曰：「或繫之，或得之，皆無與於邑人，而災不免焉，无妄之災也。若邑人之牛，非无妄也。」〔註65〕《象旨》：「陰不中正，居震極而互艮止，不能攸往，故象如此。」〔註66〕

《象》又以行人得牛，明邑人之災，理之所有也。夫無故而得，安得也？有得者必有失者。程《傳》：「知者見妄之得，則知其失必與稱也。行人得之，以為有得。邑人之失牛，乃是災也。行人、邑人但言有得則有失，非以為彼己也。妄得之福，災亦隨之。妄得之得，失亦稱之。人能知此，則不為妄動矣。」

九四：可貞，无咎。　《象》曰：「可貞，无咎」，固有之也。

述曰：卦六爻皆无妄，全重在貞。九四陽德陰位，本非正，以乾體乘二陰之上，而於初震之動無所繫累，不至於匪正，故有可貞之象。可貞則免於咎矣。〔註67〕「可」之云者，因其以剛居柔而勉之也。與《坤》六三「可貞」之義同。《象》曰「固有之也」，《乾》初體乃震一陽所自來，是貞其固有者，此所以為「可貞」也。〔註68〕

九五：无妄之疾，勿藥有喜。　《象》曰：无妄之藥，不可試也。

述曰：九五即「剛中而應」，无妄之至也。凡疾生於有妄，无妄則何疾焉？以五之无妄，如其有疾，勿以藥治，則有喜也。〔註69〕

五爻本乾剛中正，六二應爻，亦陰柔中正，曷為而有疾？即雖剛柔俱中且正也，然乾健在上，震動於下，動而未正，剛而不中，亦足為五中正之疾，此所以謂之「无妄之疾」。若又惡其震動而必欲止之，則乾剛之體與震動隔絕不

〔註65〕張獻翼《讀易紀聞》卷二《无妄》。按：早見于邵寶《簡端錄》卷一《无妄》。
〔註66〕熊過《周易象旨決錄》卷二《无妄》。
〔註67〕季本《易學四同》卷一《无妄》：
　　　九四以陽居乾體，其勢方進，易於助者也。但四為陰位，又在震體二陰之上，不至於匪正，故為可貞之象。既貞，安得有咎乎？
〔註68〕章潢《周易象義》卷二《无妄》：
　　　九四雖陽剛健體，處亦不正，然於初震之動無所繫累，則乾剛同體居上，夫固可正者也。正則无咎。而「可」之云者，因其以剛居柔也。與《坤》六三「可貞」之義同。《象》曰「固有之也」，豈不可正而強以正之哉？九四本乾體也，六位「時乘六龍」，四亦乾之本位，非固有而何？此所以為可正也。
〔註69〕（元）王申子《大易緝說》卷五《无妄》：
　　　或問曰：「舊說有曰『以五之无妄，如有為之病者，勿藥治，則有喜也。』」

通，非一體之道，而何以為无妄之主哉？

侯果曰：「位正居尊，為无妄貴主，『百姓有過，在予一人』。」〔註70〕當无妄之世而有妄者，五何能不憂疾也？大禹泣辜，成湯罪己，皆以妄為无妄之疾。〔註71〕「勿藥有喜」者，「疾非以有妄而致，自當緣无妄而愈」〔註72〕。所謂勿藥，不外求也。《注疏》：「藥攻有妄者也，而反攻『无妄』，故不可試也。」〔註73〕「若其試之恐，更益疾也。如人無罪，忽遭禍患，不須憂勞救護，亦恐反傷其性。」〔註74〕程《傳》：「五既處无妄之極，故戒在動，動則妄矣。」

蘇氏曰：「无妄之世而有疾焉，是大正之世而未免乎小不正也。天下之有小不正，是養其大正也，烏可無哉？」〔註75〕故曰「勿藥有喜」。

質卿曰：「大舜之祗載瞽瞍，夔夔齋栗；周公之身值管、蔡，赤鳥几几。用此道也。」

上九：无妄，行有眚，無攸利。　《象》曰：「无妄之行，窮之災也。」

述曰：李過曰：「處卦之終，其位不正，所謂『匪正有眚』也。」〔註76〕乾體健極，故不能止而有行，行則有眚矣。「無攸利」，即卦辭「不利有攸往」。〔註77〕王《註》：「居不可妄之極，惟宜靜保其身而已，故不可以行也。」

《象旨》：「上九以乾主爻，健極而居卦終，故其象如此。无妄之德，動而健，非禁其行者。此蓋由位生也。禍福無不自己求者。无妄而更欲行，則異自內生，已非无妄，又況於行而窮之乎？敬仲曰：『窮之則災』，是也。『窮之』也者，窮之也。往，《說文》云：『之也。』由是而之焉，故吉。行則進而有為也。崔子鍾所謂『下三爻貴動，則居者災。上三爻貴靜，則行者凶』也。」〔註78〕

〔註70〕李鼎祚《周易集解》卷六《无妄》。
〔註71〕李衡《周易義海撮要》卷三《无妄》錄陳臯之說：「欲天下之人不妄，大禹泣辜，成湯罪已是也。」
〔註72〕張獻翼《讀易紀聞》卷二《无妄》、黃正憲《易象管窺》卷六《无妄》。
〔註73〕王《注》。
〔註74〕孔《疏》。
〔註75〕蘇軾《東坡易傳》卷三《无妄》。
〔註76〕李過《西溪易說》卷五《无妄》。
〔註77〕趙汝楳《周易輯聞》卷三《无妄》：
　　　卦辭「其匪正有眚」，上九以之。
　　　上居健之極，故不能止而有行，行則有眚矣。卦辭但指不利於往，爻言「無攸利」，則不唯無眚，將無一而利。
〔註78〕熊過《周易象旨決錄》卷二《无妄》。

諸理齋曰：「三之『有災』者，位也。上之『有眚』者，時也。理無不可行，而時有所尼。君子安於時而已矣，不行何眚也。『亢龍有悔』，窮之災也。君子所以不與時俱亢也。」

淮海曰：「九為乾體，初為動始，所謂動以天也。動以天為无妄，焉往不吉，故初九曰『无妄，往吉』。其動也若柔順中正，循理而行，不存謀利計功之心，則人皆可處，地皆可居，事皆可為，故六二曰『不耕穫、菑畬，利有攸往』。動能不妄，或處不得正，有意外之事，君子安之。蓋災至無媿，君子之所能；无妄免災，非君子之所能。以災非无妄之所免，而妄動以求免災，君子不為也，故六三曰『无妄之災，或繫之牛。行人之得，邑人之災』。己能不妄，而下無應與，則但當守正，不可妄動取咎，故九四曰『可貞，无咎』。无妄之至，中正相應，而猶有疾，疾非以有妄而致，自當緣无妄而愈，故九五曰『无妄之疾，勿藥有喜』。處時之極，雖能无妄，不可違時而行，以其窮也，故上九曰『无妄行，有眚，無攸利。』初之吉、二之利、三之災、四之貞、五之喜、六之窮，皆无妄之時也。或有往，或無期必，或順受其災，或固有其貞，或不試藥，或不行，皆无妄之道也。君子之所以動以天與？所以必合正理與？」〔註79〕

初九爻，項氏曰：「无妄之時，以誠滅妄，以陽滅陰，凡陽皆勝，凡陰不利。初九剛自外來，而為无妄之主，所往皆吉，可見陽之得志矣，故曰『无妄，往吉』，『得志也』。」〔註80〕往，《說文》云：「之也。」由是而之焉，故吉。

六二爻，項氏曰：「六二居中守正，異於他陰，猶戒曰『不耕穫，不菑畬，則利有攸往』，加一『則』字，蓋疑之也。故曰『不耕穫，未富也』。陰為虛，陽為實。六二以陰居陰，雖在无妄之中，猶未得比於陽，必能盡絕人為，專用其天。」〔註81〕「是併穫與畬皆不為。」〔註82〕「而後可以往配於陽也。」〔註83〕「以田事考之，耕者禾之始，穫者禾之終；菑者地之始，畬者地之終。六二當无妄之時，居中守正，上應純陽，有去妄存誠之志，然必併其始終而盡絕之，無一毫私欲遺種於其間，則妄盡而誠存矣。苟有一毫未去，便非純誠，猶

〔註79〕孫應鰲《淮海易談》卷二《无妄》。（《四庫全書存目叢書》經部第7冊，第666頁）

〔註80〕項安世《周易玩辭》卷五《六爻》。

〔註81〕項安世《周易玩辭》卷五《六爻》。

〔註82〕項安世《周易玩辭》卷五《不耕穫不菑畬》。

〔註83〕項安世《周易玩辭》卷五《六爻》。

未得為无妄。」〔註84〕「二之『利有攸往』，往與五應。五之『有喜』，喜與二應。二爻相應，本皆中正无妄，聖人以六二為純陰，故於二爻皆深戒之。二之『不耕穫、菑畬』，所以深絕其妄種也。二之陰柔，使其有妄，則徒戒不足以止之，且息妄之事，亦非他人之所能預，必其中心自不耕穫、自不菑畬，然後為真耳，故皆曰不以見，其自不為也。若動而不止，則可以為難矣，未可以為无妄也。」〔註85〕

大畜 ☰☶ 乾下艮上

程《傳》：「為卦艮上乾下，天而在於山中，所畜至大之象。畜為畜止，又為畜聚，止則聚矣。取天在山中之象，則為蘊畜。取艮之止乾，則為畜止。止而後有積，故止為畜義。」趙氏曰：「大畜之義，在己則為畜德，在人則為養賢。」〔註86〕

大畜：利貞。不家食，吉，利涉大川。

《彖》曰：大畜，剛健篤實輝光，日新其德。剛上而尚賢，能止健，大正也。「不家食，吉」，養賢也。「利涉大川」，應乎天也。

述曰：天下惟陽為大，亦惟陽為能畜。「大畜者，陽能自畜，畜之大者也。」〔註87〕彭山曰：「畜以貞靜為主。艮陽在上，乾之三陽上進，賴此以止，故曰『利貞』。有大畜者必有大施，畜乾於下，是大蘊也；成畜於上，是大施也。故宜為時用而有『不家食』之吉。其才必能濟天下之大險，故又有『利涉大川』之象。」〔註88〕「不家食，吉」，以艮止於上取義。「利涉大川」，以乾健在下取義。

彭山曰：「剛健者乾，篤實者艮。二體相摩，而神明見，輝光發越，與日俱新。蓋誠於中，形於外，自有不能已者。見大畜之所以為大也。」〔註89〕《象

〔註84〕項安世《周易玩辭》卷五《不耕穫不菑畬》。

〔註85〕項安世《周易玩辭》卷五《不耕穫則利有攸往勿藥有喜》。

〔註86〕趙汝楳《周易輯聞》卷三《大畜》。

〔註87〕季本《易學四同》卷一《大畜》。

〔註88〕季本《易學四同》卷一《大畜》：

　　　大畜者，陽能自畜畜之大者也。畜以貞靜為主。而上九在止體之上，乾之三陽上進，賴此以止，故曰「利貞」。有大蘊者必有大施。畜乾於下，是大蘊也。成畜於上，是大施也。故宜為時用而有「不家食」之吉。不但「不家食」而已，而其才必能濟險，故又有「利涉大川」之象。

〔註89〕蘇軾《東坡易傳》卷三《大畜》：「『剛健』者，乾也。『篤實』者，艮也。輝光

旨》：「賢謂陽。『尚賢』者五，尊上九之陽也。《小畜》巽陰畜陽非正，《大畜》
艮陽畜陽則正。不以止健之功，歸於二陰之小也。」〔註90〕「養賢」，蒙上文
「尚賢」而言。五能養賢，與食天祿，使樂於其養，不愧素餐，然後賢者不在
家自食，斯其所以為吉也。上九一剛，屹然在卦之外，非尚賢之君。隆師臣之
禮，彼豈肯受其養，故言「不家食，吉」。「武尊尚曰尚父，康尊畢曰父師，是
尚賢也。」〔註91〕「利涉大川」，大畜養賢之功用也。「卦以上九為主，不曰應
剛而曰『應天』，總以上卦應下卦，故不取二、五剛柔之應。知此則知大畜之
貞矣。」〔註92〕

《大畜》內乾健，外艮止，《彖傳》云「能止健」，獨與他《彖》異，蓋止
即「穆穆文王，緝熙敬止」之義，非止其健而不進之謂也。止健並重，但玩味
「能」字，畢竟上九為大畜之主爻。

《象旨》：「《大畜》、《大壯》皆四陽，占皆曰『利貞』，何也？仲虎曰：『壯
而不貞，其壯也剛而無禮。畜而不貞，其畜也博而寡要。』」〔註93〕又云：「陰
生於巽，巽，陰之微也，故曰小畜。陽終於艮，艮，陽之究也，故曰大畜。艮
畜乾貞，巽畜乾悔也。」〔註94〕

王《註》：「凡物既厭而退者，弱也；既榮而隕者，薄也。夫能『輝光日新
其德』者，惟『剛健篤實』也。『剛上』謂上九，處上而大通，剛來而不距，
『尚賢』之謂也。健莫過乾而能止之，非『大正』，未之能也。『不家食，吉，

者，二物之相磨而神明見也。」

熊過《周易象旨決錄》卷二《大畜》：「蘇氏曰：『剛健』者乾，『篤實』者艮。
『輝光』者，二物相磨而神明見也。」

季本《易學四同》卷三《大畜》：

剛而健者，乾體也。實謂艮體之陽也。以其在乾體之上，則其實加厚，故
曰「篤實」。如此則所畜者大而輝光發越矣。以畜之大者為本，則日新其德，
自有不能已者，見大畜之所以為大也。此釋卦名義。

〔註90〕熊過《周易象旨決錄》卷二《大畜》。
〔註91〕張獻翼《讀易紀聞》卷二《大畜》。
〔註92〕章潢《周易象義》卷二《大畜》。
〔註93〕胡炳文《周易本義通釋》卷一《大畜》：

《大畜》、《大壯》皆四陽卦也，故皆謂之大，其占皆曰「利貞」者，《大
壯》而不貞，其壯也剛而無禮；《大畜》而不貞其畜也，博而寡要。

熊過《周易象旨決錄》卷二《大畜》：

《大畜》、《大壯》皆四陽，占皆曰「利貞」，何也？胡仲虎曰：「壯而不貞，
其壯也剛而無禮；畜而不貞，其畜也博而寡要。」

〔註94〕熊過《周易象旨決錄》卷二《大畜》。

養賢也』，有大畜之實，以之養賢，令賢者不家食，乃吉也。『尚賢』制健，『大正』應天，不憂險難，故『利涉大川』也。」

《象》曰：天在山中，大畜。君子以多識前言往行，以畜其德。

述曰：向秀曰：「止莫若山，大莫若天。天在山中，大畜之象。天為大器，山則極止，能止大器，故名大畜也。」〔註95〕姜廷善曰：「天積氣也，今虛空中，無往而非積氣，亦無往而非天。山有空洞處，積氣未嘗不在焉。謂天在山中，實有之也。」〔註96〕王汝中曰：「山之體，小而能韞天高。大之心，小而能聚天德。此孔門博文約禮之旨所由，即此而發明。多識前言往行，乃所以畜德道，此大畜之所以利貞也。」〔註97〕

蘇氏曰：「孔子論《乾》九二之德曰：『君子學以聚之，問以辯之』，是以知乾之健，患在於不學。故大畜之君子將以用乾，亦先厚其學。」〔註98〕

初九：有厲，利已。　《象》曰：「有厲，利已」，不犯災也。

述曰：大畜艮止，畜乾健也。初以陽剛健體居下，必上進者也。而當艮畜之初。「艮為小石，與初相磨厲也。『利已』者，受其磨厲也。《子夏傳》云：『居而俟命則利，往而違上則厲。』意近之矣。災謂艮山之阻。」〔註99〕石介曰：「乾雖剛健，前遇山險」〔註100〕，必不能通。

汝吉曰：「初九以微陽當畜之初，剛德自勝，潛體能下，『不犯災』，行止

〔註95〕李鼎祚《周易集解》卷六《大畜》。

〔註96〕姜寶《周易傳義補疑》卷四《大畜》。

〔註97〕（明）王畿《大象義述》（吳震編校整理《王畿集》，鳳凰出版社2007年版，第661頁）：

　　山之體，小而能韞天道。人之心，小而能聚天德。此孔門博文約禮之學。《中庸》曰：「君子尊德性而道問學。」天之所以與我者，德性而已。捨德性，更無所為學。學問正所以尊之也。多識前言往行，所謂學問之事，博文也；所謂尊德性，約禮也。孟子曰：「學問之道無他，求其放心而已矣。」學問惟在求其放心，多識惟在於畜德，一也。後儒分尊德性為存心，道問學為致知，存心之外，別有致知之功，尚未措之於行，則離矣。知者，心之靈；致知，正所以存心。非有二也。

　　按：故此處所引，「大」乃「人」之誤。

〔註98〕蘇軾《東坡易傳》卷三《大畜》。

〔註99〕熊過《周易象旨決錄》卷二《大畜》。

　　按：其中「災謂艮山之阻」出俞琰《周易集說》卷二十二《爻傳三》，《周易象旨決錄》不言係引用。

〔註100〕馮椅《厚齋易學》卷十六《易輯傳十二·大畜》、董真卿《周易會通·周易經傳集程朱解附錄纂註卷第六·大畜》。

而止也。」

九二：輿說輹。　《象》曰：「輿說輹」，中無尤也。

　　述曰：九二剛健，與初、三同為乾體，故有「輿」象。二在中，有「輹」象。當大畜之時，陽剛得中，遇止而止，象「輿說輹」，自說其輹而不行也。輿而說輹，特說其車下之縛，而其中如故，不失為輿也。二本中位，中故無尤。汝吉曰：「剛健自克，內心寧極，蓋中無怨尤，而德以彌畜也。自畜者善也。」

　　《象旨》：「環溪吳氏曰：『輿說輹』一也，在《小畜》之三未免『反目』，在《大畜》之二則『無尤』，以其中也。」〔註101〕

九三：良馬逐，利艱貞。日閑輿衛，利有攸往。　《象》曰：「利有攸往」，上合志也。

　　述曰：健極則行，止極斯通。三、上同德，心志合而從焉，象「良馬逐」也。馬非逐不行。乾為良，馬為行健。九三得位，而初、二隨其後，故曰「逐」。蓋比德齊力，並驟齊驅之象。以艮止在前，未可輕進，有「利艱貞」之象。〔註102〕進毋傷易，艱則不危；進毋失正，貞則獲安。猶且日閑輿焉，日閑衛焉，「恃應而不知備，說進而不知戒，鮮不及矣」〔註103〕。《象旨》：「輿指二，衛指初。九三居『終日乾乾』之地，與二陽同心，日討國人軍實而為行計也。」〔註104〕如是則不失其馳，安行軌道，利往也夫。張氏曰：「二之『輿說輹』而不進，三『閑輿衛』而不輕進，初之『利已』者，三可利往矣。《考工記》：周人上輿車，有六等之數，戈也，殳也，戟也，矛也，軫也，皆衛名。」〔註105〕

〔註101〕熊過《周易象旨決錄》卷二《大畜》。
〔註102〕朱長文《易經解·大畜》：
　　　　健極則行，止極斯通。三、上同德，故不相畜而並進。然艮止在前，未可輕也，必艱貞以俟其時，閑輿衛以脩其具，乃可往耳。
〔註103〕朱震《漢上易傳》卷三《大畜》。
〔註104〕熊過《周易象旨決錄》卷二《大畜》。
　　　　按：吳澄《易纂言》卷一《大畜》：
　　　　九三變為柔，三、四、五成坤，為輿。初二，其衛也。言九三當與二陽同心協力，無日不訓國人，討軍實而為行計也。
〔註105〕張獻翼《讀易紀聞》卷二《大畜》：
　　　　二之輿既說輹而不進，三閑輿往而不輕進，初之利已者，三可利往矣。衛，古書之稱，皆武衛也。《考工記》：周人上輿車，有六等之數，戈也，殳也，戟也，矛也，軫也，皆衛名。
　　　　按：張氏係引用，而不指明。
　　　　胡炳文《周易本義通釋》卷一《大畜》：「二之輿既說輹而不進，三復閑

「大畜之權在上，故曰能止健。健而自止，此三所以合上之志也。」〔註106〕

卦以畜德為義，乾陽因艮止而自畜。且如人之有剛德健質者，篤於上進，其志固為自強矣。然不受磨厲，躁決過當，適足累德。又或少遇沮抑，輒懷怨尤，不能中心寧耐。或恃有同德之助，快心以逞，如馬趨風驟而傷易，不良於行。豈能成攸往之利？故三陽之善，自畜也。初，乾之下，而遇艮在上，曰「有厲，利已」者，受厲也，不必言四止初也。九二得中，象輿既駕，自說輹而不行，不必言五止二也。九三在止體二陰之下，本欲進而不輕進，象良馬逐而猶「利艱貞，日閑輿衛」，而後「利有攸往」，蓋止於至善之意。與上九艮體合志而成大畜矣。三陽之能自畜，乃以剛健之體，進於篤實而輝光日新者也。

六四：童牛之牿，元吉。　《象》曰：六四「元吉」，有喜也。

述曰：彭山曰：「牛，陰物，六之象也。六四為艮之初，童牛之象。牿即《詩》所謂『輻衡橫木』，於牛角以防其觸也。自畜者，言六四柔而得正。」〔註107〕「童牛未角之時而即牿之，牛習於牿而忘其觸焉，所以消融血氣而畜之易也。惟四有順正之德，故大善而吉。《象》曰：『六四元吉，有喜也。』喜其當大畜之時，能畜止其陰，不為陽剛之害功，不勞而性無傷也。」〔註108〕

卜子夏曰：「牛，陰類也，而又童焉。居牢而安，能止其健，不勞備而得其用，則何往而不濟焉？故大吉有喜矣。」

六五：豶豕之牙，吉。　《象》曰：六五之吉，有慶也。

述曰：六五柔而位則剛，畜之當早，不畜則陰躁亦足為害。居大畜之五位，畜之得其道，故有「豶豕之牙」之象。〔註109〕牙，閑之之具也。「豶豕」，閑

其輿衛而不輕進，至是則初之利已者，三可利往矣。」

項安世《周易玩辭》卷六《輿衛》：「輿之有衛，亦不訓為眾。古書之稱衛者，皆武衛也。按《考工記》，周人之輿，有六等之備，戈也，人也，殳也，戟也，矛也，並軫為六。」

另，姜寶《周易傳義補疑》卷四《大畜》：「《考工記》：周人上輿車，有六等之數，戈也，人也，殳也，戟也，矛也，軫也，皆衛名。」亦不言係引用。

〔註106〕熊過《周易象旨決錄》卷二《大畜》。

〔註107〕季本《易學四同》卷一《大畜》。

〔註108〕章潢《周易象義》卷二《大畜》

蓋童牛未角之時，而先事以防閑之，則為力甚易。牛習於牿而忘其觸焉，所以消融其血氣而畜之易易也。惟四有順正之德，故大善而吉。《象》曰：「六四『元吉』，有喜也。」喜其當大畜之時，即能畜止其陰，不為陽剛之害，是禁於未發，功不勞而性無傷也。

〔註109〕章潢《周易象義》卷二《大畜》：

之之早也。柔中有剛，閒之方馴，所以為吉。四喜深而五之慶，則邦國之福也。「牛、豕皆畜獸，於《大畜》繫之。牛為純陰，繫之六四；豕陰而躁，繫之六五。牿、牙皆於本爻艮止取義，但借陰以見陽之自畜耳。若謂四畜初，五畜二，是小畜大矣。初、二亦無牛、豕之象。」〔註110〕

六四柔順得正，能自防自檢，如童牛及其未角而牿之，不待禁而無牴觸之患矣。六五以柔居剛，能自克自制，如豶豕而閒之牙，不待禁而無躁突之害矣。自畜者，言則為遏惡於未萌，止邪於微眇。自畜人者，言剛為履霜而識堅冰，羸豕而孚蹢躅。湛原明曰：「治己治人，其道一也。」

陸佃曰：「牙者，所以畜豶豕之杙也。今海岱之間，以杙係豕，謂之牙。」〔註111〕按《爾雅·釋獸》：「豕子豬，㺑豶。」《注》曰：「俗呼小豶，豶為豬子。」〔註112〕然則豶者，豬子也。

四、五陰爻之言畜者，畜德之難，難於止健。止健之難，以陰氣之累也。先儒言英氣最害事。養之未成，以英氣為正。氣每傷於躁動，為陽德之害，故以「童牛之牿」、「豶豕之牙」象陽之善自畜也。四得正，五居中，皆為艮體，得止健之道。陽氣消盡，則剛健為純陽之體，是之謂大正，是之謂大畜，可以受養賢之典，成濟川之功。

上九：何天之衢，亨。　《象》曰：「何天之衢」，道大行也。

述曰：上九，畜之極，卦之主也。隨畜隨發，不足為大畜。惟畜之極而大發，何所不通？故以「何天之衢」象之。四通八達，無所障礙。曰「何」，喜之也。「亨」即「不家食」、「利涉大川」之意。艮陽在上，本上行者，天道也。畜而至此，天則用事，乘乎六虛，入於無礙之門，故《象》曰「道大行也」。畜之大，故行之大也。艮為徑路，在上則天衢之象。「行」字正與「衢」字相應。「何」，與《商頌》「何天之休」、「何天之寵」同。〔註113〕虞翻曰：「謂上

六五柔中，其位則剛，不畜則陰躁亦足為害。居大畜之五位，而上爻畜之，得其要，故有「豶豕之牙」之象。

〔註110〕章潢《周易象義》卷二《大畜》：

牛與豕皆陰物。牛為純陰，故六四象之；豕陰而躁，故六五象之。牿、牙皆本於爻艮止取義，何必謂四畜初、五畜二哉？若以四、五畜初、二，是小畜大矣。初、二亦無牛、豕之象。

〔註111〕（宋）陸佃《埤雅》卷五《釋獸·豕》。

〔註112〕按：《爾雅·釋獸第十八》：「豕子豬，㺑豶。」《注》：「俗呼小豶，豬為㺑子。」

〔註113〕章潢《周易象義》卷二《大畜》：

上九，畜之極，卦之主也。陽剛畜極，何所不通？故以何天衢象之。夫

據二陰，乾為天道，震為行，故『道大行也』。」〔註114〕

「畜以止為義，以養為義，止則得所養也。止之欲有以行也，養之欲有以行用也。初之『利巳』，二之『說輹』，止也；『閑輿衛』，用也；『利有攸往』，行也。三為行之基，用之體。至上而行與用始達。止而後行，行必通；養而後用，用必濟。騁駕於天衢之中，其亨可知。」〔註115〕

頤䷚震下艮上

趙汝楳曰：「頤中有物，貴於動而後合。今頤本虛而下猶動，故動之體凶，止之體吉。初之凶，失在觀；二之凶，失在行；三正乎凶，以動極也；四麗乎正，五居正，上厲，故皆吉。」〔註116〕

頤：貞吉。觀頤，自求口實。

《彖》曰：「頤，貞吉」，養正則吉也。「觀頤」，觀其所養也。「自求口實」，觀其自養也。天地養萬物，聖人養賢以及萬民。頤之時大矣哉！

述曰：震、艮上下二陽，內含四陰，下動上止，故為頤。養則頤之義也。頤養惟正則吉。《象旨》：「『頤，貞吉』指艮。卦似離目，有『觀』象。『觀頤』，震觀艮也。口容止。上九止體之成，故得專頤名。震動有求義。」〔註117〕初動而凶，故示之「觀頤，自求口實」。「六爻總以由頤歸之於上，此卦當以上九為主。」〔註118〕

《頤》主上下二陽言，陽為實，陰為虛，陽實故能養陰，陰虛則受養於

艮一陽在上，而乾三之陽乃天道也，畜而至此，則天道之大。我其以一人負荷之，而亨通無滯矣。《象》曰「道大行也」，道即天亨，大行則亨矣。畜之大，故行之大畜，道大行也。艮為徑路，在上則為天衢之象。「行」字正與「衢」字相應。「何」，與《商訟》「何天之休」、「何天之寵」同。

張獻翼《讀易紀聞》卷二《大畜》：「陽久祗抑，今而亨通，故曰何，訝之也，實喜之也。」

〔註114〕李鼎祚《周易集解》卷六《大畜》。
〔註115〕趙汝楳《周易輯聞》卷三《大畜》：
　　畜以止為義，以養為義，止則得所養也。然止而不行，臀困而已；養而無用，項領而已。初之「利己」，二之「說輹」，止也，養也；「閑輿衛」，用也；「利有攸往」，行也。三為行之基，用之體。至上而行與用始達。止而後行，行必通；養而後用，用必濟。騁駕於天衢之中，其亨可知。
〔註116〕趙汝楳《周易輯聞》卷三《頤》。
〔註117〕熊過《周易象旨決錄》卷二《頤》。
〔註118〕章潢《周易象義》卷二《頤》。

陽〔註119〕。「震陽在下，動於朵頤，失養人之義則凶；艮陽在上，止於其所，群陰皆由之以養則吉。自養、養人無二義也。」〔註120〕故「自求口實」，頤之則也。《彖》曰「觀其所養」，在觀其自養，與《孟子》「以善養人」，「中養不中，才養不才」義同。養及於天下，則與「天地養萬物」者同功，故於時為大，極言養道之大而贊之。養物、養賢、養民，皆使之以動止為義也。○〔註121〕養物、養民，天地聖人之所養如此。天地無心而民自生自成，聖人無欲而民自靖。天地父母萬物，聖人父母萬民，而皆非己養也。天道、王道，貞而已矣，故曰「觀其所養」，在觀其自養也。

「頤，貞吉」，姚信曰：「以陽養陰，動於下，止於上，各得其正則吉也」〔註122〕。

趙汝楳曰：「其正云何？觀頤之畫，知其虛且動之不可也，故自反以求口實。蓋虛則為《頤》，有物則為《噬嗑》。自求云者，不外假以為實也。外假則以動為養，不以止為養。無所外假，烏乎而能實鑒？頤之虛，合之則口自實，無所實而實焉，斯其為正而吉也。」〔註123〕

按：「帝出乎震」、「成言乎艮」，二卦始終萬物，故曰「天地養萬物」；萬物，眾陰也；「聖人養賢及萬民」，上下兩陽為賢，四陰為民。

鮮于侁曰：「六爻與象違戾者，上下不順也。凡頤之道，以尊養卑，以上養下。今震下艮上，長反動而求少，少反止而養長，故諸爻皆以顛拂言之。」〔註124〕

《象》曰：山下有雷，頤。君子以慎言語，節飲食。

述曰：孔《疏》：「山止於上，雷動於下，頤之為用，下動上止，故曰『山下有雷，頤』。人之開發言語、咀嚼、飲食，皆動頤之事，故君子觀此頤象，以謹慎言語，裁節飲食。」「皆取止其動為義。」〔註125〕「先儒云：『禍從口

〔註119〕其後，魏濬《易義古象通》卷四《頤》：「陽實故能養，陰虛故受陽之養。」
〔註120〕朱長文《易經解·頤》。
〔註121〕「○」，四庫本作「蓋」。
〔註122〕李鼎祚《周易集解》卷六《頤》。
〔註123〕趙汝楳《周易輯聞》卷三《頤》。
〔註124〕馮椅《厚齋易學》卷十六《易輯傳十二·大畜》、李衡《周易義海撮要》卷三《頤》。
〔註125〕張獻翼《讀易紀聞》卷二《頤》。
　　　　按：張獻翼所言早見胡廣《周易大全》卷十《頤》，稱「中溪張氏曰」。

出，患從口入。」故於頤養而慎節也。」〔註126〕陳皋曰：「言語者，禍福之幾；飲食者，康疾之由。動止得其道，身乃安頤。」「苟禍患未免於身，何以養人？」〔註127〕

初九：舍爾靈龜，觀我朵頤，凶。　《象》曰：「觀我朵頤」，亦不足貴也。

述曰：卦以養為義，故重二陽，四陰皆其所養也。初九動體，以一陽而處於四陰之下，有靈龜下伏之象。觀亦動意。「朵頤，震反生，下垂之象也。初時淺位下，不能養人，徒自顧而垂下其頤以求食，所志鄙劣，凶之道也。爾、我與《中孚》同」〔註128〕，不主初四相應之說。

離為龜。頤卦內陰外陽，似離，故初象「靈龜」。靈龜紹介天明，為國大寶，所以可貴，非徒取其咽氣，足以不食而已。初九陽明本貴，當養賢之世，局於處之卑，動於情之欲，舍其靈龜之明兆，徒顧口實而朵頤，不能公其養於人而私其養於己也。以非天地生賢以養萬民之意，失頤貞之吉，故「凶」。《象》曰「亦不足貴」，陽貴陰賤，陽專自養，不能養陰，失其所以為貴也。玩「亦」字可見。豈如舊說朵頤謂四舍己而狥人之為卑賤哉？

梅氏《古易考原》曰：「九為卦主，故稱我。初處下，不當養人之任，為靈。知自養之龜，然雖下伏，而猶上觀乎上九，蓋羨上之能養乎下，而不無舍己以為人之意。」〔註129〕

六二：顛頤，拂經於丘頤，征凶。　《象》曰：六二「征凶」，行失類也。

述曰：《象旨》：「《說文》曰：『顛，頂也。』謂上九。卦由順者，傳義謂倒，恐不然。丘，《說文》：『空也。』王肅謂六五，是矣。」〔註130〕由頤不在六五，空頤耳。丘視顛為下。六二「顛頤，拂經於丘頤」，征則必凶。二居柔

〔註126〕孔《疏》。
〔註127〕李衡《周易義海撮要》卷三《頤》：
　　　　先儒云：「禍從口出，患從口入。」正。言語者，禍福之幾。飲食者，康疾之由。動止得其道，身乃安頤。子。禍患未免於身，何以養人？陳皋。
　　　　按：三語分別為《正義》、《子夏傳》、陳皋之說。《讀易述》引時始於草率，誤將《子夏易傳》並合為陳皋之說。
〔註128〕熊過《周易象旨決錄》卷二《頤》：
　　　　朵，震反生下垂之象，謂初時淺位下，不能養人及民，徒自顧而垂下其頤以求食，所志鄙劣，凶之道也。爾、我與《中孚》同，內外之辭也。
〔註129〕（明）梅鷟《古易考原》卷三《卦主》。（《四庫全書存目叢書》經部第三冊第178頁）
〔註130〕熊過《周易象旨決錄》卷二《頤》。

位，與五應，五雖無養人之德而位在焉，二雖中正，然震體妄動，求養於顛頤，拂經常之理，越六五丘頤而之上，知由頤之為利，而不顧凌上之非義，其求妄矣，故「征凶」。〔註131〕《象》曰「行失類也」，以非其應也。

質卿曰：「人各有類行，無失其類，則相應相求，感之易動，即代之養而不言恩，受其養而不言惠。二之『征凶』，正以行失其類也。」

六三：拂頤，貞凶。十年勿用，無攸利。　《象》曰：「十年勿用」，道大悖也。

述曰：上為正應，三居震體，求養於上，本為正理。然履不得位，行不得正。王《註》所謂「納上以諂者也，拂養正之義，故曰『拂頤貞凶』。處頤而為此行，十年見棄者也。立行若〔註132〕斯，無施而利」。金賁亨曰：「養正宜靜，而三居動極，則尤凶。雖與上正應，而自處悖道，故曰『貞凶』。」〔註133〕初九以陽居陽，未至全悖於道。六二以陰居陰，不征則免於凶。六三以陰居陽，位不中不正，亟動於欲，道大悖也〔註134〕。

《紀聞》曰：「初之示戒，欲其不溺下以從欲。二之示戒，欲其行不失類，必求正應。三之示戒，欲其不狥利害義，縱慾傷生也。」〔註135〕質卿曰：「『拂頤』大悖乎養道，如以藥石養生，以粱肉伐病，以嗜欲殺身，以貨利殺子孫，以學術殺天下。後世之人心，皆拂頤之類也，故『貞凶，十年勿用，無攸利』。」

六四：顛頤，吉。虎視眈眈，其欲逐逐，无咎。　《象》曰：「顛頤」之「吉」，上施光也。

述曰：《象旨》：「六四亦『顛頤』，然同體艮，故吉也。艮為虎卦，肖離，目有視象。『眈』，《說文》：『視近志遠。』馬君云：『虎下視也。』四下正應初，故視下為近。上與四非應非比，故志上為遠。初九舍四不養，四不下視初，遂仰而求於由頤，以下求上，以陰求陽，於義不悖，有吉之理，故以虎之求養於外者象之。虎之威在目，故「視眈眈」。上九由頤，能應其求，故「其欲逐逐」。

〔註131〕熊過《周易象旨決錄》卷二《頤》：
　　　　而意指艮半為丘，則以虛字為實象，非也。蓋六五有養人之位而無其德，是空頤耳。然二雖中正，體震妄動，求養於顛頤，歷五而後至飲食有爭道，故擊之而後過也。
〔註132〕「若」，王《註》作「於」。
〔註133〕金賁亨《學易記》卷二《頤》。
〔註134〕熊過《周易象旨決錄》卷二《頤》：
　　　　六三陰柔，不中不正，而處震極，以三、五同功，故亦拂而求養焉，亟動於欲，求而不觀，故與上雖正應而凶。
〔註135〕張獻翼《讀易紀聞》卷二《頤》。

逐而又逐，饜其飢渴之情也。陰求口實，乃其正，故无咎。初指上為龜者，肖其全；四自為虎，體其位。『上』指上九。艮有篤實光輝。『施光』，言養及四也。」〔註136〕

上九為頤之主，養君德以養天下〔註137〕，皆其能事，故六四之吉曰「上施光六」，五之吉曰「順以從上」。

六五：拂經，居貞吉，不可涉大川。　《象》曰：「居貞」之「吉」，順以從上也。

述曰：虞翻曰：「失位，故『拂經』。」〔註138〕王輔嗣：「以陰居陽，『拂頤』之義也。」五，君位，以養人為經，而才質非陽，不足以養天下。二、三拂之，位不當而失民，故曰「拂經」。艮為君，順上九，而「居貞吉」象也。爻材柔而體艮，止艮之主爻適當其前，故不利涉大川也。〔註139〕

程《傳》：「六五頤之時，居君位，養天下者也。然其才質不足，上有陽剛之賢，故順從之，賴其養己以養天下。君者養人者也，反賴人之養，是違拂於經常。既以己之不足而順從於賢師傅，必居貞則吉。以陰資陽，正也。居貞而不變，斯能輔翼其身，澤及天下，吉也。然倚賴剛賢，能持循於平時，不可

〔註136〕熊過《周易象旨決錄》卷二《頤》：

　　四亦顛頤，然同體艮，故吉。艮為虎卦，省離目，有視象。「眈」，《說文》：「視近志遠。」馬君云：「虎下視也。」四下正應初，故視下為近。上與四非應非比，故志上為遠。初九捨四，觀朵頤而求自養，故四視之無得，而遂仰志於上，如虎取食也。……自養於內者莫如龜，求養於外者莫如虎。體艮上九由頤，能應其求，故「其欲逐逐」。「逐逐」，薛綜云：「速也。」陰求口實，乃其正，故无咎。初指四為　者，肖其全；四自為虎體，其位外剛猛而內陰險也。「上」，指上九。艮有篤實光輝，「施光」，言養及四也。

　　另，「虎之威在目」見張獻翼《讀易紀聞》卷二《頤》。

〔註137〕熊過《周易象旨決錄》卷二《頤》：「上九以剛居柔，當卦之成，行止之權在焉。養君德以養天下，卦之所由以頤也。」

〔註138〕李鼎祚《周易集解》卷六《頤》。

〔註139〕熊過《周易象旨決錄》卷二《頤》：

　　六五失民，為二、三所拂，慍起而爭則無助。艮為居，順上九，而「居貞吉」象也。爻材柔而體艮，止艮之主爻適當其前，故不利涉也。

　　按：李鼎祚《周易集解》卷六《頤》：

　　虞翻曰：「失位，故『拂經』。無應順上，故『居貞吉』。艮為居也，涉上成坎，承陽無應，故『不可涉大川』矣。」

　　此外，《周易集解》中《周易集解》卷二《坤·文言》、卷五《隨》六三、卷八《睽·象》、卷九《夬·象》、卷十《革·象》、《革》上六、卷十一《漸·象》、卷十二《渙》九五、《節》九五、《未濟·象》、卷十三《繫辭上傳》、卷十六《繫辭上傳》，虞翻《注》均有「艮為居」。

　　據此，可知《讀易述》「艮為君」當為「艮為居」之誤。

處艱難變故之際，故云『不可涉大川』也。」〔註140〕趙汝楳曰：「夫涉川濟險，乃陽剛者之所能。五方以陰虛，委養人之責於上九，則何能任濟川之事耶？」〔註141〕

「《象》曰『居貞之吉，順以從上也』者，言六五之貞不在乎他，在乎順從上九之賢而已。六五艮體，有止定居貞之象。六二震體則反是。」〔註142〕

仲虎曰：「五獨不言頤者，『由豫』在九四，故五獨不言豫；『由頤』在上九，故五獨不曰頤也。然彼『貞疾』而此『居貞吉』，彼在豫之時，以柔柔剛；此在頤之時，以柔承剛也。六二亦『拂頤』，而彼曰『凶』，此曰『吉』者，何也？下三爻動皆凶，上三爻靜皆吉。」〔註143〕

上九：由頤，厲吉，利涉大川。　《象》曰：「由頤，厲吉」，大有慶也。

述曰：《象旨》：「上九以剛居柔，當卦之成，行止之權在焉。養君德以養天下，卦之所『由頤』也。艮為小石，『厲』象。心匪石而不可轉，止之義。卦有舟虛之象，故又『利涉』也。」〔註144〕王《註》：「以陽處上而履四陰，陰不能獨為主，必宗於陽也。故莫不由之以得其養，故曰『由頤』。貴而無位，是以『厲』也。高而有民，是以『吉』也。為養之主，物莫之違，故『利涉大川』也。」

敬仲曰：「上九有公師之象。一陽在上，四陰隨之，有舉天下皆由上九而得其養之象，故曰『由頤』。人臣而居盛勢，雖危厲之道，而上九以陽明之德，居公師之位，又以六五好賢柔順，有順從之象，故『吉』。觀時物之宜，雖濟險可也，何危之有？舉天下咸賴之，故曰『大有慶也』。」〔註145〕程《傳》：「若上九之當大任如是，能兢畏如是，天下被其德澤，是大有福慶也。」

〔註140〕程《傳》：

六五頤之時，居君位，養天下者也，然其陰柔之質，才不足以養天下，上有剛陽之賢，故順從之，賴其養己以濟天下。君者，養人者也，反賴人之養，是違拂於經常。既以己之不足而順從於賢師傅，上，師傅之位也，必居守貞固，篤於委信，則能輔翼其身，澤及天下，故吉也。陰柔之質，無貞剛之性，故戒以能居貞則吉。以陰柔之才，雖倚賴剛賢，能持循於平時，不可處艱難變故之際，故云「不可涉大川」也。

〔註141〕趙汝楳《周易輯聞》卷三《頤》。
〔註142〕楊簡《楊氏易傳》卷十《頤》。
〔註143〕胡炳文《周易本義通釋》卷一《頤》。

另，「五獨不言頤者，『由豫』在九四，故五獨不言豫；『由頤』在上九，故五獨不曰頤」見張獻翼《讀易紀聞》卷二《頤》，不言係引用。

〔註144〕熊過《周易象旨決錄》卷二《頤》。
〔註145〕楊簡《楊氏易傳》卷十《頤》。

趙汝楳曰：「頤以止為養，四、五皆柔，至上九之剛而後止。則群陰之得所頤者，由於上也。上居亢極，群陰附之，大君順而從之。使其心微有驕肆，則君疑眾怨，上下交謫，必危厲自處，乃可得吉。利涉大川，不亦宜乎？」〔註146〕

「慶不易得也。慶而大有，尤不易得也。而實根柢於厲之一辭，故知敬與肆蘊於心者甚微，而理欲之分、吉凶之判所繫者甚大。周人由姬公而得養公孫碩膚者，厲也；齊人由陳氏而得養至於殺逆，不知厲也。苟知厲矣，則君臣上下皆遂其養，寧非大有慶也？」〔註147〕

大過䷛巽下兌上

程《傳》：「為卦上兌下巽，澤在木上，滅木也。澤者潤養於木，乃至滅沒於木，為大過之義。」彭山曰：「『大過，大者過也。』此以卦名為剛過，但謂任重之過耳。先儒以過之大與大事過為二義，則支甚矣。」〔註148〕溫公曰：「大過，剛已過矣，止可濟之以柔，不可濟之以剛也。故大過之陽，皆以居陰為吉，不以得位為美。」〔註149〕

大過：棟橈。利有攸往，亨。

《彖》曰：大過，大者過也。「棟橈」，本末弱也。剛過而中，巽而說行，「利有攸往」，乃「亨」。大過之時大矣哉！

述曰：大，陽也。四陽居中過盛，二陰居四陽上下，不勝其乘弱，故為「棟橈」之象。〔註150〕程《傳》：「棟取其勝重，四陽聚於中，可謂重矣。九三、九四皆取棟象，謂任重也。中強而兩端〔註151〕弱，是以橈也。」棟橈則當脩，而卦才有可行之道，故「利有攸往」，乃能亨也。〔註152〕

《象旨》：「史繩祖曰：『本、末字皆從木，以一陽藏於木下為本，以一陽散於木上為末。《大過》巽下兌上，以四陽畫積於中，二陰皆處於外，猶之木

〔註146〕趙汝楳《周易輯聞》卷三《頤》解上九爻。
〔註147〕趙汝楳《周易輯聞》卷三《頤》解上九《象》。
〔註148〕季本《易學四同》卷三《大過》。
〔註149〕胡廣《周易大全》卷十一《大過》。
　　　　按：原出（宋）司馬光《易說》卷二《大過》。其中，「美」，《易說》作「義」。
〔註150〕朱子《本義》：「大，陽也。四陽居中過盛，故為大過。上下二陰不勝其重，故有棟橈之象。」
〔註151〕「兩端」，程《傳》作「本末」。
〔註152〕章潢《周易象義》卷二《大過》：「故『利有攸往』，乃能亨也，可見棟橈則當脩，必攸往乃亨。」

焉。上缺下短，本末弱是也。」剛過而中四陽，故稱過。皆在內四爻，故稱中。非謂二五皆中，二、五繇辭皆無中意也。剛雖過而蓄於中，不用壯矣。『剛過而中』則可立，『巽而說行』則可權，故本末雖弱而利往也。」〔註153〕

陽為大，為君子。當大過之時，剛實於內，朋聯勢合，操持太嚴，議論太高，刻覈太至，不能消濟柔和，平懷虛己，以至激厲，不可收拾，是大者過也。凡陽盛者陰必衰，而卦之上下皆陰，「本末弱也」。本末弱而中剛之重不可支，故棟橈曲也。室以棟為主，棟橈，室將傾焉，此大剛則折之象也。〔註154〕大過之時，非剛則無必反之力，非居中勢盛亦必不能反，非內巽而說以行之則無善反之機，如此過而不過，可以抑中強之弊，扶本末之弱，故「利有攸往」，乃吉也，即所謂「棟隆，吉」也。〔註155〕

仲虎曰：「既言『棟橈』，又言利往而後亨，是不可無大有為之才，而天下亦無不可為之事也。」〔註156〕「危而不持，則將焉用？」〔註157〕「大過之時大矣哉」，「君子有為之時也」〔註158〕。「不曰義者，不可以常義拘；不曰用者，非常之可用。用權之時，成敗之機，間不容髮，可不謂之大乎？」〔註159〕

《象》曰：澤滅木，大過。君子以獨立不懼，遯世無悶。

述曰：澤在木上，澤水漲而沒木也。澤者滋養於木，木反為澤所滅，大過之象。澤能沒木而不能使之僕，以其植根固也。君子體之，故用之「獨立不懼」，

〔註153〕熊過《周易象旨決錄》卷二《大過》。
　　　　按：史繩祖之說見《學齋佔畢》卷四《大過本末弱未濟六爻失位》。
〔註154〕按：曹學佺《周易可說》卷二《大過》與此近同，錄如下：
　　　　陽為大，為君子。當大過之時，剛實於內，朋聯勢合，操持太嚴，議論太高，刻覈太至，不能調劑柔和，平懷虛己，以至激厲，不可收拾，是大者過也。凡陽盛者陰必衰，而卦之上下皆陰，為本末弱，而中剛之重不可支，故其棟橈曲也。室以棟為主，棟橈，室將傾焉，太剛則折之象也。然能過而不過，斯「利有攸往，亨」。亨利一氣說下。亨處全在剛中悅巽。悅巽二字，總不離中。聖人於過極難處處思得此一段，猶可幹旋，故舉出以為君子謀。
〔註155〕胡廣《周易大全》卷十一《大過》：
　　　　進齋徐氏曰：「處大過之世，四陽過盛，必用剛而得中，內巽而外說，則可以抑中強之弊，而扶本末之弱，雖過不過矣，以是而往，宜其亨也。」
〔註156〕胡炳文《周易本義通釋》卷一《大過》：
　　　　或曰：「既言『棟橈』，又曰『利有攸往，亨』，何也？曰：」『棟橈』以卦象言也。利往而後亨，是不可無大有為之才，而天下亦無不可為之事也，以占言也。」
〔註157〕《後漢書》卷五《孝安帝紀》。
〔註158〕王《注》。
〔註159〕楊繪之說，見李衡《周易義海撮要》卷三《大過》。

舍之「遯世無悶」。〔註160〕章氏曰：「常人獨立不免有懼心，遯世不免有悶心，元陽不充，故無定見，無定守也。君子渾身陽氣充實，何懼何悶之有？此所以大過乎人也。觀卦象可見。」〔註161〕

質卿曰：「澤以說木者也，而至於滅木，過矣，過矣。君子以大過之時，皆眾志所趨而致然也。人皆以尚同為高，而己則獨立，雖遊於眾而不同於眾也。獨立則謗議所叢矣，即叢之而亦不懼也。人皆以適世為能，而己則遯世，雖處於時而不耀於時也。遯世則文質俱隱矣，即隱之而亦無悶也。此非以其過高之行過乎人也，正以其堅持之操挽乎過也。世道之攸賴，正在乎此。」

初六：藉用白茅，无咎。　《象》曰：「藉用白茅」，柔在下也。

述曰：初六陰柔在下，以承上之陽剛，故有「藉」象。茅，柔物。白茅，則至潔者。巽為白，故云「藉用白茅」。〔註162〕彭山曰：「大過之初，柔而處下，承二應四，陽剛得此，不至於大過矣。《文言傳》以為慎之至，亦謂其能濟剛之過也，故无咎。先儒以『藉用白茅』為過於敬慎，非也。蓋大過止是陽剛之大過，柔之在下，正所以濟之，敬慎安得以為過耶？」〔註163〕

《象》曰「柔在下也」，「為剛之過者，正宜得初陰以為藉，善陰之辭也」〔註164〕。二比初，故「無不利」。四應初，故「棟隆，吉」。三重剛，非初所能輔，而又應上六之柔，故遂有「棟橈之凶」矣。

九二：枯楊生稊，老夫得其女妻，無不利。　《象》曰：「老夫」「女妻」，過以相與也。

述曰：《象旨》：「『稊』者，陸氏謂『楊之秀』。上應兌澤，故生楊。近澤之木，故以象也。《大戴禮》云：『五月楊稊。稊者，發孚。』〔註165〕朱先生

〔註160〕熊過《周易象旨決錄》卷二《大過》：

　　黃潤玉曰：「澤水漲而沒木，澤之太過也。君子體之，故用之獨立不懼，舍之遯世無悶。」

〔註161〕章潢書中未見此語。

〔註162〕章潢《周易象義》卷二《大過》：

　　初六陰柔在下，以承上之陽剛，亦敬慎畏懼之過也，故有「藉用白茅」之象。但處大過之初，雖過於巽順，亦无咎。夫大過之初，其過未甚。藉之厚指初，茅甚潔指六。巽為白，故云白茅。象曰「柔在下也」，以柔順而處卑也，敬慎之道也，《繫辭》發之盡矣。

〔註163〕季本《易學四同》卷一《大過》。

〔註164〕季本《易學四同》卷一《大過》。

〔註165〕《大戴禮記·夏小正第四十七》。

云根，非也。卦以初為本，至二則非根矣。」〔註166〕虞翻曰：「巽為楊，乾為老，老楊故枯，楊在二也。十二月時，周之二月。兌為雨澤，枯楊得澤復生稊。」〔註167〕「老夫」自互乾言。「女妻」謂上兌，兌為少女，故曰「女妻」。〔註168〕大過之象，「過以相與」。「老夫得其女妻」，故「無不利」。「虞翻謂二過初之長女與五，五過上之少女與二，是也。朱《義》本馬、荀說，曰比初陰，非象旨矣。王《註》：『老過則枯，少過則稚。以老分少，則稚者長；以稚分老，則枯者榮』，是或方技之所祖乎？」〔註169〕

九三：棟橈，凶。 《象》曰：「棟橈」之「凶」，不可以有輔也。

述曰：三、四二爻在一卦之中，故皆取棟象。棟之橈，於卦以四陽也，四陽之中猶有二、四為陰位，九三重剛棟而過重，勢必難勝，且居下卦之上，而末又弱，安得而不橈？《雜卦》云：「大過，顛也。」大廈之顛，非一木所能支。三以剛居剛，過剛則折，故「棟橈之凶」，九三獨當之。《象》曰「不可以有輔也」，輔三者，上也。上柔不能輔，而九三過剛自用，不可輔，寧免橈折哉？〔註170〕虞翻曰：「本末弱，故橈。輔之益橈，故『不可以有輔也』。陽以陰為輔也。」〔註171〕

屋以棟為中。三視四則在下，棟橈於下之象。四在上，棟隆於上之象。四應乎初，救其本也，救其本於未過之初，故棟隆而不橈乎下。其下不橈，其棟烏得不隆？隆非有所加也，不橈乎下而已矣。三應乎上，救其末也，救其末於已過之後，故棟橈而不可以有輔。救過於其末，不若救過於其本也。〔註172〕

〔註166〕熊過《周易象旨決錄》卷二《大過》。
〔註167〕李鼎祚《周易集解》卷六《大過》。
〔註168〕熊過《周易象旨決錄》卷二《大過》：
　　　　「老夫」自互乾言。「女妻」者，兌為少女。
〔註169〕熊過《周易象旨決錄》卷二《大過》。
〔註170〕章潢《周易象義》卷二《大過》：
　　　　九三以剛居剛，過於剛也。三、四二爻在一卦之中，故皆取「棟」象。棟而過重，勢必難勝，且居下卦之上，過剛易折，有「棟橈」之象。夫陽剛大過，至於橈敗，故「凶」。《象》曰「不可以有輔也」，輔三者，上也。上柔不能輔，而三剛大過，不能輔，寧免橈折哉？故《象》曰『「棟橈」，本末弱也』。
〔註171〕李鼎祚《周易集解》卷六《大過》。
〔註172〕此一節見張獻翼《讀易紀聞》卷二《大過》。
　　　　另，章潢《周易象義》卷二《大過》：「可見三應上，救其末；四應初，救其本；所以有棟橈、棟隆之異。」

九四：棟隆，吉，有它吝。　《象》曰：「棟隆」之「吉」，不橈乎下也。

　　述曰：棟之剛柔適中，則隆然在上而室安。九四以剛居柔，下應初六，有白茅之藉，故下不橈而棟隆矣，所以吉也。《象旨》：「『有它吝』，《子夏傳》曰：『非應稱他』，指三言。朱先生以下應初六為有他，非也。三與四比，同是棟也。三橈則亦為四之羞，故曰『有它吝』。」〔註173〕彭山曰：「見三終為大過之害，而四不可不知謹也。」〔註174〕《象旨》：「下亦謂三、四，以陽居陰，不至於大過，故不困下而橈。凡畫卦者自下浸而上，故三視四得稱下。」〔註175〕

　　初六「『藉用白茅』，柔在下也」；九四「『棟隆之吉』，不橈乎下也」。觀象玩詞，何待注釋。

九五：枯楊生華，老婦得其士夫，无咎无譽。　《象》曰：「枯楊生華」，何可久也？「老婦」「士夫」，亦可醜也。

　　述曰：《象旨》：「爻辭承九二言。五，陽之極，以過二與初。枯楊之稊，至是畢達而華。初巽長女為老婦，至是得五，互乾為士夫。剛過而在中，故『无咎』。居群剛之上，而當大過之極，故『无譽』。」〔註176〕彭山曰：「枯楊至五而復生華，則陽剛盡發後，無結實之功。雖其起於九二而未甚過者，亦與諸陽俱至於此而盡矣，故為老婦得士夫之象。」〔註177〕「枯楊而稊，可以復生；枯楊而華，速其死也。老夫得女妻，猶可生育；士夫有老婦，無復生道矣。」〔註178〕

　　「何可久也」，枯楊已非可久之道，況復生華，是速之也。彭山謂「棟橈之速也」〔註179〕。五陽得位居中，故象士夫。「老婦得其士夫」，則老婦為主，其義則陰柔為主。蓋九五重剛，汰侈已甚，陰反得而乘之象。「老婦得其士夫」，夫不能制義，而婦反能奪夫剛，是柔之過而剛反柔也，故曰「亦可醜也」。生華不久，其此類歟？〔註180〕

〔註173〕熊過《周易象旨決錄》卷二《大過》。
〔註174〕季本《易學四同》卷一《大過》。
〔註175〕熊過《周易象旨決錄》卷二《大過》。
〔註176〕熊過《周易象旨決錄》卷二《大過》。其中，「以過二與初枯楊之稊」，《周易象旨決錄》作「以與二二之稊楊」。
〔註177〕季本《易學四同》卷一《大過》。
〔註178〕胡炳文《周易本義通釋》卷一《大過》。又張獻翼《讀易紀聞》卷二《大過》，不言係引用。
〔註179〕季本《易學四同》卷一《大過》。
〔註180〕楊簡《楊氏易傳》卷十《大過》：

諸家以九二當大過之初，得中居柔，陽未至壯而得陰助，故有「枯楊生稊」之象，在人則「老夫得女妻」之象。上九陽剛太過，而上比過極之陰，不能有益，故有「枯楊生華」之象，在人則「老婦得士夫」之象。

虞仲翔說「過以相與」，異於諸家。第謂二過初之長女與五，五過上之少女與二，〔註181〕則似未瑩。二、五皆陽，陽六而無與則不生。當是二過其應與上，五過其應與初，所以枯楊皆能發生。獨大過之時，得過其應，故謂「過以相與」，是實象。若以二比初、五比上，則於巽長兌少之義為悖。惟其「過以相與」，故名大過，而非它卦剛柔相比相得之常也。

上六：過涉滅頂，凶，无咎。　《象》曰：「過涉」之「凶」，不可咎也。

述曰：上六乃末柔易搖之地，當諸陽過甚之時，如老婦得士夫，勢不能久，棟橈必矣。才力本柔，涉難過甚，故至於滅頂，無救棟橈之凶。王《註》：「志在救時，『不可咎也』。雖凶无咎，不害義也。」虞翻曰：「兌為水澤。頂，首也。」〔註182〕上之象，下應於三，如頂沒兌澤中也。乘剛，咎也。得位，故「无咎」。與「滅耳」同義也。

《象旨》：「《大過》二陰事陽過恭。吳幼清曰：『初柔居下得所，故仰承者謹而又謹。上柔居高不安，故下行者卑而又卑。如行過涉水，愈趨於下，而沒其頂也。』敬仲曰：『見危授命而功不濟，亦有從而議其非者，故聖人正之曰无咎，又曰不可咎也。過涉滅頂而又咎之，則鄉原之道行，而見利忘義者得志矣。』」〔註183〕

「澤滅木」、「棟橈」、「棟隆」、「枯楊生稊」、「枯楊生華」，皆自兌澤巽木取象。

質卿《彖辭》解曰：「大可壯，不可過也。大者一過，勢將偏矣，害可勝

上六陰而上，老婦也。九五反居下，士夫也。「老婦得其士夫」，則老為主，其義則柔陰為主，為柔之過而剛反柔，雖無剛過之咎，而懲創大過，剛陽頓衰，安能有為？故曰「无譽」，又曰「亦可醜也」。生華不久，其此類歟？另，蘇軾《東坡易傳》卷三《大過》：

九五以陽居陽，汰侈已甚，而上六乘之，力不能正，祗以速禍，故曰「老婦得其士夫，无咎无譽」。

〔註181〕李鼎祚《周易集解》卷六《大過》：

虞翻曰：「謂二過初與五，五過上與二。獨大過之爻得過其應，故『過以相與』也。」

〔註182〕李鼎祚《周易集解》卷六《大過》。

〔註183〕熊過《周易象旨決錄》卷二《大過》。

言！如周之文，初甚鬱鬱。及其過也，遂至於文滅質。再如東京之氣節，初甚凜凜。及其過也，遂至標榜過高，寖成黨禍。大之不可以過也如此。在卦四陽居中而過甚，故為大過，是大者過也。卦之初、上皆陰，初為本，上為末，是政本之地與旬宣之人皆不舉其職。則大者之勢雖過，徒有其名，乏其實，如室雖宛然，而棟則橈矣。棟橈，而室將奚賴也？棟既橈矣，又曰『利有攸往，亨』，何也？卦之陽雖過，而二、五之剛皆得其中，是布之庶位者，猶有持平之人；又內卦之巽為主，而又以說行之，是輯和人心者，猶有說豫之澤也。以是利有攸往，乃可以少持其過而得亨。看來大過之時，相率而趨於浮動也甚易，相持而入於和平也甚難；相習而流於委靡也甚易，相勉而底於勤屬也則難。非明炳於幾先者，不能燭其微；非心持於公平者，不能挽其末。其時大矣哉！」

蘇氏《彖辭》解曰：「二、五者，用事之地也。陽自內出，據用事之地，而擯陰於外，謂之『大過，大者過也』。陰自外入，據用事之地，而囚陽於內，謂之『小過，小者過也』。過之為言，偏盛而不均之謂也。故大過者，君驕而無臣之世也。《易》之所貴者，貴乎陽之能御陰，不貴乎陽之陵陰而蔑之也。人徒知夫陰之過乎陽之為禍也，豈知夫陽之過乎陰之不為福也哉？立陰以養陽也，立臣以衛君也。陰衰則陽失其養，臣弱則君棄其衛，故曰『大過，大者過也。棟橈，本末弱也』。四陽者，棟也；初、上者，棟之所寄也。弱而見擯，則不任寄矣。此棟之所以橈也。棟橈，屋將壓焉。故大過之世，利有事而忌安居。君侈也甚而國無憂患，則上益張而下不堪，其禍可待也，故『利有攸往』。所利於往者，利其有事也。有事則有患，有患則急人。患至而人急，則君臣之勢可以少均，故曰『剛過而中，巽而說行，利有攸往，乃亨』。」〔註184〕

坎☵坎下坎上

程《傳》：「一陽陷於二陰之中，故為坎陷之義。陽居陰中則為陷，陰居陽中則為麗。凡陽，在上者止之象，在中陷之象，在下動之象；陰，在上說之象，在中麗之象，在下巽之象。陷則為險。坎，陷也。卦之所言，處險難之道。」

李舜臣曰：「坎之一陽居中而中實，即精藏於中而水積於淵之象也。離之一陰在中而中虛，即神寓於心而火明於空之象也。坎之中實是為誠，離之中虛

〔註184〕蘇軾《東坡易傳》卷三《大過》。

是為明。中實者，坎之用；中虛者，離之用也。作《易》者因坎、離之中，而寓誠、明之用。」〔註185〕

質卿曰：「《乾》、《坤》之外，《坎》、《離》為要，皆伏羲氏始畫八卦之正卦也。《坎》為陽陷陰中，《離》為陰麗於陽。夫陽，天下之主也；陰，天下之副也。主以得正為貴，不可有所陷。陽一陷必入於陰，一入於陰便成危難。在人心為驅而納諸罟擭陷阱之中，而莫之辟；在世道為艱難險阻之場，必以出離為貴。故《坎》之六爻，能超出者便是吉也。陰以相依附為道，不可無所麗。陰一不附麗乎陽，便失所主。一失所主，輕則為錯履，重則為焚棄。故麗者，陰之正道也。六爻亦以此辯之。」

章氏曰：「六十四卦，獨於《坎》曰『維心亨』。」〔註186〕八卦獨於坎曰「為心病」。信乎坎中一陽，有象於心也。有孚則心亨，多憂則心病。〔註187〕人人同此心也，安得常亨而無病哉？

習坎，有孚，維心亨，行有尚。

《彖》曰：習坎，重險也。水流而不盈，行險而不失其信。「維心亨」，乃以剛中也。「行有尚」，往有功也。天險，不可升也。地險，山川丘陵也。王公設險，以守其國。險之時用大矣哉！

述曰：坎以陽陷陰中而名，內外二卦俱陷，故名「習坎」。陽實，「有孚」之故。陽明在中，心之象。處坎中，不亨矣。維心則亨，不為其所陷也。誠心而行，則能出險而可嘉尚。止而不行，則終於坎矣。〔註188〕坎以能出為功也。薛氏曰：「坎非用物，以習為用，故名異它卦，蓋言用坎之人也。」〔註189〕

「坎，險也。水之所行而非水也。惟水為能習行於險。其不直曰坎而曰『習

〔註185〕董真卿《周易會通·周易經傳集程朱解附錄纂註卷六·坎》、胡廣《周易大全》卷十一《坎》。

〔註186〕章潢《周易象義》卷二《坎》：「文王六十四卦，獨於《坎》卦指出心象以示之。」

〔註187〕張獻翼《讀易紀聞》卷六《坎》：「有孚則心亨矣，加憂則心病矣。」
熊過《周易象旨決錄》卷七《坎》：「楊殿撰曰：『有孚則心亨，加憂則心病。』」

〔註188〕章潢《周易象義》卷二《坎》：
坎上坎下，習坎。卦取一陽陷於二陰之中，故為坎。內外二卦俱陷，故為習坎。是坎也，惟陽實，故為有孚之象。陽明在中，故為心之象。處坎之過，維心則亨，不為其所陷也。誠心以行乎險，而其行有功，可嘉尚也。不行則終於坎，而莫之出矣。

〔註189〕薛溫其之說，見李衡《周易義海撮要》卷三《坎》。

坎』，取於水也。」〔註190〕「『水流』猶云『洊至』，皆明重險之義。」〔註191〕
「『流而不盈』，未能出乎險中也。水行險中，不失其信，此所以為『有孚』也。」
〔註192〕荀爽曰：「陽動陰中，故流。陽陷陰中，故不盈。」〔註193〕虞翻曰：
「水性有常，消息與月相應，故不失其信矣。」〔註194〕《象旨》：「『維心亨』，
身尚未亨也。『以剛中』，指二、五也。『行有尚』者，坎忌不流。然本勞卦也，
故行則必通。坎，流水，與兌澤盈科後進者異。」〔註195〕虞翻曰：「行謂二，
尚謂五。二位震為行，動而正應五，故『行有尚』、『往有功』也。」〔註196〕
「天險」指上坎，「地險」指下坎。〔註197〕「天險、地險，故曰『重險』。」
〔註198〕「互艮為山，『丘陵』象。本卦象如川也。」〔註199〕「『往有功』以上
專以水言，而明處險之道；『天險』以下專以險言，而明用險之方。」〔註200〕

　　章氏曰：「『習坎，有孚』，只是行險，不失其信，便是出險之道，故曰『維
心亨』。」〔註201〕否則行險僥倖，同歸於初、上失道之凶地。「險」，王公守國
之險，皆有形，象陰。天險無形，象心之陽剛。善用險者，能保坎中之陽，以
自拔於眾，欲坑坎之上而不為所陷，斯得「天險不可升」之義矣。

　　王《註》：「『坎』，陷之名也。『習』謂便習之。剛正在內，『有孚』者也。
陽不外發而在乎內，『心亨』者也。內亨外闇，內剛外順，以此行險，『行有尚』

─────────────

〔註190〕蘇軾《東坡易傳》卷三《坎》。
〔註191〕趙汝楳《周易輯聞》卷三《坎》。
〔註192〕章潢《周易象義》卷二《坎》：
　　　　「流而不盈」者，未能出乎險中也。雖在險中，而行險不失其信，必盈
　　而後行，必行此而後及彼，此所以為「有孚」也。
〔註193〕李鼎祚《周易集解》卷六《坎》。
〔註194〕李鼎祚《周易集解》卷六《坎》。
〔註195〕熊過《周易象旨決錄》卷二《坎》。
〔註196〕李鼎祚《周易集解》卷六《坎》。
〔註197〕丁易東《周易象義》卷九《坎》：「天險，上坎也。地險，下坎也。」
〔註198〕虞翻之說，見李鼎祚《周易集解》卷六《坎》。
〔註199〕熊過《周易象旨決錄》卷七《坎》。
〔註200〕張獻翼《讀易紀聞》卷二《坎》、姜寶《周易傳義補疑》卷四《坎》。
　　　　按：二書不言引用，實為建安丘氏之說，見胡廣《周易大全》卷十一《坎》：
　　　　　　聖人於「往有功」以上專以水言，而明處險之道；自「天險不可升」以
　　　　下專以險言，而明用險之方也。
〔註201〕章潢書未見此語。《周易象義》卷二《坎》：
　　　　水以流行為主。「流而不盈」者，未能出乎險中也。雖在險中，而行險不
　　失其信，必盈而後行，必行此而後及彼，此所以為「有孚」也。「有孚」非心
　　而何？維心亨通。

也。」〔註202〕「坎以險為用，故特名曰『重險』。言『習坎』者，習重乎險也。險陷之極，故水流而不能盈也。處至險而不失剛中，『行險而不失其信』者，『習坎』之謂也。便習於坎而之坎地，盡坎之宜，故『往有功』也。『天險』，不可得升，故得保其威尊。有山川丘陵，故物得以保全也。國之為衛，恃於險也。言自天地以下莫不須險也。非用之常，用之時也。」〔註203〕

《象》曰：水洊至，習坎。君子以常德行，習教事。

述曰：陸績曰：「洊，再。重，習也。水再至而益，通流不捨晝夜，重重習相隨以為常，有似於習，故君子象之，以常習教事，如水不息也。」〔註204〕

《象旨》：「陸司農曰：『趨而下者，至也。』『常德行』則險而不變，坎剛中之象。『習教事』則險而能應，重坎象也。」〔註205〕

彭山曰：「常者，內實而有常之意。『常德行』，一陽為主，動不失中，坎險有孚之象。習如水之洊習。脩道之謂教。『教事』謂我所學之事也，惟變所適。其事不一習之，則處險如夷，百險如一，坎流不失其信之象。『習教事』即所以『常德行』也。諸家以教事分屬治人，於坎義不切。」〔註206〕

初六：習坎，入於坎窞，凶。　《象》曰：「習坎」入坎，失道凶也。

述曰：《象旨》：「『窞』，王肅云：『坎底也，在習坎之下，故曰底』；《說文》云：『坎中更有坎也。』『習坎』，以全卦之時言；『入坎』，以二體之內言。《象》言『習坎』而爻繫於初者，重險之下，才弱而無以自拔也。『道』謂處險之道，中正是也。初陰不中正，無以出險也。」〔註207〕

趙汝楳曰：「『習坎』云者，指爻之位，以其適在重險之下也。剛而居此，猶知自拔以求出。今以陰柔昏昧懦弱，陷溺愈深，不惟不能出險，反入於坎窞之中，宜其凶也。」〔註208〕《象》曰〔註209〕：「事無險易，處之皆有道焉。苟得其道，雖險可易，雖凶可吉。初不中正，失行險之道，故《象》曰『失道

〔註202〕王註《卦辭》。

〔註203〕王註《彖》。

〔註204〕李鼎祚《周易集解》卷六《坎》。

〔註205〕熊過《周易象旨決錄》卷七《坎》。

〔註206〕季本《易學四同》卷三《坎》。

〔註207〕熊過《周易象旨決錄》卷七《坎》。

　　按：「『習坎』，以全卦之時言；『入坎』，以二體之內言」出俞琰《周易集說》卷二十二《爻傳三》，《周易象旨決錄》不言係引用。

〔註208〕趙汝楳《周易輯聞》卷三《坎》。

〔註209〕《周易輯聞》卷三《坎》初六小象。

凶』也，猶謂得道則免，不可盡諉之於時位也。」

質卿曰：「坎之六爻，初與上皆失道。蓋處坎有道，濟坎亦有道。得其道即可出離，失其道終於陷沒。其道惟何？要歸於有孚也。一或不孚，載胥及溺。」

《坎》諸爻大段都不得一「吉」字。蓋在坎中，亦是時勢所值，亦是事端所壞。古人只有作事謀始的一法，以救其未然；又有明哲保身的一法，以離其禍難。若身在坎中，即聖人亦難措手下口，只有「維心亨」一法，聊以義命自安，故雖如九二之剛中，僅僅「求小得」。〔註210〕

九二：坎有險，求小得。　《象》曰：「求小得」，未出中也。

述曰：九二陷於兩陰之間，故云「有險」。以剛居中而質本陰柔，其求可以小得。方在險時，未可遽望出險，但「求小得」足矣。處險之道，當如是耳。

《象旨》：「『小得』，險中所得也。陰小，指六三。九二才剛志柔，未能出險，與五皆以險相臨而不相應。三方在險，相待而全，故易求也。」〔註211〕

六三：來之坎坎，險且枕，入於坎窞，勿用。　《象》曰：「來之坎坎」，終無功也。

述曰：王《註》：「既履非其位，而又處兩坎之間，出則之坎，居則亦坎，故曰『來之坎坎』也。『枕』者，支而不安之謂也。出則無之，處則無安，故且『險且枕』也。來之皆坎，無所用之，徒勞而已。」趙汝楳曰：「六三才柔位剛，在上下卦之際。」〔註212〕「或來或往，以求出險，可謂不遑寧居矣。奈身居兩坎之間，徒費心力，無所用之，故曰『終無功也』。皆不中失道所致也。」〔註213〕

《象旨》：「『入於坎窞』，謂六三居坎之成流而趨下，以附九二，相與為固也。三與初同入坎窞，而『凶』與『勿用』異者，二、三同患相恤，初自以為事外可免，挾其險而不附，故有失道之凶也。五、上亦然。」〔註214〕

〔註210〕按：此一節見張振淵《周易說統》卷四《坎》，稱「質卿曰」。《讀易述》上一則為「質卿曰」，與此則文風大不同。恐因張振淵引《讀易述》時，失之細檢。

〔註211〕熊過《周易象旨決錄》卷七《坎》。

〔註212〕趙汝楳《周易輯聞》卷三《坎》六三爻辭。

〔註213〕趙汝楳《周易輯聞》卷三《坎》六三小象：
位剛則居可為之地，才柔則無可為之資。或來或往，蹢躅求出，可謂不遑寧居矣。其奈身居兩險之間，始之用力徒勞，終亦計功無有而已。

〔註214〕熊過《周易象旨決錄》卷七《坎》。
按：蘇軾《東坡易傳》卷三《坎》：「六三知其不足以自用，用必無功，故退入於坎，以附九二，相與為固而已。」

六四：樽酒簋貳，用缶，納約自牖，終无咎。　《象》曰：「樽酒簋貳」，剛柔際也。

述曰：王《註》：「處重險而履正，以柔居柔，履得其位，以承於五，五亦得位，剛柔各得其所，不相犯位，皆無餘應以相承比，明信顯著，不存外飾。處坎以斯，雖復一樽之酒、二簋之食、瓦缶之器，納此至約，自進於牖，乃可羞之於王公，薦之於宗廟，故『終无咎』也。」

蘇氏曰：「『樽酒簋貳，用缶』，薄禮也。『納約自牖』，簡陋之至也。夫同利者不交而歡，同患者不約而信。四非五無與為主，五非四無與為蔽，餽之以薄禮，行之以簡陋，而終不相咎者，四與五之際也。」〔註215〕

虞翻曰：「坎為納也。四陰小，故『約』。『貳用缶』，故『納約自牖』。得位承五，故『无咎』。」〔註216〕《象旨》：「四偶畫，虛而通明，有『牖』象。四、五相締，不由戶而由牖，非正應也。六子本卦重者，爻不相應，義取近比而已。《坎》四柔，近比五剛，故曰『剛柔際』。」〔註217〕崔憬曰：「於重險之時，居多懼之地，近三而得位，比五而承陽，脩其潔誠，進其忠信，則雖禮物省薄，明德惟馨，故曰『樽酒簋貳，用缶，納約自牖』。」〔註218〕

卦中處險之道，六四一爻盡之矣。六四已出下險之上而比於五，四柔得正，五剛中而正，剛柔相際，略無間隔，故得以樸忠實意，自結於君。「從君心之所明者，納誠以啟之，則君心並明，君臣益和，終無尤咎，險可濟矣。」〔註219〕

質卿曰：「『將恐將懼，置余於懷』，詩人所以興歎。四與五俱在坎中，時危則勢必相依，是以剛柔自爾其相接。剛柔一接，形跡自忘，故相通之情超於薄物之外也。」

九五：坎不盈，祇既平，无咎。　《象》曰：「坎不盈」，中未大也。

述曰：九五剛中，在坎上體，且出坎矣。然猶有一陰在上，故為「坎不盈」之象。五雖未能盈乎坎外，然祇既平焉，平則可行乎險中，而不陷於險，故「无咎」。〔註220〕《象旨》：「『祇』，依鄭作『坻』。按《詩》：『宛在水中坻。』《說

〔註215〕蘇軾《東坡易傳》卷三《坎》。
〔註216〕李鼎祚《周易集解》卷六《坎》。
〔註217〕熊過《周易象旨決錄》卷七《坎》。
〔註218〕熊過《周易象旨決錄》卷七《坎》。
〔註219〕楊簡《楊氏易傳》卷十《坎》。
〔註220〕章潢《周易象義》卷二《坎》：
　　　九五陽剛中正，然有一陰在上，故為「坎不盈」之象。盈則汪洋泛溢，

文》云：『小渚。』坎之象也。澤水盈科而後進者，九五坎中之陽，流而不盈，適平於坻而已。蓋陽剛中正而能出險之象，故『无咎』也。二、五俱險陷之主，二有險而五既平，上下之勢異也。」〔註221〕

許衡《讀易私言》云：「以陽剛之才，處極尊之位，中而且正，可以有為也。然適在坎中，未能遽出，故諸爻皆有須待之義。夫能為者，才也；得為者，位也；可為者，時也。有才位而無其時，惟待為可。待而至於可，則无咎矣。」〔註222〕

蘇氏曰：「九五可謂大矣，在坎〔註223〕而不敢自大，故不盈也。不盈所以納四也。夫盈者，人去之。不盈者，人輸之。故不盈適所以使之既平也。」〔註224〕「《象傳》『中』釋『坎』，『未大』釋『不盈』，言九五剛中處險之用耳。朱先生曰：『有中德而未大。』夫既有中德矣，而有未大者乎？」〔註225〕

上六：係用徽纆，寘於叢棘，三歲不得，凶。　《象》曰：上六失道，凶「三歲」也。

述曰：上六陰而又陰柔，闇而居險極，在上而乘五剛，陷陽之重，使不得出，如獄囚之牢禁然，故有「係用徽纆」、「寘於叢棘」之象。蓋言維繫陽剛於險中也。〔註226〕上坎第三爻，故為「三歲」之象。「『得』謂上六之情與陽相得也。」〔註227〕「『三歲』，險道之夷也。險終乃反，故『三歲不得，凶』。」〔註228〕《象》曰：「上六失道，凶『三歲』也」，「言失道之凶，唯三歲之後可免也」〔註229〕。馬融云：「徽纆，索也。」劉表云：「三股為徽，兩股為纆，皆索名，以繫縛其罪人矣。」《九家易》曰：「坎為叢棘。」〔註230〕《傳》曰：「叢如今之

何坎之有？所以五雖未能盈乎坎外，然盈科後進，祇既平焉，平則可以出險，故「无咎」。
〔註221〕熊過《周易象旨決錄》卷七《坎》。
〔註222〕（元）許衡《讀易私言》。
〔註223〕「在坎」，《東坡易傳》作「有敵」。
〔註224〕蘇軾《東坡易傳》卷三《坎》。
〔註225〕熊過《周易象旨決錄》卷七《坎》。按：朱先生之言見《周易本義》。
〔註226〕季本《易學四同》卷一《坎》：
　　　上六居習坎之上，陷陽之重，使不得出，如獄囚之牢禁然，故有「係用徽纆，寘於叢棘」之象。蓋言維繫陽剛於險中也。
〔註227〕季本《易學四同》卷一《坎》。
〔註228〕王《注》。
〔註229〕孔《疏》。
〔註230〕以上三則均見李鼎祚《周易集解》卷六《坎》。

棘寺也。」〔註231〕仲虎曰：「繫之徽纆，而又寘之叢棘，重險之象。」〔註232〕

丘氏曰：「坎，陷也，以一陽而陷於二陰也。上下皆坎，則二、五皆陷。然坎之性下，下坎則為陷之太甚，故上坎為安，以五得位而二不得位，故五之『祇既平』，異乎二之『求小得』也。其四陰爻，則處陽外而陷。陰者最凶，是以初言『入於坎窞』，上言『寘於叢棘』，以在二、五兩陽之外也。若中二陰，三則失位，乘陽而無功；四則得位，承陽而无咎也。」〔註233〕

六三爻，項氏曰：「坎卦尚往，利剛而不利柔，剛能往柔不能往也。獨六四一爻，進而承剛，得免於咎。初六、上六皆以失道致凶，六三亦陰柔之人，止言『勿用』，止言『無功』，而不言失道凶者，初六入險最深，上六處險之極，皆無出險之道，坐受其凶者也。六三志剛而不安於位，『來之坎坎』，甚矣，其有志於出險也，惜其天質陰柔不足以往，故戒之以『勿用』，諭之以『無功』，示之與往有功者異爾。若論其志，正坎道之所尚也，其何失之有？」〔註234〕「來之坎坎」，「先儒以其有兩『坎』字，便稱來往皆險，非也。」〔註235〕「『之』者，往也。『坎坎』者，勞貌也。《詩》人『坎坎伐檀』是也。此止言上下往來之勞，下文始言險之多爾。欲進而上，則險而不可升；欲居其位，則枕而不得安；欲進而下，則又入於坎中之陷。才不剛，位不正，時不利，皆無所施，此所以戒之『勿用』也。《象》曰『終無功』，言雖勞其心力，多方圖之，終無出險之效也。味『終』字可見『坎坎』之為勞矣。」〔註236〕

上六爻，項氏曰：「初、上兩爻凶同而情異者，上六居重坎之上，為險者也。為險者凶必及之。既係用徽纆，又寘於叢棘，重險之義。他爻之險，皆過險而陷於其中。上六之重險，則人設之以治罪人者，故曰繫、曰寘，皆執治之辭也。」〔註237〕「蓋上六失道而乘剛者也，故以刑為險，以防其犯上；繫以徽纆，使不得動；寘之叢棘，使不得安。下罪者一年而舍，中罪二年而舍，上罪

〔註231〕董真卿《周易會通・周易經傳集程朱解附錄纂註卷六・坎》：
　　　　張氏汝弼曰：「坎為刑獄。《九家》：『坎為叢棘。』《傳》曰：『叢棘如今之棘寺。』」
　　　　又見胡廣《周易大全》卷十一《坎》。
〔註232〕胡炳文《周易本義通釋》卷一《坎》。
〔註233〕（元）熊良輔《周易本義集成》上經卷第一《坎》、胡廣《周易大全》卷十一《坎》。
〔註234〕項安世《周易玩辭》卷六《六三》。
〔註235〕項安世《周易玩辭》卷六《來之坎坎》。
〔註236〕項安世《周易玩辭》卷六《來之坎坎》。
〔註237〕項安世《周易玩辭》卷六《初六　上六》。

三年而舍。昔之聖人所以制為圜土之法，若是其峻極者，所以困犯上之人，而使之知君長之可畏也。三歲者，上三爻之終也，起居動作皆不自得，至於三歲之久，其凶如此，誰敢復犯之？」〔註238〕按：《坎》卦六爻，「下卦在下而受險者，故下三爻言出險之道；上卦在上而治險者，故上三爻言設險之道」〔註239〕。

離☲☲離下離上

羅彝正曰：「離，麗也，明也。取其一陰附於上下二陽，則為麗也；取其中虛，象火象日，則為明也。二離相重，麗而復麗，明而復明也。」〔註240〕

「火本無體，以物為體，似是陽麗於陰。今謂陰麗於陽，何也？曰：物無光，著火而光；陰無用，麗陽為用。故謂陰麗於陽也。」〔註241〕

章氏曰：「有乾必有坤。坤者，乾之牝也。有坎必有離。離者，坎之牝也。故《坤》『利牝馬之貞』，《離》『畜牝牛，吉』。」〔註242〕

乾體本實而離為之用，坤體本虛而坎為之用，所以坎離得陰陽之中也。震動艮止，即坎中一陽之上下；巽入兌說，即離中一陰之上下。可見天地間只是一陰一陽。乾坤位而其體立，坎離縱而其用行。〔註243〕

一陰一陽，《乾》、《坤》是也。根陰根陽，《姤》、《復》是也。陰陽互藏，《坎》、《離》是也。故君子允執厥中。

離：利貞，亨。畜牝牛，吉。

《彖》曰：離，麗也。日月麗乎天，百穀艸木麗乎土。重明以麗乎正，乃化成天下。柔麗乎中正，故『亨』，是以『畜牝牛，吉』也。

述曰：離上離下，二陰分麗於四陽之間，故為離。離本陰體，麗陽之中為

〔註238〕項安世《周易玩辭》卷六《六四上六》。

〔註239〕項安世《周易玩辭》卷六《六爻》。

〔註240〕按：程《傳》：「離，麗也，明也。取其陰麗於上下之陽，則為附麗之義；取其中虛，則為明義。」
吳澄《易纂言》卷一《離》：「離，麗也，明也。一陰附麗上下二陽而明，象火象日。二離相重，麗而復麗，明而復明者也。」

〔註241〕張獻翼《讀易紀聞》卷二《離》。

〔註242〕章潢書中未見此語。
另，胡居仁《易像鈔》卷二《離》亦引此語，至「只是一陰一陽」止，亦稱「章本清曰」。

〔註243〕按：此一節見張振淵《周易說統》卷四《坎》，稱「章氏曰」。《讀易述》上一則為「章氏曰」，恐因張振淵引《讀易述》時，失之細檢。

正，中虛而明，乃亨通也。王《註》：「柔處內而履中正，牝之善也。外彊而內順，牛之善也。離之為體，以柔順為主。」故「畜牝牛」，乃得其「吉」。柔處二陽之間，非至順而有健德者，不可以相與也。離象牝牛，取其順以受陽，如《坤》象牝馬，取順以承乾之義。《象旨》：「坤為子母牛，柔相依附也。離得坤中爻而麗二剛，非其類，故止云牝牛。蓋牝牛善觸，乘匹則益悍。《老子》曰：『牝常以靜勝牡』，以靜為下是也。」〔註244〕

《彖》曰「離，麗也」，二、五皆陰麗陽中，日月麗天，附陽氣以長有其明，此五為天位，麗天之象也。百穀草木麗土，附陽氣以永保其種，此二為地位，麗土之象也。上卦下卦為重明，人道效法天地自然之麗，日新又新，明而又明，以麗乎正，斯可以成天下文明之化矣。極言離道之大通於天地人，此利貞之義也。柔不能自亨，惟居二、五之位，則得中正，以中正為德，故亨。「畜牝牛」為柔麗中正之實象。

《象旨》：「『重明』者，本明而又明也。其在人心，則虛明神用，無所不通。意動故昏，一日覺之，緝熙于光明，則不識不知，順乎帝則而無不皆正，故曰『重明以麗乎正』，以之為言用也。用『重明』即『麗正』，非有所作意矯強也。」〔註245〕

質卿曰：「離以麗為義，物之生也。必有所麗，陰必不能不麗於陽，陽必為陰所離。卦之上與下皆離，是彼此相為附依，如君臣之合、父子之親、夫婦之偶，自相依附，雖欲離之而不可得者。」程《傳》謂「為所親附之人，所由之道，所主之事，皆其所麗也。」人之所麗，惟貞則久，惟貞則固，故曰「利貞亨」。牝牛，柔順而能發生者。柔順則相麗之間皆有生意，故「畜牝牛」則「吉」。

觀「日月麗乎天，百穀草木麗乎土」，則神明之麗乎人者可知也已。趙汝楳曰：「不依形而立，不倚蹟而行，道而已。有形則不能無麗，上則日月麗天，下則百穀草木麗土。大君成位乎兩間，將何所麗，亦正而已耳。明者易流於察，亦易昏於所寄。流於察者，非明也。寄於邪私，明之害也。重明繼作，所麗皆正，而後道化可得而成。蓋道化易於行，難於成，前之明而正矣。繼之者或正而不明，明而不正，則前之行者後或廢，其何成之有？」〔註246〕

《紀聞》曰：「《賁》以離為下卦，既以『化成天下』贊之矣，於離之全卦，

〔註244〕熊過《周易象旨決錄》卷二《離》。
〔註245〕熊過《周易象旨決錄》卷二《離》。
〔註246〕趙汝楳《周易輯聞》卷三《離》。

仍以此贊焉,則化成天下,其惟離之文明乎?」〔註247〕

《象》曰:明兩作,離。大人以繼明照於四方。

述曰:陸佃曰:「《離》言『明兩作』,《坎》言『水洊至』,起而上者,作也;趨而下者,至也。」〔註248〕薛敬軒曰:「明相因而不息,大人緝熙光明,以照臨天下也。」〔註249〕王汝中曰:「大人,以德言則聖人,以位言則王者。明之奇者,其明孤而竄;明之兩者,其明續而久。」〔註250〕兩明明明相繼,照於四方,明明德於天下也。

初九:履錯然,敬之,无咎。　《象》曰:「履錯」之「敬」,以辟咎也。

述曰:程《傳》:「陽固好動,又居下離體。陽居下,則欲進。離性炎上,志在上麗,幾於躁動。其履錯然,雖未進,而跡已動矣,動則失居下之分而有咎也。然具剛明之才,若知其義而敬慎之,則不至於咎矣。初在下,無位者也。明其身之進退,乃所麗之道也。其志既動,不能敬慎則妄動,是不明所麗,乃有咎也。」

《象旨》:「初當趾為履。居離之初,附麗方始,其『履錯然』,文章歷琭之象又以陽剛而處明體,為能敬以辟咎也。」〔註251〕「『辟咎』者,不近於咎之意。」〔註252〕欲其詳審,非欲其無進也。蘇氏曰:「六爻以相附離為事,而火之性炎上也,故下常附上。初九附六二者也,以剛附柔,寧敬而無瀆,瀆其所以附則自棄者也。故初『履錯然』,敬二以闢相瀆之咎。」〔註253〕

《坤》、《離》皆陰卦。《坤》初象「履霜」,《離》初象「履錯」,皆防微謹始之義。

六二:黃離,元吉。　《象》曰:「黃離,元吉」,得中道也。

述曰:六二,離之本體,柔而宅中,故曰「黃離」。黃,中色。土之質色

〔註247〕張獻翼《讀易紀聞》卷二《離》。
〔註248〕王應麟《困學紀聞》卷一《易》:「《離》言『明兩作』,《坎》言『水洊至』。起而上者,作也。趨而下者,至也。此陸農師之說,朱文公取之。」
　　　　按:原出陸佃《陶山集》卷九《經解·八卦解上》:「起而上者,作也;推而下者,至也。火炎上,水潤下,故《離》言『明兩作』,《坎》言『水洊至』。」
〔註249〕薛瑄《讀書錄》卷五《易大象》。
〔註250〕王畿《大象義述》(吳震編校整理《王畿集》,鳳凰出版社2007年版,第662～663頁)。
〔註251〕熊過《周易象旨決錄》卷二《離》。
〔註252〕季本《易學四同》卷三《離》。
〔註253〕蘇軾《東坡易傳》卷三《離》。

正而純，是謂得中，所以大善而吉。《象》曰「得中道也」，惟中故虛受，惟中故明通，惟中故元吉。〔註254〕

敬仲曰：「黃，中也。離，麗也。麗乎中道，故曰『黃離』。離，明也。明而不失乎中正，故曰『黃離』。離，火也。有火之明，不入於躁，是為得中，故曰『黃離』。」〔註255〕章氏曰：「《坤》六五在上，象『黃裳』，以中德而居乎陽也。《離》六二在下，象『黃離』，以中德而麗乎陽也。故皆云『元吉』。」〔註256〕

郭京曰：「王《註》：『居中得位，以柔處柔，履文明之盛而得其中，故曰黃離也。』柔居中正，處得其位。初則上敬而我比焉，為卦之主，能通其道，體明履順，吉之大者，故曰『元吉』也。」〔註257〕

九三：日昃之離，不鼓缶而歌，則大耋之嗟，凶。　《象》曰：「日昃之離」，何可久也？

述曰：初為日出，二象日中，九三為過中而昃。王《註》：「處下離之終，明在將沒，故象『日昃之離』。」彭山曰：「缶，瓦器，質素之物，民間所常用以為樂者。『鼓缶而歌』，安常樂天，養志無為之象。不能如此，則『大耋之嗟，凶』也。八十曰耋。自此不反，謂之大耋。」〔註258〕理齋曰：「『何可久也』，正言其為天運之常而不可為也。」

《象旨》：「九三不歌而嗟，何也？震為鼓為聲。《九家易》曰：『離為大腹，缶象。』樂器也。離變則所鼓非缶矣。人之老，不以生為樂，則以死為憂。人能自作元命，或順受正命，則皆樂而不憂矣。嗟亦震聲。蘇氏曰：『火得其所附則傳，不得其所附則窮。九三於四，不得其傳而遇其窮也。』按：莊生薪窮

〔註254〕章潢《周易象義》卷二《離》：
　　　　六二陰柔，麗於上下二陽，麗乎中正者也。然黃固地之中色也，德純乎中，猶色尚乎黃，無以加矣。六二本柔中離體，且火之有光者，外赤內黃。地二生火，故為「黃離」之象。以此當文明之盛，所以大善而吉。《象》曰「得中道也」，惟中故虛受，惟中故明通，惟中故元吉。
〔註255〕楊簡《楊氏易傳》卷十《離》。
〔註256〕章潢《周易象義》卷二《離》。
〔註257〕（唐）郭京《周易舉正》卷上《離》。
〔註258〕文句順序不同。季本《易學四同》卷三《離》：
　　　　缶，瓦器，質素之物，民間所常用以為樂者。如秦人擊甕、莊子鼓盆之類是也。八十曰耋。自此不反，謂之大耋。……「鼓缶而歌」，安常樂天之象也。「大耋之嗟」，謂將死而徒傷悲也，言明盛將過之時，但當安常樂天以養之，弗使過用。苟過用之，則必嗟其將死而無及矣。

火傳之旨識此，則死而未嘗死也，又何大耋之嗟哉？」〔註259〕

九四：突如其來如，焚如，死如，棄如。 **《象》曰：「突如其來如」，無所容也。**

述曰：九下〔註260〕離下體而升上體，離之繼明，火之重炎也。以陽處四，剛躁而不中正，且重剛以不正，而剛盛之勢「突如其來如」，其氣燄「焚如」，殆必至「死如棄如」後已。所以《象》曰「無所容也」，言必死棄也。四承六五柔中之主，其剛躁陵爍之氣肆無前忌，以迫至尊。承上若此，逆德也，天下誰能容之。質卿曰：「觀四『突如其來，無所容』，則初『敬以辟咎』之義益見。」

《象旨》：「『突如』者，下體之象。『突』，竈突也。三、四當繼明之時，而二剛相值，三以舊火上升接四，如火氣之出於突；四以新火逼乎五，其猛烈如火之焚，承繼可謂不善矣。九三無所附，九四人莫之附，皆窮者也。然九三諮嗟而已，九四位過乎中，壯火之氣衰矣，不順忽出，剛暴陵爍，孰敢親而麗之，欲得五而五拒之矣，何所容哉？」〔註261〕

仲虎曰：「《離》以二、五為主，所謂前明後明者，指二與五也。三近二，則前明將盡；四近五，則後明將繼。『突如其來』，四迫五也。坎三離四，正上下之交，故兩卦於此有深意焉。坎性下，三在下卦之上，故曰『來』，來而下也。離性上，四在上卦之下，故曰『突如其來』，來而上也。水本下，又來而之下，入於坎窞而後已。火本上，又來而之上，焚如死如棄如而後已。然《坎》之三有枕象，三枕下之險，而四又下枕三，故三之入也愈深；《離》之四有突象，四既上突而迫乎五，三亦上突而迫乎四，故四之焚也愈甚。」〔註262〕

〔註259〕熊過《周易象旨決錄》卷二《離》。
　　　　按：「人能自作元命，或順受正命，則皆樂而不憂也」，出吳澄《易纂言》卷一《離》，《周易象旨決錄》不言係引用。
〔註260〕「下」，當為「四」之誤。
　　　　按程《傳》：
　　　　　　九四離下體而升上體，繼明之初，故言繼承之義。在上而近君，繼承之地也。以陽居離體而處四，剛躁而不中正，且重剛。以不正而剛盛之勢，突如而來，非善繼者也。夫善繼者，必有巽讓之誠、順承之道，若舜、啟然。今四突如其來，失善繼之道也。又承六五陰柔之君，其剛盛陵爍之勢，氣焰如焚然，故云「焚如」。四之所行，不善如此，必被禍害，故曰「死如」。失繼紹之義，承上之道皆逆德也，眾所棄絕，故云「棄如」。至於死棄，禍之極矣，故不假言凶也。
〔註261〕熊過《周易象旨決錄》卷二《離》。
〔註262〕胡炳文《周易本義通釋》卷一《離》。

六五：出涕沱若，戚嗟若，吉。　《象》曰：六五之吉，離王公也。

述曰：九四剛居臣位，失承君之義，故極其凶。六五柔居君位，得繼體之道，故保其吉。「出涕沱若，戚嗟若」，嗣天子之孝有此象。六五為重離主，體柔履中，不獨顏色之戚、哭泣之哀，居廬不言而已。以柔德嗣剛位，有不堪之懼焉；以後明繼前明，有遏佚之恐焉。此其時當，然惟體文明而麗中正者乃能深憂如此，所以吉也。若以位為樂，「在戚而有嘉容」〔註263〕，安能保其吉哉？《象》曰：「六五之吉，離王公也」，「以王與公相麗，陰陽相資也。王指五，公指上九」〔註264〕。六五雖柔，實附麗上九之剛。上為五折首獲醜，寧不吉乎？在《坎》剛柔際而成出險之功，在《離》王公麗而成繼明之盛，一也。

《象旨》：「內卦言日，外卦言火。劉氏曰：『火乃日之用，故分離爻體用也。』」〔註265〕仲虎曰：「坎中有離，自牖離虛，明之象也。離中有坎，『沱若』，坎水象；『戚嗟若』，心憂之象也。九三『大耋之嗟』，以生死為憂者也，不當憂而憂，故『凶』。六五『戚嗟若』，居君位而能憂者也，憂所當憂，故『吉』。」〔註266〕

下離麗兩剛之間，四剛而逼於五，為疢疾之益；上剛而威於五，為禦侮之助。此所以柔麗中正而成文明之化也。

上九：王用出征，有嘉。折首，獲匪其醜，无咎。　《象》曰：「王用出征」，以正邦也。

述曰：九以陽居離體之極，剛明及遠，能敵王所愾，以正邦國，有「王用出征」之象。《象旨》：「五為成卦之主，與上同體相比，故五用上以出征，有嘉美之功。」〔註267〕彭山曰：「『折』謂屈折而服之也。屈折其為首之人，而不濫及其脅從之眾也。」〔註268〕仲虎曰：「剛遠則威震，故曰『折首』。明遠則不濫，故曰『獲匪其醜』。」〔註269〕威明並著，所以為嘉，故「无咎」。兵猶火也，夏官掌之。上在卦外，有「出征」之象。離為甲冑，為兵戈，征之所

〔註263〕《左傳・襄三十有一年》。
〔註264〕熊過《周易象旨決錄》卷二《離》。
〔註265〕熊過《周易象旨決錄》卷二《離》。
〔註266〕胡炳文《周易本義通釋》卷一《離》。
〔註267〕熊過《周易象旨決錄》卷二《離》：「五為成卦之主，有空中之權也。上、五同體相比，故五用上以出征，離明故有嘉首。」
〔註268〕季本《易學四同》卷二《離》：「折，拗折之義，謂屈折而俘之也。……屈折其為首之人，則所獲止於渠魁，而不濫及其脅。」
〔註269〕胡炳文《周易本義通釋》卷一《離》。

資。〔註270〕

王《註》:「『離』,麗也,各得安其所麗謂之『離』。處離之極,離道已成,則除其非類,以去民害,『王用出征』之時也。故必『有嘉折首,獲匪其醜』,乃得『无咎』也。」

李氏曰:「繼體之君,自當出征,有扈之戰,啟所以承禹;商奄、淮夷之征,成王所以繼武王。周公作《立政》,終之曰:『其克詰爾戎兵,以陟禹之跡。』召公、畢公命成王無他意,惟曰『張皇六師,無壞我高祖寡命』而已。蓋不如是,不足以正邦也。然則出征豈細事哉?」〔註271〕

仲虎曰:「坎水內明而外暗,上九暗於外者也,故必陷於刑。離火內暗而外明,上九明於外者也,故可用行兵。」〔註272〕

初九爻,項氏曰:「初九,麗之初也,不可不謹。邪正錯然,並陳於前,一舉足履之,便有得失榮辱之機,所以欲其敬者,未論求福,且欲避咎也。」〔註273〕

六二爻,項氏曰:「《坤》之六五『黃裳,元吉』,及索而成《離》,乃以六二為『黃離,元吉』者,自《坤》言之,六五坤道之最勝者也,處勝而用柔中,故為『元吉』。若離則乾之本體,而坤來文之,其義以明為主。《乾》之九二本自文明,而《坤》之六二又以地道之光來居其位,光明如此而以柔順中正將之,故曰『黃離元吉,得中道也』。六五又加重明焉,居剛在上,而明熾於外,此固知道者之所憂也,安得元吉乎?」〔註274〕

九三爻,項氏曰:「『不鼓缶而歌,則大耋之嗟,凶』,句法與『不節若,則嗟若』同。日既昃矣,不動而求樂,則坐而待憂也。」〔註275〕

九四爻,項氏曰:九四離下體而升上體,前明將盡,急於求繼,故言繼承之義。然四以陽剛離體而處非中正,突如來迫,非善繼者也。上六〔註276〕承六五陰柔之君,其剛燥陵爍之勢,若不可撲滅者。以氣焰而言,故云「焚如」。然六五中正而不可犯,此其火必至若爐而死,若灰而棄焉耳。四之上陵其君,

---

〔註270〕熊過《周易象旨決錄》卷二《離》:「離為兵戈,征之所資。」
〔註271〕董真卿《周易會通·周易經傳集程朱解附錄纂註卷六·離》、胡廣《周易大全》卷十一《離》。
〔註272〕胡炳文《周易本義通釋》卷一《離》。
〔註273〕項安世《周易玩辭》卷六《初九》。
〔註274〕項安世《周易玩辭》卷六《六二》。
〔註275〕項安世《周易玩辭》卷六《九三》。
〔註276〕「六」,四庫本小字注「閼」。

不順所承，逆子也。致焚死棄，天下所不容也。〔註277〕

六五爻，項氏曰：「六五之『出涕』、『戚嗟』，說者為九四所迫，非也。九四『突如其來』，豈為六五哉？為九三既老，前明將盡，急於求繼耳。九四逆子也，突然而來迫，天地之所不容也，故曰『焚如，死如，棄如』、『無所容也』。六五順子也，以繼父為悲，以承業為憂，不以得位為樂，凡天子諸侯之初嗣者皆當如此，故曰『六五之吉，離王公也』。」〔註278〕六五麗王公之位，居文明之世，故其象如此。

上九爻，項氏曰：「六五嗣位之主，固當以憂畏為先。上九正位之後，然亦不可以不振。有上窮而不復者，則動而用其明，去其首惡，安其黨與，則有正威定國之美，而無反側不安之咎矣。若察見其黨而盡殱之，則人皆不安，咎孰大焉？出征言王不言公，公初嗣位，無擅征伐之理。征伐，王者之事也。」〔註279〕「首者，上窮之象。《離》折其首，則變為《丰》，宜照天下，所以為有嘉也。」〔註280〕「醜有二義。『老婦士夫，亦可醜也』醜為羞辱。《離》之『獲匪其醜』，《漸》之『離群醜』，『負且乘，亦可醜』，三醜為朋類。」〔註281〕

〔註277〕按：此一節非《周易玩辭》之說。似敷衍程《傳》而成。

程《傳》解九四爻辭，前文九四腳注已引，茲不贅錄。程《傳》解九四小象，曰：「上陵其君，不順所承，人惡眾棄，天下所不容也。」

〔註278〕項安世《周易玩辭》卷六《九四　六五》。

〔註279〕項安世《周易玩辭》卷六《上九》：

六五，舜初繼堯讓德不嗣、禹初繼舜稽首固辭之時也；上九，誅四凶、征有苗之時也。嗣位之主，固當以憂畏為先，然亦不可以不振。有上窮而不服者，則動而用其明，去其首惡，安其黨與，則有正威定國之譽，而無反側不安之咎矣。嗣位之初，不得已而用明於外，「張皇六師，無壞我高祖寡命」而已。若察見其黨，則人皆不安，咎孰大焉？出征言王不言公者，公初嗣位，無得征伐之理。征伐者，王者之事也。

〔註280〕項安世《周易玩辭》卷六《折首》。

〔註281〕與項安世《周易玩辭》卷六《醜》不同：

醜有二義。「老婦士夫，亦可醜也」；「負且乘，亦可醜也」；二醜為羞辱。《離》之「獲匪其醜」，《漸》之「離群醜也」，二醜為朋類。

讀易述卷六

咸☷艮下兌上

仲虎曰：「上經首《乾》、《坤》者，『天地定位』也。下經首《咸》、《恒》者，『山澤通氣』也。位欲其分，故天地分為二卦。氣欲其合，故山澤合為一卦。八純卦爻皆不應，《泰》、《否》天地相應，故居上篇；《咸》、《損》少男女相應，《恒》、《益》長男女相應，故居下篇；《咸》以少男下少女，又應之至者，故首下篇。」〔註1〕

趙汝楳曰：「山澤氣通，彼此交感，故卦名咸。」〔註2〕「爻皆近取諸身，感之至真莫若身，意之所欲不言而喻。咸以止為感者也，爻之吉凶皆繫於止。其取人身為象，則各因其位，不當如它卦言位應。蓋拇與心、腓與胸、股與輔在人身，皆不胥應故也。」〔註3〕

荀況曰：「於《咸》見夫婦。夫婦之道不可不正也，君臣父子之本也。咸，感也。以高下下，以男下女，柔上而剛下。聘女之義，親迎之道，重始

〔註1〕見熊過《周易象旨決錄》卷三《咸》，稱「胡仲虎曰」。原出胡炳文《周易本義通釋》卷二《咸》。

　　按：馮椅《厚齋易學》卷十八《易輯傳第十四·咸》：

　　　　李子思曰：「夫『山澤通氣』，其功用蓋與乾坤等，而《咸》一卦乃能具『山澤通氣』之象，宜其列於下經之首也。故上經之始於《乾》、《坤》者，『天地定位』也。下經之始於《咸》者，『山澤通氣』也。然『天地定位』則分為《乾》、《坤》二卦者，位欲其分而有辨；『山澤通氣』則合為咸一卦者，氣欲其合而相通也。」

〔註2〕趙汝楳《周易輯聞》卷四《咸》解卦辭。
〔註3〕趙汝楳《周易輯聞》卷四《咸》解卦名。

也。」〔註4〕

李衡曰：「『相應』者，同志之象。志同則合，是以相應。然事固多變，動在因時，故有以有應而得者，有以有應而失者，亦有以無應而吉者，以無應而凶者。《夬》九三以援小人而凶，《剝》六三以應君子而无咎，《蒙》六四以無應而困吝，《咸》貴虛心而受人，故六爻以有應而失所，斯皆時事之使然，故不可執一論也。」〔註5〕

咸：亨，利貞。取女吉。

《彖》曰：咸，感也。柔上而剛下，二氣感應以相與，止而說，男下女，是以『亨利貞，取女吉』也。天地感而萬物化生，聖人感人心而天下和平。觀其所感，而天地萬物之情可見矣。

述曰：卦以艮男下兌女，陽下陰而陰從陽，一感一應，故為咸。咸有亨之理。上下交相感應，則自然亨通也。相感之道，利在於正。三陽上陰，男女皆正，故有「利貞」之象。以此義取女，則吉也。孔《疏》：「此卦明人倫之始，夫婦之義，必須男女共相感應，方成夫婦。既相感應，乃得亨通。若以邪道相通，則凶害斯及，故利在貞正。既感通以正，即是婚媾之善，故云『咸：亨，利貞。取女吉』也。」

咸之為義，感也，非感則獨何以為咸卦？「艮剛而兌柔，若剛自在上，柔自在下，則不交感，無由得通。今兌柔在上而艮剛在下，是二氣感應，以相授與，所以為『咸：亨』也。」〔註6〕彭山曰：「即《月令》『天氣下降，地氣上騰』而萬物萌動之意。陽感陰應，六爻皆有相通之情，故謂之咸。」〔註7〕「止而說」，艮止而兌說也，能自靜止，則不隨欲動。以止行說，則不為邪諂，不失其正，所以利貞也。艮為少男，兌為少女。男女之情，少者最切。男先於女，而下之所感於女者誠矣，則女之應感其誠，豈有不至哉？人心感應之誠類皆如此，所以為通而吉也。孔《疏》：「婚姻之義，男先求女，親迎之禮，輪御〔註8〕三周，皆是男先下於女，然後女應於男，所以『取女吉』。」

卜子夏曰：「二氣之相感應也，中無間也，故得萬物變化乎其內。天氣下

〔註4〕《荀子·大略篇第二十七》。

〔註5〕李衡《周易義海撮要》卷十二《雜論·字例》。

〔註6〕孔《疏》。

〔註7〕季本《易學四同》卷四《咸》。

〔註8〕「輪御」，孔《疏》作「御輪」。

降，地氣上濟，陽下陰而陰從陽也。止於所說，其利之正也，故取女以之吉也，而感應之道取焉。聖人無為，與天地準寂。然虛中通變，則隨乎時，順情而通天下之故，而咸得其治，則天下和平矣。夫相下而不私，則感之而通也。觀天地萬物之情而感一也，語其感大者如此也。至於爻，則形相趨也，利相逐也，豈及於感之至哉？天下忘於情而有累於質者，則於萬物不盡矣，故見利則躁，後時則絕，皆凶悔之道也。」〔註9〕蘇氏：「『情』者，其誠然也。雲龍風虎，無故相從者，豈容偽哉？」〔註10〕

王《註》：「凡感之為道，不能感非其類者也，故引取女以明同類之義也。同類而不相感應，以其各亢所處也，故女雖應男之物，必下之而後取女乃吉也。」

彭山曰：「程子曰：『有動皆有感，感則必有應，所應復為感。』故感有自物之所觸而言者，有自幾之所先而言者，而皆以不動為體。《大傳》曰：『寂然不動，感而遂通天下之故。』不動者，不動於物而成其為虛也。感從虛出，則自然能通，故『咸：亨，利貞』。貞者，虛中無我之謂也。陽先感而陰應之，男先女而女說之，感之能通者如此，取女之所以吉也。」〔註11〕

《象旨》：「咸本訓皆，而《彖傳》以咸感為言。宋李舜臣本字說，遂謂無心之感也。人相感，誠不外心，然若有所繫，則意必之私耳，何以為感哉？」〔註12〕

孫氏曰：「『和平』二字妙矣。咸之所以能感者，和平耳。『和平』者，天地萬物之情也。失其和平，則非情之正。非情之正，則失其感。」

〔註 9〕《子夏易傳》卷四《咸》。
〔註10〕蘇軾《東坡易傳》卷四《咸》。
〔註11〕季本《易學四同》卷二《咸》：
　　　咸者，心有所感之名，即感物而動之義也。觸物而感，則因人之先感而我應之，是應物也。應即為感矣。程子所謂「有動皆為感，感則必有應，所應復為感」，正謂此也。故感有自物之所觸而言者，有自幾之所先而言者。物之所觸，謂已見已聞，感自外至者也。幾之所先，謂未見未聞，感自內生者也。既感則即為有見有聞矣。有見有聞而不著於見聞，則謂之不覩不聞。不覩不聞，即虛體之不容於思慮者也。感從虛出，則自然能通，故《大傳》曰「寂然不動，感而遂通天下之故」。不動者，不動於物而成其為虛也。感有相通之理，故能亨而以不動為體，故利於貞，貞則靜虛矣。如此，則陽先感而陰應之，如男先於女而女說也，故有取女之象。感之能通者如此，所以吉也。
〔註12〕熊過《周易象旨決錄》卷三《咸》。

《象》曰：山上有澤，咸。君子以虛受人。

　　述曰：「『澤非山上所有也，而有焉』〔註13〕，『澤氣上蒸於山而山受之，謂山之虛也。』〔註14〕『山受澤山之虛，心受人君子之虛，虛故感，感故應。』〔註15〕聞之元俞琰云：『山澤之氣相通，以其虛也。惟其虛也，二氣感應以相與，不虛則窒而不通，安能相與？』〔註16〕」〔註17〕程《傳》：「虛中者，無我也。中無私主，則無感不通。以量而容之，擇合而受之，非聖人有感必通之道也。」孫氏曰：「惟虛然後和平，而得天地萬物之情。寂然不動，所謂虛也。廓然大公，所謂虛也。內外兩忘，所謂虛也。」

　　質卿曰：「《咸》之六爻，皆主於感人者也，而皆未足以感人。如咸拇則微心，烏足以動眾？咸腓則躁動，何足以一人？咸股則隨人之意多，爾思則憧憧之念甚，咸其脢則執而弗通也，輔頰舌則妄而無實矣。此無他，感以虛為妙用。而自拇以上，則皆實之。感以通為極，則而自咸拇以上，則皆窒之。故曰觀其象，思過半。」

初六：咸其拇。　《象》曰：「咸其拇」，志在外也。

　　述曰：彭山曰：「《咸》以靜為體。六，陰，當卦之初，而在止體之下，宜靜者也。而與四相應，即先有所感，故為『咸其拇』之象。」〔註18〕《象》曰「志在外也」，「志在於外，非所以立靜虛之體也。」〔註19〕孔《疏》：「初應在四，俱處卦始，為感淺末，取譬一身，在於足指而已。指雖小動，未移其足，以喻人心初感，始有其志。志雖小動，未甚躁求。吉凶悔吝，生乎動者也。以其本實未傷於靜，故無吉凶悔吝之辭。」

　　《紀聞》曰：「人之相感，有淺深輕重之異。識其時勢，則所處不失其宜矣。咸拇，感之未深，而艮性能止，故不言吉凶。《恒》初未可求深，而巽性

〔註13〕　俞琰《周易集說》卷十二《象辭二》，稱「節初齊氏曰」。《讀易紀聞》引之而不言。

〔註14〕　項安世《周易玩辭》卷七《咸‧以虛受人》：「澤氣上升而山受之，此其所謂虛也。」俞琰《周易集說》卷十二《象辭二》：「山上何為而有澤？澤氣上蒸於山而山受之也。山上而有澤，則山體中虛可知矣。」《讀易紀聞》引之而不言。

〔註15〕　楊萬里《誠齋易傳》卷九《咸》。《讀易紀聞》引之而不言。

〔註16〕　俞琰《易外別傳》。

〔註17〕　張獻翼《讀易紀聞》卷三《咸》。

〔註18〕　季本《易學四同》卷四《咸》。

〔註19〕　季本《易學四同》卷四《象象爻下傳‧咸》。

善入，故雖貞亦凶。」〔註20〕

六二：咸其腓，凶，居吉。　《象》曰：雖「凶，居吉」，順不害也。

　　述曰：彭山曰：「腓，足肚也。以其位在拇上，亦有行動之義，故以取象，非以為行則先動也。但二與五相應，恐其因之，而先陽以感，故有『咸其腓』之象。而以為『凶』，亦戒辭也。『居』，不動也。」〔註21〕六二處得其位，情不違中，能居則身安而腓不動〔註22〕，可以易凶而吉。《象旨》：「二陰柔不能待，感而先動，故凶。然本體艮，蓋咸則動。而體巽，進退居則不變為艮止，故『不害也』。」〔註23〕王《註》：「陰而為居，順之道也。不躁而居，『順不害也』。」「二、五正應，非戒其不感。欲感而後應，不可躁也。」〔註24〕

九三：咸其股，執其隨，往吝。　《象》曰：「咸其股」，亦不處也。志在隨人，所執下也。

　　述曰：程《傳》：「九三以陽居剛，為艮之主，而應於上六〔註25〕。陽好上而說，陰上居感說之極，故三感而從之。股者，不能自由，隨物而動者，也故以為象。言九三不能自主，隨物而動，如股然，其所執守者隨於物也。陽剛之才，感於所說而隨之，如此而往，可羞吝也。」

　　下卦二陰皆欲動者，三雖陽爻，亦然，故云「亦不處也」。〔註26〕三居互

〔註20〕張獻翼《讀易紀聞》卷三《咸》。
　　　按：胡炳文《周易本義通釋》卷二《咸》：
　　　　《咸》、《恒》初爻皆淺之地。咸拇，感之未深，而艮性能止，故不言吉凶。《恒》初未可深求，而巽性善入，雖貞亦凶。淺深輕重異宜，學《易》者信不可不知時也。
　　　　《讀易紀聞》引《周易本義通釋》之說而不言。
〔註21〕季本《易學四同》卷二《咸》。
〔註22〕章潢《周易象義》卷三《咸》：
　　　　六二陰柔在下體之中，猶之腓也。腓則易動，故有「咸其腓」之象。五雖正應，然則動則凶。但二亦中正當位，且為止體，果能安居以俟，不為情慾所率，則雖有所感，而不離乎正，吉之道也。何也？居則身安而腓不動也。
〔註23〕熊過《周易象旨決錄》卷三《咸》。
〔註24〕熊過《周易象旨決錄》卷三《咸》。
〔註25〕程《傳》：「九三以陽居剛，有剛陽之才，而為主於內，居下之上，是宜自得於正道，以感於物，而乃應於上六。」
〔註26〕朱熹《本義》：「下二爻皆欲動者，三亦不能自守而隨之，往則吝矣，故其象占如此。」

巽，進退而失艮體之止，其象如此。〔註27〕「陰則隨陽，是隨者柔之道也。」
〔註28〕三剛而往，隨上九之陰，「所執者下」，失陽剛之德也。〔註29〕

　　質卿曰：「安身而動，所謂處也，即二之所謂居也。二不能居，三亦不能居。居之即吉矣。故三之不處，猶二之不處。既曰『咸其股』，即是隨矣。又曰『執其隨』者，重在『執』字。其志甘於是而安之不疑，執之不變，誠由其不中而心有所繫故也。『亦不處』釋『咸其股』之義。『志在隨人，所執下』釋『執其隨』而致陋之之意。」

九四：貞吉，悔亡。憧憧往來，朋從爾思。　《象》曰：「貞吉，悔亡」，未感害也。「憧憧往來」，未光大也。

　　述曰：四在三陽之中，當心之位，感之主也。四本象心而不言心，正見感之不可以有心，心之不可以有所也。心之本體不落於思慮，則寂然不動，感而遂通，是謂正。正則「吉」，則「悔亡」。一入思慮，失其心體，則「憧憧往來」，不勝其擾，是謂思。思則「朋從」，則不正，則「悔」。〔註30〕

　　敬仲曰：「九四：貞吉」，「貞」即「虛以受人」之「虛」。心本神明，動靜皆定，「如水鑑中之萬象，水常止而萬象自動也，如天地之常感而未嘗不寂然也。」〔註31〕凡物感而不以正，則至於害。「貞則無適不正，無感不通。未有私感，安有災害，故吉而悔亡。」〔註32〕苟未能無思無欲，猶為往來所動，雖貞正，亦未光大也。此為貞而未極乎虛者發也〔註33〕。

　　胡一桂曰：「四不正而云『貞吉，悔亡』者，貞則吉而悔可亡，戒之也。蓋四與初為來往之爻，而二爻皆不正，故戒以『憧憧往來』，則所感者狹而不

〔註27〕熊過《周易象旨決錄》卷三《咸》：「三居互巽之中，股可止，而牽於腓，故云『亦不處』。以互巽，進退而失艮體之止。」

〔註28〕趙汝楳《周易輯聞》卷四《咸》。

〔註29〕章潢《周易象義》卷三《咸》：
　　　　初、二陰爻，既不能自處，而三之陽剛，亦不處而動焉。蓋其志在隨人，所執甚卑下也。執下卦之陽，以往隨上九之陰，所執愈下而愈失矣。

〔註30〕張獻翼《讀易紀聞》卷三《咸》：
　　　　四在三陽之中，當心之位，感之主也。象明，故不言心，又言心，則但為一體，而不足為一卦之主。歷言眾體而不言心，蓋所以尊心也。心之本體不落於思慮，則「寂然不動，感而遂通」，是謂正。正則「吉」，則「悔亡」。一入思慮，失其心體，是謂思。思則「朋從」，則不正，則「悔」。

〔註31〕楊簡《楊氏易傳》卷十一《咸》。

〔註32〕章潢《周易象義》卷三《咸》。

〔註33〕季本《易學四同》卷二《咸》：「此其體雖貞而未極於虛者也，故其象如此。」

廣矣。」〔註34〕非所以為咸也。虞翻曰：「『憧憧』，懷思慮也。欲感上隔五，感初隔三，故『憧憧往來』。之內為來，之外為往。」〔註35〕「四在上下卦之間，故為『往來』。」〔註36〕「三陽相比，亦有『朋從』之象。」〔註37〕「四雖剛而體說，故象如此。」〔註38〕張氏曰：「曰『得朋』，曰『朋來』，曰『朋盍簪』，皆出無思，以得其黨。」〔註39〕「此惟欲思運動，以求相應，未能忘懷息照，任夫自然，故有『憧憧往來』，朋從爾之所思也。」〔註40〕

九五：咸其脢，無悔。　《象》曰：「咸其脢」，志末也。

述曰：《象旨》：「《說文》：脢即脊也。心繫於脊，故《詩》言脊力經營。」〔註41〕九五陽剛中正，當咸之時，不能恢弘，感道普以無心，而繫於所應，適當脢處，故為「咸其脢」。陰柔之質，自瘁其脊，以力用而不能以神用，故僅免於悔。王《註》：「進不能大感，退不為無志，其志淺末，『無悔』而已。」孔《疏》：「『志末』云者，末猶淺也，感以心為深，過心則謂之淺末也。」

陸伯載曰：「感人心而天下和平，聖人感天下之道也。九五以陽剛當位，下應六二柔闇之臣，用志淺末，感非其感，『咸其脢』者也。脢者，肉在背而無動，非感之處也，烏能成其感乎？感非其感，所感靡成，無悔而已，豈足以語聖人感天下之道乎？」

《象旨》：「卦以感為義，而爻以靜為善，何也？凡感貴以神。橫渠先生所謂《咸》卦六爻皆以有感不盡咸道，故君子欲得以虛受人也。虛受人者，即所謂神之感而無意必固我。諸爻動而無靜，五靜而無動，皆非心之正也。」〔註42〕

上六：咸其輔頰舌。　《象》曰：「咸其輔頰舌」，滕口說也。

述曰：上六陰柔兌體，為說之主，感之極也。於人身當口舌之間，與九三為正應。然彼止而我說，其說以言耳，故有「咸其輔頰舌」之象。兌為口

〔註34〕胡廣《周易大全》卷十二《咸》。
〔註35〕李鼎祚《周易集解》卷七《咸》。按：「之內為來，之外為往」，《周易集解》原在「欲感上隔五」之前。
〔註36〕趙汝楳《周易輯聞》卷四《咸》。
〔註37〕章潢《周易象義》卷三《咸》。
〔註38〕熊過《周易象旨決錄》卷三《咸》。
〔註39〕按：前所引「張氏曰」均指張獻翼《讀易紀聞》。經檢，未見此語。
　　　另，王《注》：「不能至於無思，以得其黨，故有「憧憧往來」，然後朋從其思也。」
〔註40〕孔《疏》。
〔註41〕熊過《周易象旨決錄》卷三《咸》。
〔註42〕熊過《周易象旨決錄》卷三《咸》。

舌。〔註43〕王《註》:「『輔頰舌』者,所以為語之具也。『咸其輔頰舌』,則『滕口說』也。『憧憧往來』,猶未光大,況在滕口,薄可知也。」

項氏曰:「初、上皆不言凶悔吝者,當感之時,柔在內者必應於外,柔在外者必說於內,皆其常理。又所應皆正,非妄感也,故無凶悔。事有當用播告者。『滕口說』,非鄙之專倚,則亦非美也,故不得言吉。」〔註44〕

蘇氏曰:「咸者,以神交夫神者,將遺其心,而況於身乎!身忘而後神存,心不遺則身不忘,身不忘則神忘,故神與身非兩存也,必有一忘。足不忘履,則履之為累也甚於桎梏;腰不忘帶,則帶之為累也甚於縲紲。人之所以終日躡履束帶而不知厭者,以其忘之也。道之可名言者,皆非其至。而咸之可別者,皆其粗也。是故在卦者,咸之全也;而在爻者,咸之粗也。爻配一體,自拇而上至於口,當其處者有其德。德有優劣,而吉凶生焉。合而用之,則拇履、腓行、心慮、口言,六職並舉,而我不知,此其為卦也。離而觀之,則拇能履而不能捉,口能言而不能聽,此其為爻也。方其為卦也,見其咸而不見其所以咸,猶其為人也,見其人而不見其體也。六體各見,非全人也。見其所以咸,非全德也。是故六爻未有不相應者,而皆病焉,不凶則吝,其善者免於悔而已。」〔註45〕

《紀聞》曰〔註46〕:「程直方云:『初與四應,故拇與心皆在前;二與五應,故腓與胸皆在背;三與上應,故股與輔頰皆在兩旁,而舌居中。』拇、腓、

〔註43〕章潢《周易象義》卷三《咸》:
　　上六陰柔兌體,為說之主,感之極也。自一身觀之,其口舌之間,感人以言者乎?所以雖與九三為感應之正,然彼止而我說,則亦說之以言耳,故有「咸其輔頰舌」之象。夫感人不本之至誠,而徒口輔頰舌,其不能感人也必矣。兌為口舌。
〔註44〕項安世《周易玩辭》卷七《初六上六》:
　　初、上皆不言凶悔吝者,當感之時,柔在內者必應於外,柔在外者必說於內,皆其常理。又所應皆正,非妄感也,故無凶悔。諸儒謂「滕口說」為鄙之,非也。若鄙之,則為吝矣。事自有當用口說之時。凡訓、誥、誓、命,皆口說也。「滕」字,虞翻本作「騰」,蓋傳佈之義,《書》所謂「播告之脩」也。但專恃口說,亦不為美,故不得言。
〔註45〕蘇軾《東坡易傳》卷四《咸》。
〔註46〕張獻翼《讀易紀聞》卷三《咸》。文句順序不同,「拇、腓、股,義取下體」至「五之『無悔』,不能動者」,原在「景孟王氏云」之後。
　　其中,程氏之說見董真卿《周易會通‧周易經傳集程朱解附錄纂註卷七‧咸》、胡廣《周易大全》卷十二《咸》。所引景孟王氏之說,見王宗傳《童溪易傳》卷十四《咸》。

股，義取下體，無感人之道者，勞而無成。脢、輔、舌，義取上體，無感人之實者，煩而無益。心通萬變，出令而非受令，應物而不留物。苟明屈信之自然，貫物我為一體，所謂聖人感人心而天下和平，朋亡不足言矣。六二陰柔之咸，本無吉也，而居焉則吉。九三陽剛之咸，宜無吝也，而往焉則吝。『居吉』者，非以不動而吉也。若徒以不動為吉，則五之咸脢，何以謂『志末』？二之『居吉』，不妄動者。五之『無悔』，不能動者。景孟王氏云：『以心誌感人，所感已狹。況滕口說以求感，其能感人乎？』《咸》之諸爻，曰拇，曰腓，曰股，曰脢，取象各以其一。上六曰輔、曰頰、曰舌，取象獨以其三，其惡佞也深，故取類也偏，狀其滕口說務感悅人也。」

六五爻，項氏曰：「四與五皆在上體，其尊相近，故分主心脊之事。五官之治皆主於心，以九四當之。五藏之絡皆繫於背，以九五當之。四居上下之交，有『往來』之象，故為思而在心。五以剛居四之外，故為『脢』而在背。心有思則有得失，故必貞而後悔亡。無〔註47〕所思故無悔。」〔註48〕

恒䷟巽下震上

程《傳》：「男在女上，男動於外，女順於內，人理之常，故為恒也。又剛上柔下，雷風相與，巽而動，剛柔相應，皆恒之義。」趙汝楳曰：「男下女者，婚媾之禮。夫尊婦卑者，可久之道。故卦名恒。」〔註49〕

范氏曰：「諸卦以有應為吉，此六爻皆應而無元吉者。吉於應者，相求以濟之時也。常者，上下各得之時，故以剛柔皆應而不獲為吉也。」〔註50〕

恒：亨，无咎，利貞。利有攸往。

《彖》曰：恒，久也。剛上而柔下，雷風相與，巽而動，剛柔相〔註51〕應，恒。「恒：亨，无咎，利貞」，久於其道也。天地之道，恒久而不已也。「利有攸往」，終則有始也。日月得天而能久照，四時變化而能久成，聖人久於其道而天下化成。觀其所恒，而天地萬物之情可見矣。

述曰：巽下震上，長男在上，長女在下，男尊女卑，男外女內，剛柔一定，

〔註47〕「無」，《周易玩辭》上有「脢」，與「心」相對。
〔註48〕項安世《周易玩辭》卷七《九四　九五》。
〔註49〕趙汝楳《周易輯聞》卷四《恒》。「婚媾之禮」，《周易輯聞》作「好合之暫」。
〔註50〕李衡《周易義海撮要》卷四《恒》。
〔註51〕「相」，《周易注疏》、《周易集解》、程《傳》、朱子《本義》均作「皆」。

故為恒。「恒：亨，无咎」，《九家易》曰：「初、四、三、五雖不正，而剛柔皆應，故『亨，无咎』矣。」〔註52〕「利貞」，貞固不易之理也。《象旨》：「貞所以為恒，而在既亨无咎之後者，上下未交，則不見可貞者。恒之始，剛柔適職而情深通，可久之道也。居恒之世，而利有攸往。欲及其未窮，不見更端終始之跡，非一定不易之謂也。呂仲木引《大傳》窮變通久為言，然至窮乃變，非先天不違矣。」〔註53〕

程《傳》：「恒而不可以亨，非可恒之道也，為有咎矣。恒之所以能亨者，由貞正也，故云『利貞』。夫所謂恒，謂可恒久之道，非守一隅而不知變也，故利於有往。惟其有往，故能恒也。一定則不能恒矣。」

「《彖》曰『恒，久也』，恒之義也。剛本宜上，而上卦為震；柔本居下，而下卦為巽。」〔註54〕得其順序，乃恒道也。震雷巽風，陰陽交感。「風多有不因雷者，但雷震則便有風，此是雷之風也，故為常理。」〔註55〕震動而巽順，以順為體，動無違逆，所以可常。〔註56〕「動而不順，豈能常也？」〔註57〕「六爻剛柔交相應和，無孤媲者，故可常久。此四者皆可久之道也，卦之所以名恒也。」〔註58〕「恒：亨，无咎，利貞」，久於其道也。天地之道，得其所久，故不已也。「利有攸往，終則有始也」，震、巽陰陽之始，艮、兌陰陽之終，《咸》、《恒》相反，而終始見也。《震》終於《乾》，則一陰生而為《巽》而陰以始；《巽》終於《坤》，則一陽生而為《震》而陽以始。終始相受，循環無端，天地變易之常道也。」「日月得天」運旋，「而能久照」。四時推移變化，「而能久成」。聖人應變隨時，「久於其道」，所以能使「天下化成」。「觀其所恒，而天地萬物之情可見矣」，言天地萬物之情見於所恒也。〔註59〕

〔註52〕李鼎祚《周易集解》卷七《恒》。「亨」，《周易集解》作「通」。
〔註53〕熊過《周易象旨決錄》卷三《恒》。
〔註54〕章潢《周易象義》卷三《恒》。
〔註55〕蔡清《易經蒙引》卷五上《恒》。張獻翼《讀易紀聞》卷三《恒》引之而不言。
〔註56〕孔《疏》：「震動而巽順，無有違逆，所以可恒也。」
〔註57〕程《傳》。
〔註58〕（宋）魏了翁《周易要義》卷四上《十恒卦有順序交感無違相應四義》。
〔註59〕章潢《周易象義》卷三《恒》：
　　　「恒：亨，无咎，利貞」，久於其道也。惟正道則可恒也。天地之道，恒久不已，亦惟久而正而已矣。「利有攸往，終則有始也」，《震》、《巽》陰陽之始，《艮》、《兌》陰陽之終，《咸》、《恒》相反而終始見也。且《巽》終於《坤》，則一陽生而為《震》而陽以始之；《震》終於《乾》，則一陰生而為《巽》而陰以始之。天雖上而陽氣為之下降，地雖下而陰氣為之上升，往來推遷，循環無

汝吉曰：「風雷有氣無質，而動恒時。動其時，動恒相與動而變化，無所不通。恒者，『巽而動』，常德也。天地之道浸也。天地之道，常斯變，變斯通，通斯久，以得其貞常，無息不然。日月四時，其較著者耳。『恒，亨』，常之通；『利貞』，常之久也。貞而利往，即終即始，闔闢無已，天下貞一，常久之理也。」

張中溪曰：「不能體常者，不可與盡變。不能盡變者，不可以體常。天地所以能常久者，以其能盡變也。」〔註60〕蘇氏曰：「物未有窮而不變，故恒非能執一而不變，能及其未窮而變爾。窮而後變，則有變之形；及其未窮而變，則無變之名，此其所以為恒也。故居恒之世而利有攸往者，欲及其未窮也。夫能及其未窮而往，則終始相受，如環之無端。」〔註61〕

將明恒久不已之道，而以日月之運、四時之變明之，明及其未窮而變也。陽至於午，未窮也，而陰已生；陰至於子，未窮也，而陽已萌。故寒暑之際，人安之。如待其窮而後變，則生物無類矣。〔註62〕

《象》曰：雷風，恒。君子以立不易方。

述曰：王《註》：「長陽長陰，合而相與，可久之道也。『君子以立不易方』，得其所久，故『不易』也。」湛原明曰：「君子何以立不易方也？所以體恒也。知雷風相隨，亙古不變之象，而自立於大中至正之矩，為可久不變之道也。何以為易也？變也。何以為方也？所恒也。時變而所恒不變也。何也？剛柔之上下，陰陽之升降，日月之代明，寒暑之往來，極古今之變而不能易其常也。不知者以經權常變，二之以為對，豈知道者也？」

王陽明曰：「上震為雷，下巽為風。雷動風行，簸揚奮厲，翕張而交作，若天下之至變也。而所以為風為雷者，則有一定而不可易之理，是乃天下之至恒也。君子體夫雷風為恒之象，則雖酬酢萬變，妙用無方，而其所立必有卓然而不可易之體也。」

初六：浚恒，貞凶，無攸利。　《象》曰：「浚恒」之「凶」，始求深也。

述曰：初為恒始，最處卦底，陰性沉滯，有「浚恒」之象。卦爻初、四剛柔相應，恒也。震動而上不能下初，初六體巽權而性善入，乃遂深潛為恒，而

端，此天地變易之常道也。然終而復始之常道，何往不然哉？日月循天運旋，「而能久照」。四時推移變化，「而能久成」。聖人純亦不已，久於其道，而天化成。觀其所恒，則天地萬物之情可見矣。

〔註60〕胡廣《周易大全》卷十二《恒》。
〔註61〕蘇軾《東坡易傳》卷四《恒》。
〔註62〕此一節見蘇軾《東坡易傳》卷四《恒》。

不復求交。「不交則兩情不通」〔註63〕，非剛柔應感之常，而不適乎利往之道，故雖「貞」，亦「凶，無攸利」。

《象旨》：「『濬』，如《春秋》『濬洙』、《詩·小弁》『濬泉』之『濬』，謂深之耳。蘇氏：『下沉曰濬。』即巽入也。入者，內辭，如朱《義》『四不應初，初不能度勢，性務入，深以常理求之』，則外辭矣。下巽為婦，故內三爻言婦道；上震為夫，故外三爻言夫道。」〔註64〕蘇氏曰：「初六以九四不相下，故求深自藏以遠之。使九四雖田而無獲，可謂貞矣。然陰陽否而不亨，非所以為恒之始也，故凶。」〔註65〕「始不亨而用貞，終必兩廢，故無攸利。曰『始求深』，言始未可遽求深入也。」〔註66〕

九二：悔亡。　《象》曰：九二「悔亡」，能久中也。

述曰：程《傳》：「在恒之義，居得其正，則常道也。九二陽爻，居陰位，非常理也。處非其常，本當有悔，而九二以中德而應於五，五復居中，以中而應中，其處與動，皆得中也，是能恒久於中也。能恒久於中，則不失正矣。」所以「悔亡」。程可久曰：「《大壯》九二、《解》初六及九二爻皆不著其所以然，蓋以爻明之也。」〔註67〕

《象旨》：「《咸》九四、《恒》九二皆以陽居陰，非貞也。《恒》之二不曰貞而徑言『悔亡』，《咸》九四不正不中，《恒》九二不正而中，中重於正也。」〔註68〕

九三：不恒其德，或承之羞。貞吝。　《象》曰：「不恒其德」，無所容也。

述曰：葉良佩曰：「九三處得其位，謂宜固執而不變也。然以其過剛不中，

〔註63〕熊過《周易象旨決錄》卷三《恒》。
〔註64〕熊過《周易象旨決錄》卷三《恒》。
〔註65〕蘇軾《東坡易傳》卷四《恒》。
〔註66〕熊過《周易象旨決錄》卷三《恒》。
〔註67〕張獻翼《讀易紀聞》卷三《恒》。
　　　按：馮椅《厚齋易學》卷十八《易輯傳第十四·恒》：
　　　　　程可久曰：「《大壯》九二、《解》初、二與本爻之辭不著其所以然，以其象意明也。」
〔註68〕熊過《周易象旨決錄》卷三《恒》。
　　　按：胡炳文《周易本義通釋》卷二《恒》：
　　　　　《咸》、《恒》六爻非不相應，得者不過悔亡而已。《咸》九四曰「貞吉，悔亡」，九居四，非貞也，故必貞然後悔亡。《恒九》二亦非貞也，但曰「悔亡」而不勉以貞，何也？《咸》九四不正又不中，《恒》九二不正而得中，是為久於中者也。程子曰：「中重於正，中則正矣，正不必中也。」

又巽體，其究為躁卦，而當雷風之變，志從於上，不能自守，故為『不恒其德』之象。」〔註69〕

郭雍曰：「九三剛已過中而巽為不果，進退無常，『不恒其德』者也。」〔註70〕或進之羞，雖貞亦吝。

石介曰：「重剛而不中，剛之過也。巽而順乎柔，巽之過也。不恒如此。」〔註71〕「或承之羞」，「或」者，不知其何人之詞，言人皆得以羞辱進之，不知其所自來也。〔註72〕《象》曰「無所容也」，三以剛而當兩剛之間，既不能安處於巽，又不能仰承乎震，進退皆無所容，欲免羞辱，得乎？〔註73〕

王介甫曰：「夫可以為常者莫如中，故九二失位而能悔亡，九三得位而無所容。以中為常，則出處語默，其趣無方，而不害其常也。」〔註74〕

孫復曰：「《恒》以陽居陰上為德，今九三反居上六之下，是失恒德，況乎履不得中，宜其羞辱隨之，不為時之所容。」〔註75〕

九四：田無禽。　《象》曰：久非其位，安得禽也？

述曰：田取震動馳騁之義，以喻有事也。「無禽」者，田獵不獲，以喻有事無功。〔註76〕「以九居四，而在恒時，久非其位」〔註77〕，故勞而無功也。

〔註69〕（明）葉良佩《周易義叢》卷七《恒》。姜寶《周易傳義補疑》卷五《恒》引之。

〔註70〕方聞一《大易粹言》卷三十二《恒》。

〔註71〕李衡《周易義海撮要》卷四《恒》：
　　　　重剛而不中，剛之過也。巽而順乎柔，巽之過也。不恒如此。承之者其志不一而羞矣，雖貞亦吝，況不貞乎！豈惟下所恥承，亦上之所不與，故無所容。夫可以為常者莫如中，故九二失位而能悔亡，九三得位而無所容，以中為常，則出處語嘿，其趣無方，而不害其常。
　　　　按：後注「石」，則為王介甫，而非石介。

〔註72〕朱熹《本義》：
　　　　「或」者，不知其何人之辭。「承」，奉也。言人皆得奉而進之，不知其所自來也。

〔註73〕姜寶《周易傳義補疑》卷五《恒》：「三以其剛介於二剛之間，進退皆無所容。」章潢《周易象義》卷三《恒》：
　　　　《象》曰：「不恒其德，無所容也。」三本無恒，既不能安處乎巽，又不能進從乎震，且以過剛而合於二剛之間，進退皆無所容，欲免於羞，吝也。

〔註74〕李衡《周易義海撮要》卷四《恒》。

〔註75〕李衡《周易義海撮要》卷四《恒》。後注「石」，則當為石介之說。

〔註76〕孔《疏》：「『田』者，田獵也，以譬有事也。『無禽』者，田獵不獲，以喻有事無功也。」

〔註77〕熊過《周易象旨決錄》卷三《恒》。

蔡淵曰:「四為震體,而處不當位,好變者也。以好變之心,應浚恒之初,必不能相有,故曰『無禽』。」〔註78〕蘇氏曰:「九四懷非其位,而重下初六。初六,其所欲得也,故曰禽。上亢而下沉,欲以獲初,難矣。」〔註79〕

胡旦曰:「以陽居陰,不正也。位又不中。不中不正,而居大臣之位,是無德而忝位者,故為治則教化不能行,撫民則膏澤不能下。」〔註80〕

仲虎曰:「九四以陽居陰,久非其位。然九二亦陽居陰,而曰『悔亡』者,唯中則可常久。二中、九四不中故也。《師》之六五曰『有禽』,五柔中而所應者剛,剛實,故曰『有禽』。《恒》之四以剛居不中,而所應者柔,柔虛,故曰『無禽』。」〔註81〕

六五:恒其德,貞。婦人吉,夫子凶。 《象》曰:「婦人貞吉,從一而終也。夫子制義,從婦凶也。」

述曰:彭山曰:「六五柔中而應剛中,有『恒其德,貞』之象。蓋陰道如此,則得其常。故為『婦人吉』。然五為尊位,而六居之,以順為常,非陽道之所宜,故在夫子則凶也。見恒以惟變所適為貞。當五成功之位而不知變,則所謂恒者執一而已矣,豈利有攸往之貞哉?」〔註82〕王《註》:「居得尊位,為恒之主,不能制義,而繫應在二,用心專貞,從唱而已。婦人之吉,夫子之凶也。」孔《疏》:「五居尊位,在震為夫。二處下體,在巽為婦。五繫於二,是從婦凶也。」

敬仲曰:「天下固有靜正之德而未剛大者,如六五之『恒其德,貞』是也。故婦則吉。至於夫子,則當制義,當有剛健無所不通之德,而尊靜柔從,則為凶也。」〔註83〕

〔註78〕 蔡淵《周易經傳訓解》卷下《恒》。其中,「四為震體,而處不當位」,《周易經傳訓解》作「九四為動之主,處位不中」。
〔註79〕 蘇軾《東坡易傳》卷四《恒》。
〔註80〕 李衡《周易義海撮要》卷四《恒》。
　　　　按:《周易義海撮要》引胡瑗、胡旦之說多,省稱胡,易混。此實出(宋)胡瑗《周易口義》卷六《恒》:
　　　　　　今九四以陽居陰,是不正也。位不及中,是不中也。不中不正,不常之人也。以不常之人而居大臣之位,是無德忝位者也。至於為治則教化不能行,至於撫民則膏澤不能下,是猶田獵而無禽可獲也。
〔註81〕 胡炳文《周易本義通釋》卷二《恒》。
〔註82〕 季本《易學四同》卷二《恒》。
〔註83〕 楊簡《楊氏易傳》卷十一《恒》。

石介曰：「『一』，陽也。陰之為物，當從陽而終。」〔註84〕程《傳》：「五，君位也。不以君道言者，在夫子猶凶，況人君乎！君道尤不可以柔順為常。它卦六居五位而應剛，則未為失王。」〔註85〕景孟曰：「『恒其德』與『不恒其德』反。九三之剛太過，六五以柔居中故也。」〔註86〕仲虎曰：「剛而中，可恒也。柔而中，婦人之常，非夫子之所當常也。」〔註87〕又曰：「『咸其腓』，戒二之動也。五『咸其脢』，不動矣，而又不能感。『或承之羞』，戒三之不恒也。五『恒其德』，貞矣，而又執一不通。故二爻皆無取焉。《易》貴於知時識變，固如此哉！」〔註88〕

上六：振恒，凶。　《象》曰：「振恒」在上，大無功也。

述曰：上六在恒之終，終則復始之時，宜靜者也。然震動之極，陰柔不能固其貞靜，而復有所動，故有「振恒」之象。〔註89〕王介甫曰：「終乎動，以動為恒者也。動靜宜不失時，以交相養，以動為恒，而在物上，則其害大矣。」〔註90〕王《註》：「夫靜為躁君，安為動主，故安者，上之所處也；靜者，可久之道也。處卦之上，居動之極，以此為恒，無施而得也。」

《象旨》：「『振』，虞、張作『震』，動也。『上六：振恒』，震體也。《公羊傳》曰：『震之者何？猶曰振振然也。』上六柔而不失，居震之極，處於恒終，而奮迅輕動。三不恒而強振之為恒，亦終於無功而已。『大』謂陽，蓋三也。『在上』，明其振之謂也。」〔註91〕

蘇氏曰：「《恒》之始陽，宜下陰以求亨；及其終陰，宜下陽以明貞。今九四不下初六，故有『浚恒』之『凶』；上六不下九三，故有『振恒』之『凶』。

〔註84〕李衡《周易義海撮要》卷四《恒》。

〔註85〕程《傳》：
　　　　五，君位。而不以君道言者，如六五之義，在丈夫猶凶，況人君之道乎！在它卦，六居君位而應剛，未為失也。在《恒》，故不可耳。君道豈可以柔順為恒也？

〔註86〕王宗傳《童溪易傳》卷十四《恒》。

〔註87〕胡炳文《周易本義通釋》卷二《恒》。

〔註88〕胡炳文《周易本義通釋》卷二《恒》。

〔註89〕季本《易學四同》卷二《恒》：
　　　　振，振動也。上六以陰居陰，在恒之終，終則復始之時，而亦有不息之貞者也。但在震體之上，恐不能不動其本體，故以為戒，而有「震恒」之象。當恒之終而復有所動，則不能固守矣，所以「凶」也。

〔註90〕李衡《周易義海撮要》卷四《恒》。

〔註91〕熊過《周易象旨決錄》卷三《恒》。

二者皆過也，易地而後可。」〔註92〕

「艮兌合而後為《咸》，震巽合而後為《恒》，故卦莫吉於《咸》、《恒》者，以其合也。及離而觀之，見己而不見彼，則其所以為咸、恒亡矣。故《咸》、《恒》無完爻，其美者不過悔亡。恒之世，惟四宜下初。自初以上，皆以合陰陽為正，故九二、九三、六五、上六皆非正也。以中者用之，猶可以悔亡。以不中者用之，則無恒之人也，故九三『不恒其德』。」〔註93〕

「恒之終陰，宜下陽者也，不安其分而奮於上，欲求有功而非其時矣，故『凶』。」〔註94〕

《象》曰：「恒，久也。」項氏曰：「『剛上柔下』，其分正也。『雷風相與』，其情通也。『巽而應』〔註95〕，剛柔皆應，循理而行，內外應之，其事順也。有是三者，足以久矣。此卦之所以為恒也。亨者以此而亨，无咎者以此无咎，利貞者利固守此也，故曰『恒：亨，无咎，利貞，久於其道也』。『其道』即上三者。可久之道，久非其道，則有咎矣。行何由而亨，守何由而利哉？守常者多不通，多失之過，多不利於行，故此《象》歷言之，猶《損》之『无咎』也，可『貞利』而『攸往』也〔註96〕。」〔註97〕「《恒》之《象》以貞為利，而爻辭皆不利於貞者，《象》論卦德，爻各言其位也。卦得其道，故當以貞守之；爻多不正，正者又不得中，皆失其道，不可貞也。」〔註98〕「聖人懼愎者以執為久也，故曰『恒：亨，无咎，利貞。』久於其道也，明所久在道，非執也。又懼暗者不知道之所在也，故曰『天地之道，恒久而不已也。利有攸往，終則有始也』。明道在不已，所以能久也。已者，止也。止則廢，廢則不久矣。『日月得天而能久照』，『天』即道也。『四時變化而能久成』，『變化』即不已也。『日月得天』以一日言，『四時變化』以一歲言。天形一日一周，而日月因之以迭照，故曰『得天』。天氣一歲四變，而四時因之以成歲，故曰『變化』。」〔註99〕

〔註92〕蘇軾《東坡易傳》卷四《恒》解初六。
〔註93〕蘇軾《東坡易傳》卷四《恒》解九二。
〔註94〕蘇軾《東坡易傳》卷四《恒》解上六。
〔註95〕「應」，《周易玩辭》作「動」，是。
〔註96〕「猶損之无咎也可貞利而攸往也」，《周易玩辭》作「猶損之无咎可貞利有攸往也」。
〔註97〕項安世《周易玩辭》卷七《象》。
〔註98〕項安世《周易玩辭》卷七《利貞》。
〔註99〕項安世《周易玩辭》卷七《利有攸往》。

九三爻，荀爽曰：「與初同象，欲據初隔二；與五為兌，欲悅之隔四。意無所定，故『不恒其德』。與上相應，欲往承之，為陰所乘，故『或承之羞』也。『貞吝』者，謂正居其所，不與陰通也，無居自容，故『貞吝』矣。」〔註100〕

遯☷艮下乾上

王《註》：「《遯》，小人浸長，難在於內，亨在於外，與《臨》相對者也。《臨》，剛長則柔危；《遯》，柔長故剛遯也。」〔註101〕

邢璹曰：「遯以遠時為吉，不係為美。上則『肥遯』，初則有『厲』。」〔註102〕

仲虎曰：「《遯》以二陰之義成卦，以四陽之遯得名。易為君子謀，名卦必以陽為主。」〔註103〕

遯：亨，小利貞。

《彖》曰：「遯：亨」，遯而亨也。剛當位而應，與時行也。「小利貞」，浸而長也。遯之時義大矣哉！

述曰：彭山曰：「遯，隱藏而不露形跡之謂。程子謂甯武子能沈晦以免患，即此義也。遯而處世，道猶能亨。但二陰方長，當順其勢而處之，不可大有所為，以露形跡，故云『小利貞』。貞之義生於止體，而小之義則生於二陰也。」〔註104〕《象旨》：「『遯：亨』以乾言，『小利貞』以艮言。體艮止而不遽以侵陽，乃艮之貞而《彖傳》浸長之意。」〔註105〕

王《註》：「遯之為義，遯乃通也。『剛當位而應』，非否亢也。遯不否亢，能『與時行也』。陰道欲浸而長，正道亦未全滅，故『小利貞』也。」程《傳》：「五以陽剛之德，處中正之位，又下與六二以中正相應，雖陰長之時，如卦之才，尚當隨時消息，苟可以致其力，無不至誠自盡以扶持其道，未必於遯藏而不為，故曰『與時行也』。」

「遯而亨」者，遯中已有隱藏善處之術，故能即亨也。「剛當位」以九五言，

〔註100〕李鼎祚《周易集解》卷七《恒》。
〔註101〕王弼《周易略例·卦略》。
〔註102〕即上一則之邢璹《注》。
〔註103〕董真卿《周易會通·周易經傳集程朱解附錄纂註卷七·遯》、胡廣《周易大全》卷十二《遯》，稱「雙湖先生曰」，乃胡一桂之說。
〔註104〕季本《易學四同》卷二《遯》。「故云『小利貞』」，《易學四同》作「故其貞以小為利耳」。
〔註105〕熊過《周易象旨決錄》卷三《遯》。

「應」以六二言。陽剛當五，可以有為，而所應者二，則因陰長之勢而順以處之。順時而行，即是以遯道處世也。「浸而長」者，謂二陰也。二陰方長，不可大有所為，唯當以貞而順二陰之勢以處之，則所以為貞者亦小利也。〔註106〕

　　質卿曰：「遯者，聖人先機應世之妙用，可與達權者道，難為拘方者論也。如遯而避之，可名曰退；辭而違之，可名曰去。惟遯則無頭腦，無圭角，驀然而起，出於事機之外，如一言語、一舉動皆識機先，有對面相遯而無痕跡者，是真遯也。若勢已亟而圖所以遠之，殆矣！殆矣！」

　　遯矣如何得亨？惟「遯而亨」也。「剛當位而應」，在人事猶有可為。疑於不必遯者，只是時非可為，遂乃與時偕行，超然以遯，此其心之遠覽如何，所以亨。遯之時、遯之義皆君子處時之妙用。哲人先天之大機，豈不至大？

　　遯非專為退避也。處功名富貴之中，而非世網所能拘，蓋其胸中有獨得者。心無所牽，物無所繫，然後謂之遯。君子依乎中庸，然後能遯世。《易》稱龍德，然後能遯世。

　　吾人處世，無意用世，無意忘世，惟其時而已。「剛當位而應」，乃所以能順時也。「剛當位」即剛而得正。陰柔之人多有所繫而不能舍，偏曲之徒多有所拘而不知變，惟剛則不屈於物，當位則不局於偏且有應，則有同心同道之朋，此所以能與時偕行，浸而長明，其所以當「小利貞」也。「遯之時」正與「時行」相應。

《象》曰：天下有山，遯。君子以遠小人，不惡而嚴。

　　述曰：崔憬曰：「天喻君子，山比小人。小人〔註107〕浸長，若山之侵天。君子遯避，若天之遠山。故言『天下有山，遯』也。」〔註108〕孔《疏》：「積陽為天，積陰為地。山者，地之高峻，今上逼於天，是陰長之象。」「天體無窮，山高有限。」〔註109〕「相去勢甚遼絕。遙望之，天與山勢若相接連，何惡之有？及到山頂，則山自止於下，天自行於上。天若遯去，山與天邈不可干，豈非嚴乎？」〔註110〕王逢曰：「君子之遠小人，如天道默運，不下檢於物。」〔註111〕

〔註106〕此一節見季本《易學四同》卷四《象彖爻下傳》。

〔註107〕「人」，原脫，據《周易集解》補。

〔註108〕李鼎祚《周易集解》卷七《遯》。

〔註109〕朱子《本義》。

〔註110〕張獻翼《讀易紀聞》卷三《遯》。

　　　　按：原出俞琰《周易集說》卷十二《象辭二》。《讀易紀聞》不言係引用。

〔註111〕李衡《周易義海撮要》卷四《遯》。「檢」，《周易義海撮要》作「校」。

湛原明曰：「天下有山，主天而言也。主天而言之者，主陽而言之也。陽止陰於下，而脫然高上，不為所凌之義，遯之象也。『不惡』也者，無大聲厲色以絕彼之跡也。『嚴』也者，莊敬自持以消彼之邪也。無有作惡而嚴以自守，乃君子之常，非以遠小人，而小人自不能近彼。雖上凌而迫之，而遯其不相及矣。此之為君子之遯也。夫遯者早見而先機也。二陰方長，未至於盛，故可遠。若盛，則已及而不能遠之矣。惡已動而不及嚴之矣。」

初六：遯尾，厲，勿用有攸往。　《象》曰：「遯尾」之「厲」，不往何災也？

述曰：彭山曰：「『尾』指陰而言，以其在下，故謂之尾。凡易之取象，多以上為首，則在下者宜為尾矣。尾如蠆尾之尾，以其毒也，故以尾象之，非遯而在後之謂也。陰之初長，幾雖甚微，然履霜有堅冰之漸，勢能剝陽，故為之厲，蓋為陽危之也。君子當此之時，豈可以有所往哉？此與《姤》初六『羸豕孚蹢躅』義同。」〔註112〕初處止體，止而不住，即所以為遯。

《象旨》：「卦之名遯，以二陰浸長而迫陽以遯，初非自遯也。《傳》〔註113〕義謂『遯而在後』，非卦象義矣。四陽將遯，初尾其後，猶遠於陽體，艮止而不相犯，故厲而不災也。」〔註114〕

六二：執之用黃牛之革，莫之勝說。　《象》曰：執用黃牛，固志也。

述曰：二柔浸長，為成卦之主，蓋迫陽以必遯者。然體艮嚴正，上應貴主，未遽有侵陽之志，則猶善機也。君子於此，順其本善之心，而執之使不能脫去，故有「執之用黃牛之革，莫之勝說」之象。「黃」言中，「牛」言順，「革」言堅，皆本六二柔順中正之象，而用之者君子也。以順處順，不為違忤；以中處中，不為高亢。使之上不違所應，以自結於君；下不與眾暌，以自託於君子。自然善機膠固，不可解脫，此善處小人之道，亦六二本質之善，猶可處也。《象》所謂小利貞者，即此是已。不如是而絕之太甚，則惡而嚴矣，安能化其變陽之漸哉？

錢穀曰：「『執用黃牛，固志也』，固因執而言。志者，小人本善之心，因黃牛而言。」〔註115〕

敬仲曰：「二居中，有道之象。六與二皆陰，有柔順之象。二正在內卦之

〔註112〕季本《易學四同》卷二《遯》。
〔註113〕即程《傳》。
〔註114〕熊過《周易象旨決錄》卷三《遯》。
〔註115〕季本《易學四同》卷四《象象爻下傳》：「固因執而言。志者，小人本善之心，因黃牛而言。」

中，正與小人並處，非遯者，故爻辭不言遯。柳下惠當之，居人之朝而隱，人稱其和，是為柔順，而『不以三公易其介』〔註116〕，是故有堅貞不可移奪之德，不偏於和矣。是為中，是為『黃牛之革，莫之勝說』。」〔註117〕「說」，猶脫也。

九三：係遯，有疾厲。畜臣妾，吉。 《象》曰：「係遯」之「厲」，有疾憊也。「畜臣妾，吉」，不可大事也。

述曰：《象旨》：「九三當陰長陵陽之界，既與之同體而下比之，故為『係遯』之象，而不免疾厲。『畜臣妾，吉』，畜下二陰，使制於陽而不陵上則吉也。『畜』如『畜君何尤』之『畜』，止也。『臣妾』者，艮象，觀旅得之。初位剛臣，二位柔妾。」〔註118〕九三陽剛得正而迫於二，於遯最急，牽於同體。〔註119〕「雖欲遯之，其實繫之，所以不免疾厲也」〔註120〕。艮體光明，繫於私比，非其所安，寧無疾乎？既為牽繫，不免屈辱，能無厲乎？《象》又曰「有疾憊也」，言其憊弱無剛毅之氣，因九三純剛而言。惟當下畜二陰，如畜臣妾，乃為吉耳，見其不可繫也。《象》曰「不可大事也」，陰方浸長，必不能大有所為，但以畜止臣妾之道畜之，亦可免疾憊而吉耳，即《彖》「小利貞」之意。

章氏曰：「《大畜》卦乾下艮上，艮能畜二陰。《遯》卦乾上艮下，亦以畜臣妾取象。」〔註121〕蓋畜之者，陽畜陰也。若謂《大畜》六四、六五為以陰畜陽，盍即此爻畜義而並觀之。

九四：好遯，君子吉，小人否。 《象》曰：「君子」「好遯」，「小人否」也。

述曰：二、三私比，則為「繫遯」；四、初正應，故稱「好遯」。四，乾剛之體，柔不能干，又在柔位，善與陰處，不以應之，故有偏繫之私。亦不以遯之故，失存身之道。曰「好遯」也，此惟君子能之。君子剛而能柔，超然玄同，故能好遯而吉。而小人不能也。如曰「有所好而絕之以遯」〔註122〕，語意不似。

「九四：好遯」，猶云好好的遯藏了。處陰長之世，將進而害陽，於是乎

〔註116〕《孟子·盡心上》。
〔註117〕楊簡《楊氏易傳》卷十一《遯》。
〔註118〕熊過《周易象旨決錄》卷三《遯》。
〔註119〕趙汝楳《周易輯聞》卷四《遯》：「三迫於二，於遯最急，而與陰同體。」
〔註120〕章潢《周易象義》卷三《遯》。
〔註121〕章潢《周易象義》卷三《遯》：「臣妾指下二陰。《大畜》卦乾下艮上，艮能畜二陰，故此爻艮體亦以畜臣妾取象。」
〔註122〕朱子《本義》。

遜跡以存身，而為救時計。不崖岸為異，不褰裳以避。己不潔其身，道委蛇而
信，雖同類者不測其意，雖忌者莫尋其際，如陳平對王、呂之問，陳寔赴張讓
之喪，皆「好遯」之類也。

敬仲曰：「四已入外卦，有『好遯』之象。四與初相應，君子陽德能審於
幾，故好遯而吉。小人陰類，溺於其黨，故不能遯。」〔註123〕《象旨》：「九
剛可為君子，四柔亦能為小人，故設小人之戒矣。」〔註124〕質卿曰：「天下之
事，有斷斷乎只是君子能之而小人不能者，此『好遯』是也。」

九五：嘉遯，貞吉。　《象》曰：「『嘉遯，貞吉』，以正志也。」

述曰：九五為遯之嘉者，「剛當位而應」也。陰雖浸長，位猶在下，須命
而應。〔註125〕五能剛中，自正其志，故能固二之志，使不為陽害。陽雖晦跡，
猶周旋其間，不至於遠害而去者，則五之為也。此所以成遯之美而為貞吉也。

《象旨》：「二雖浸長，然以中正體艮，尚可轉移。而九五亦有治遯之才，
能嘉美其遯，使不犯陽。俞謂九四剛而不正，遠小人以情；九五剛而中正，遠
小人以禮。以別『好遯』、『嘉遯』者，是已。」〔註126〕《象》曰「以正志也」，
五剛中，自正其志，故能固二之志。中順相結，剛柔相濟。處遯之世，陰不至
剝陽，陽猶能畜陰，徒以此也。

上九：肥遯，無不利。　《象》曰：「肥遯，無不利」，無所疑也。」

述曰：最處卦外，無應於內，心無疑戀，超然遠舉，故為「肥遯」之象。
〔註127〕「肥」，充腴之貌。劉牧曰：「陽為豐富，以安閒而居豐富，故遯而能

〔註123〕楊簡《楊氏易傳》卷十一《遯》：

四已入外卦，有「好遯」之象。然君子則好遯而吉。若小人則不然也，
謂小人則不能遯也。九四與初六相應，此一小人不能遯之象。大凡人情之乖
違者，皆當遯避。小人與小人乖違，亦當遯。小人溺於利，故不能遯。

〔註124〕熊過《周易象旨決錄》卷三《遯》。

〔註125〕楊簡《楊氏易傳》卷十二《遯》：

九五為遯之嘉者。何謂嘉？九五「剛當位而應」，非早遯者。小人之勢，
雖已得位而浸長，位猶在下，猶須命而應。九五雖欲遯而義猶未可去，猶可
隨時而行。

〔註126〕俞琰《周易集說》卷六《遯》：

九四剛而不正，其遠小人也以情。九五剛而中正，其遠小人也以禮。此
「好遯」、「嘉遯」之別也。

〔註127〕李鼎祚《周易集解》卷七《遯》：

侯果曰：「最處外極，無應於內，心無疑戀，超世高舉，果行育德，安時
無悶，遯之肥也，故曰『肥遯，無不利』。」

肥。」〔註128〕當遯之終在九，在成功之後，德盛無為，心廣而無形拘。處不逃名，遯而不遯也；出不榮祿，不遯而遯也。進退之間，綽有餘裕，何所不利哉？陽亢而無位，則不攖世累者也；在遯而遠陰，則絕無罣礙者也。故曰「無所疑也」。

仲虎曰：「三且遯且係，依違牽制，非『遯而亨』者也。『遯而亨』，其惟乾之三爻乎！乾為天，與山絕遠，故皆得於遯。非特剛健之力，亦其界限素嚴，故能飄然遠逝而無礙。上以陽居卦外，尤其寬裕自得者。三與二非應而繫，故疾憊。上與二陰無應無繫，故肥。肥者，疾憊之反也。」〔註129〕

孫復曰：「太公之亨於周，四皓之亨於漢，知三將變《否》，脫然高舉。蘖未牙而介於道，屬未階而潔於身，行之藏之繫，我獨照而已。」〔註130〕

六二爻，項氏曰：「以全卦言之，六二為浸長之陰，迫陽者也。以爻位言之，以六居二，柔順中正，止於其位，蓋君子之固志於下，確然而不拔者也。六爻惟二不言遯者，以初之危，猶不必往，二亦何以他遯為哉？固守中〔註131〕而不可解，即其遯矣。二為黃，六為牛，艮止為執革者，固執之物也，其取象如此。以義言之，當遯而執，亦有改革之義。」〔註132〕

上九爻，項氏曰：「《坤》六二『無不利』，《文言》曰『則不疑其所行也』。《遯》上九『無不利』，《象》曰『無所疑也』。《小畜》上九『君子征凶』，《象》曰『有所疑也。』疑則凶於行，不疑則利於行。然則疑者，行之禍也。是以君子超然不以其身處嫌疑之地，故無入而不自得焉。遠小人者，最慮其疑。上九本不與之相應，又非當位之人，所以遠之而無所疑也。」〔註133〕「上九，遯之最先者也。自非道德之豐肥、仁義之膏潤，安能去之『無不利』，決之『無所疑』乎？」〔註134〕按：《遯》六爻，「下三爻艮也，艮主於止，故為『不往』，為『固志』，為『繫遯』；上三爻乾也，乾主於行，故為『好遯』，為『嘉遯』，為『肥遯』。在下位而不往，柳下惠也；在內而能固其志者，季札、子臧也；當遯而猶繫者，大夫種也；乘相好之時而遯者，范蠡也；以為嘉耦而猶遯者，

〔註128〕李衡《周易義海撮要》卷四《遯》。
〔註129〕胡炳文《周易本義通釋》卷二《遯》。
〔註130〕李衡《周易義海撮要》卷四《遯》。
〔註131〕「中」下，《周易玩辭》有「德」。
〔註132〕項安世《周易玩辭》卷七《初六　六二》。
〔註133〕項安世《周易玩辭》卷七《無所疑也》。
〔註134〕楊萬里《誠齋易傳》卷九《遯》。

子房也；在事物之外肥而無憂者，四皓與兩生也」〔註135〕。

大壯 ䷡ 乾下震上

趙汝楳曰：「四陽在下而進至上卦矣，乾健上升而震動於外，其壯孰大於此？」〔註136〕

荀爽曰：「乾剛震動，陽從下升，陽氣大動，故『壯』也。」〔註137〕

王《註》：「《大壯》未有違謙越禮能全其壯者也，故陽爻皆以處陰位為美。用壯處謙，壯乃全也；用壯處壯，則觸藩矣。」〔註138〕

章氏曰：「乾一也，震動於上為《大壯》，艮止於上為《大畜》，皆四陽之卦，故卦辭皆曰『利貞』。《彖傳》曰『大正』，《大壯》以四爻為主，《大畜》以上爻為主，故二爻皆善。」〔註139〕

質卿曰：「大壯，陽盛長也，此乃時之值其盛時。既值其盛，此外別無巧法，但『利貞』為第一義。」

大壯：利貞。

《彖》曰：「大壯」，大者壯也。剛以動，故壯。「大壯，利貞」，大者正也。正大而天地之情可見矣。

述曰：程《傳》：「大壯之道，利於貞正也。大壯而不得其正，強猛之為耳，非君子之道壯盛也。」朱子發云：「陽動於《復》，長於《臨》，交於《泰》，至四而後壯。《泰》不言壯者，陰陽敵也，猶人之血氣方剛，故曰『大壯』。」〔註140〕仲虎曰：「三畫卦，初為少，二為壯，三為究。六畫卦，初、二為少，三、四為壯。」〔註141〕楊文煥云：姤者，女之壯也。大壯者，陽之壯也。彼贏則此

〔註135〕項安世《周易玩辭》卷七《六爻》。

〔註136〕董真卿《周易會通·周易經傳集程朱解附錄纂註卷七·大壯》稱「趙氏曰」、胡廣《周易大全》卷十二《大壯》稱「庸齋趙氏曰」。《四庫全書總目》卷一百六十四集部十七著錄趙汝騰《庸齋集》六卷。

〔註137〕李鼎祚《周易集解》卷七《大壯》。

〔註138〕王弼《周易略例·卦略》。

〔註139〕章潢書中未見此語。

〔註140〕朱震《漢上易傳》卷四《大壯》。董真卿《周易會通·周易經傳集程朱解附錄纂註卷七·大壯》、胡廣《周易大全》卷十二《大壯》、張獻翼《讀易紀聞》卷三《大壯》引之。

〔註141〕胡炳文《周易本義通釋》卷二《大壯》。

　　按：趙汝楳《周易輯聞》卷四《大壯》：

　　　　大壯：陰陽皆有少、有壯、有老。經卦初為少，二為壯，三為老。重卦

壯，彼壯則此贏。女而壯者，非女之所宜；陽而壯者，則為陽之常理。〔註142〕

王介甫曰：「君子之道，不壯則不可以勝小人。壯不可過也，四陽足以勝二陰，可止而不可征，故曰『利貞』。《雜卦傳》曰：『大壯則止也。』」〔註143〕

按：乾、震本陽卦，則大者壯也，皆其本體。王《註》：群陽盛長小道將滅，「大者獲正，故『利貞』也。天地之情，正大而已矣。弘正極大，則天地之情可見矣。」敬仲曰：「天地之柔者不能壯，惟剛故壯。雖剛而不動，亦無由見其壯。下卦乾剛，上卦震動，天然義見，故曰『剛以動，故壯』。大與正初非二物。人自有二，道無二。道心無二，人心有二。正大之道，即天地之道。」〔註144〕《象旨》：「一陽來復，『見天地之心』。四陽見其情，仁者天地之心，情其所發也。《咸》、《恒》、《萃》言『萬物之情』，而《大壯》不及『萬物』，讀《易》者由是以知萬物之情不能正且大如天地矣。」〔註145〕

邵二泉曰：「『大者壯也』，壯之體大者正也。壯之道，正不離大，道不離氣也。君子勉於正，則大在其中矣，故曰『以直養而無害，則塞於天地之間』〔註146〕。」〔註147〕

章氏曰：「陽居上卦為正，上卦五位為正。大壯四陽在下，乃曰『大者正也』，何哉？觀陽居二、四，位本不正，皆曰『貞吉』；初、三位若正矣，曰『壯趾，征凶』，曰『用壯』、『用罔』，而於五之『喪羊』者則曰『無悔』，是可以識正大之義矣。」〔註148〕質卿曰：「《大壯》六爻以不用其壯者為貞，以用其壯者為匪貞，貞則吉，匪貞則凶。『非禮弗履』，《大壯》之貞也。」

《象》曰：雷在天上，大壯。君子以非禮弗履。纇

述曰：王《註》：「『雷在天上』，剛以動也。『君子以非禮弗履』，壯而違禮

初、二為少，三、四為壯，五、上為老。

〔註142〕胡廣《周易大全》卷十三《大壯》。張獻翼《讀易紀聞》卷三《大壯》引之。

〔註143〕李衡《周易義海撮要》卷四《大壯》。

〔註144〕楊簡《楊氏易傳》卷十二《大壯》。

〔註145〕熊過《周易象旨決錄》卷三《大壯》。

按：趙汝楳《周易輯聞》卷四《大壯》：

觀正大之理，而天地之情可見矣。《易》於《咸》、於《恒》、於《萃》，言「天地萬物之情」，而此不及「萬物」者。萬物之情，正者未必大，大者未必正，不得與天地並也。

〔註146〕《孟子·公孫丑上》。

〔註147〕邵寶《簡端錄》卷二《易》。

〔註148〕章潢《周易象義》卷三《大壯》。

則凶，凶失壯也。故君子以大壯而順禮也。」卜子夏曰：「雷在天上，陽氣大行，君子得其道也。『非禮弗履』，保其壯也。」〔註149〕介夫曰：「造物以雷在天上為大壯，君子以非禮弗履為大壯。」〔註150〕橫渠先生曰：「克己復〔註151〕禮，壯孰甚焉？」〔註152〕

初九：壯於趾，征凶，有孚。　《象》曰：「壯於趾」，其孚窮也。

述曰：《象旨》：「初九在下先動，『壯於趾』之象。《雜卦傳》曰：『大壯則止。』陽止俟陰之消，未可遽進，故『征凶』。」彭山曰：「初九非有凶道也，陽剛中實，本為有孚，特以此時不當即壯，在三陽之下，而無援於上，安得不窮，故象曰『其孚窮也』。」〔註153〕

敬仲曰：「初居下，有趾之象。九有壯之象。陽實，又有孚之象。方在下，未宜壯也。而遽於有為，決意前往。征，往也，其凶有宜。然此等人必非巧黠圓變之士，蓋愚質拙貞之人，其忠信可守。而果決妄發，孚以致凶，是為孚信之窮。」〔註154〕

九二：貞吉。　《象》曰：九二「貞吉」，以中也。

述曰：王《註》：「居得中位，以陽居陰，履謙不亢，故『貞吉』。」敬仲曰：「不用其壯，故九二不言壯，唯言貞。」〔註155〕趙氏曰：《易》以當位為正。凡不當位而言正者，非戒之以正，則為其能守正。」〔註156〕非謂「因中求正」也。〔註157〕秀巖李氏曰：「爻辭言『九二：貞吉』者三，此言『以中』，《解》言『得中道』，《未濟》言『中以行正』，大意相類，但各叶韻耳。」〔註158〕

趙汝楳曰：「二之能正，非但以剛居柔，謂其居下卦之中也。壯而得中，此所謂『利貞』也。聖人於陰陽消長之故，一陰言女壯，先事而慮，以曉天下

〔註149〕《子夏易傳》卷四《大壯》。
〔註150〕蔡清《易經蒙引》卷五上《大壯》。
〔註151〕「復」，底本殘，據四庫本補。
〔註152〕李衡《周易義海撮要》卷四《大壯》。按：「復」，《橫渠易說》作「反」。
〔註153〕按：差異較大。季本《易學四同》卷二《大壯》僅「然初九非有凶道者也，特以此時不當即壯而為戒耳」，與此有關。
〔註154〕楊簡《楊氏易傳》卷十二《大壯》。
〔註155〕楊簡《楊氏易傳》卷十二《大壯》。「不用其壯」，《楊氏易傳》無「不」字。
〔註156〕趙汝楳《周易輯聞》卷四《大壯》。
〔註157〕熊過《周易象旨決錄》卷三《大壯》：「朱先生謂『因中求正』，不然也。」
〔註158〕熊過《周易象旨決錄》卷三《大壯》。按：原出（宋）李心傳《丙子學易編》。俞琰《周易集說》卷二十三《爻傳四》引之。

也；二陰則陽遯，三陰則道消，至於四陰、五陰，聖人蓋憂深而意切。今反為四陽，宜可為君子之幸，而諸爻多戒勉之辭。唯二以中正而吉，非抑之也，愛之也。愛之以養其壯，乃無躁決之失，然後陰小不得乘間窺隙，而剛之為壯無窮也。」〔註159〕

九三：小人用壯，君子用罔，貞厲。羝羊觸藩，羸其角。 《象》曰：「小人用壯」，君子罔也。

述曰：《大壯》以不用壯為貞，九三本未為壯，然重剛不中，在乾體之上，過於剛而果於用者，小人血氣未除，自矜其力而用壯；君子理義未純，自恃其智而用罔。罔亦君子之壯也。爻位雖正，以壯為正，其正必危。如羝羊好進而喜觸，羊壯以角也。藩籬在前，怒角以觸之，藩不可決而乃羸其角。「用壯」「貞厲」，其象如此。

蔡淵曰：「『用壯』，無禮之勇也。『用罔』，不慮之決也。」〔註160〕趙氏曰：「九三居健之極，欲往從乎上六，而九四在前，藩籬甚壯，三以其障己之途，猶羝羊性狠，怒角以觸之，以遂其行，不知反為所羸，是用壯之過也。」〔註161〕蘇氏曰：「九三之壯，施於上六，以陽觸陰，正也，而危道也，是以君子不觸也。」〔註162〕

大壯利於正者，壯以理義，而非壯以形氣，故爻以剛居柔位為善。九三純乎剛，「小人用壯」，不免形氣之累；「君子罔也」，亦未得乎理義之中也。若九四則真壯者也。〔註163〕「大壯：利貞」，四當之矣。

敬仲曰：「九三雖益進，勢雖益壯，君子之心未嘗以為意焉，惟小人則自恃己勢之進，而益肆益壯，是謂『小人用壯，君子用罔』。罔，無也，無則不必言用，對『小人用壯』為言，故言『君子用罔』。《象》曰：『小人用壯，君子罔也』，不復言用矣。」〔註164〕趙氏曰：「壯非可用也，用壯則失，故《乾》之用九以『無首』；明非可用也，用明則察，故《明夷》以『用晦』而明。九三本未為壯，小人恃其重剛，矜而用之。」〔註165〕若君子視壯如無壯，曰「用

〔註159〕趙汝楳《周易輯聞》卷四《大壯》。
〔註160〕蔡淵《周易經傳訓解》卷下《大壯》。
〔註161〕趙汝楳《周易輯聞》卷四《大壯》。
〔註162〕蘇軾《東坡易傳》卷四《大壯》。
〔註163〕趙汝楳《周易輯聞》卷四《大壯》：「九四真壯者也。」
〔註164〕楊簡《楊氏易傳》卷十二《大壯》。
〔註165〕趙汝楳《周易輯聞》卷四《大壯》。

罔」，且守正而危屬，若不能頃刻安者。〔註166〕《乾》三君子惕屬象也。「羝羊觸藩」，言「小人用壯」之象。未有用狠力而不至摧困者，故小人以是取敗，而君子不用也。

九四：貞吉，悔亡。藩決不羸，壯於大輿之輹。　《象》曰：「藩決不羸」，尚往也。

述曰：剛以動故壯。九四，壯之主也。「四陰位靜體，而九居之，壯而得正」〔註167〕，故「貞吉」。乘諸陽之進，志在消陰，疑其迫也，不能無悔。正則不極其壯，而悔可亡矣。「唯其如是，故能藩決而不羸。大輿而壯其輹，益可通而無阻。」〔註168〕「『藩決』者，坦懷示人，不用壯也。『不羸』者，羊不觸而角不羸也。」〔註169〕外無所觸，則大輿之輹其載甚厚，其輔甚堅，直前而行，有不可禦之勢矣。〔註170〕震為車輿，以大言，大者，陽也。「輿壯在輪，輪壯在輹」〔註171〕，輹為車軸，縛甚健，乾剛在上，承震而動，有輿輹之象。〔註172〕

《象》曰「『藩決不羸』，尚往也」，震體故上往，前無所阻，可以尚往而消二陰，故「貞吉，悔亡」。趙汝楳曰：「羸角則尼吾行，藩決則尚於往。積四陽之壯，至是而後遂剛，其可妄動乎？」〔註173〕

王《註》：「下剛而進，將有憂虞，而以陽處陰，行不違謙，不失其壯，故得『貞吉』而『悔亡』也。已得其壯，而上陰不罔己路，故『藩決不羸』也。『壯於大輿之輹』，無有能說其輹者，可以往也。」

六五：喪羊於易，無悔。　《象》曰：「喪羊於易」，位不當也。

述曰：「羊群行而喜觸，以象諸陽並進。」〔註174〕三陽方長而並進〔註175〕，

〔註166〕趙汝楳《周易輯聞》卷四《大壯》：「若君子所用罔然如無方，且守正而危屬，若不能頃刻安者。」
〔註167〕季本《易學四同》卷二《大壯》。
〔註168〕楊簡《楊氏易傳》卷十二《大壯》。
〔註169〕季本《易學四同》卷二《大壯》。
〔註170〕季本《易學四同》卷二《大壯》：「『大輿之輹』，以四陰柔寬衍，足以承載言。外无所觸，則勇往直前，有不可遏之勢矣。」
〔註171〕（明）李贄《九正易因·大壯》：「劉濬伯曰：『乾為輪，輿壯在輪，輪壯在輹。』」
〔註172〕章潢《周易象義》卷三《大壯》：
　　　　是雖不免於壯，然能任重致遠，亦壯於大輿之輹，而車之下縛甚健，可以往而進也。四前二陰，有藩決之象，乾剛在下，震而動。
〔註173〕趙汝楳《周易輯聞》卷四《大壯》。
〔註174〕程《傳》。
〔註175〕程《傳》作「四陽方長而並進」。

若違謙過亢以犯其剛，必有悔也。六五柔居尊位，以柔道待之，諸陽忽然不覺其止而下無壯矣，故為「喪羊於易」之象。六五據剛之上，秉壯之權，有柔之德，柔中虛體，不設藩籬，所謂易而無備者。蘇氏曰：「人皆為藩以御羊，而己獨無，豈非易之至也歟？有藩者羸其角，而易者喪之；羸其角者無攸利，則喪之者無悔。豈不明哉？」〔註176〕質卿曰：「三剛而亢，六柔而躁，是以有羊觸藩之悔。五柔體剛位，不純乎柔，不用其剛，而羊且無矣，於悔何有？」

君位當陽，今四陽在下而陰居五，曰「位不當也」，故變剛之用而用柔和，亦時位使然耳。程《傳》：「若以陽剛中正得尊位，則下無壯矣。以六五位不當也，故設『喪羊於易』之義。」

楊萬里曰：「六五當眾陽盛強於下之時，乃能使眾陽帖然而自喪者，正以柔順和易之德而調伏之也，故『無悔』。然則六五之才，雖與位不相當，乃所以為相當也，德踰於位，位踰於才故也。『羊』即四陽也。」〔註177〕

上六：羝羊觸藩，不能退，不能遂，無攸利。艱則吉。　《象》曰：「不能退，不能遂」，不詳也。「艱則吉」，咎不長也。

述曰：「羝羊」謂三。上本三正應，「羝羊觸藩」承三言也。

《象旨》：「『藩』，上自謂也。上以重陰居五，固藩之後，欲退羸角之三，下有九四壯主比之而不能也，遂進也。居一成之地，進無所之，不遂也，『無攸利』矣。艱則吉，知艱而避也。壯終震極，不詳審而發。」〔註178〕故曰『不詳』，「不詳審時位之可否也」〔註179〕。上窮故艱，知艱則不以壯終而吉。

蘇氏曰：「『羊』，九三也。『藩』，上六也。自三言之，三不應觸其藩；自上言之，上不應羸其角。二者皆不計其後而果於發者。三之觸我，我既已罔之矣。方其前不得遂，而退不得釋也，豈獨羊之患，雖我則何病如之？且未有羊羸角而藩不壞者也，故『無攸利』。均之為不利也，則以知難而避之為吉。」〔註180〕

〔註176〕蘇軾《東坡易傳》卷四《大壯》。
〔註177〕楊萬里《誠齋易傳》卷九《大壯》。
〔註178〕熊過《周易象旨決錄》卷三《大壯》。
〔註179〕趙汝楳《周易輯聞》卷四《大壯》。
〔註180〕蘇軾《東坡易傳》卷四《大壯》：
　　　　「藩」，上自謂也。上以重陰居五，固藩之後，欲退羸角之三，下有九四壯主比之而不能也。遂進也，居一成之地，進無所之。壯終震極，不計審而發，故曰「不詳」。……艱則吉，知艱而闢也。

九二爻，楊氏曰：「九二居大臣之位，為眾陽之宗，當大壯之世，曷不大有為以慰天下之望，而僅能貞而吉者，何也？陽既壯矣，壯既大矣，又振而矜之，豈不以過中失正而敗吾大壯之世〔註181〕乎？」〔註182〕此九二「貞吉」，止以守中道為吉也。

九三爻，項氏曰：「『小人用壯，君子用罔』，勸誡備矣。又曰『貞厲。羝羊觸藩，羸其角』，恐人以用剛居剛為得正也。大壯之時，方以過剛為戒，位愈正則愈危矣。剛而又剛，其剛不能自制，必至於觸藩而羸角，此其所以危也。故必如九二、九四以剛居柔，而後義正而事吉也。」〔註183〕「『君子用罔』，說者不同。然觀爻詞之例，如『小人吉、大人否亨』，『君子吉，小人否』，『婦人吉，夫子凶』，皆是相反之辭，似難與小人同貶。《象詞》釋曰『小人用壯，君子罔也』，全與『君子好遯，小人否也』句法相類。《詩》、《書》中『罔』字與『弗』字、『勿』字、『毋』字通同，皆禁止之義。」〔註184〕「君子用罔」，言不似小人用壯也。

楊氏曰：「九三，強之極也，其強可以果於勿用，而不可以果於用，故聖人戒之曰：用之則為小人，勿用則為君子。小人如羝馬，喜於鬬而狃於勝。喜於鬬，故技止於一觸之勇。狃於勝，故怒及於無心之藩。然藩無心而能繫角，易往而難反，終羈羃其角而後已。『羸』與『羃』，古字通也。故雖貞亦厲，而況不貞者乎！『用罔』，無所用也。」〔註185〕

九四爻，項氏曰：「九四以剛居柔，有能正之吉，無過剛之悔。『貞吉，悔亡』四字既盡之矣。又曰『藩決不羸，壯於大輿之輹』者，恐人以居柔為不進也。進陽以去陰，豈有可倦之理，故《象》以『尚往』明之。自四以往為《夬》，故為『藩決不羸』。四本《震〔註186〕》之下爻，動而成壯，故為『壯於大輿之輹』，輹在輿下者也。四為成卦之爻，故稱『壯』、稱『大』。」〔註187〕「《大壯》至四猶曰『尚往』，《夬》已至五猶曰『利有攸往』，蓋剛不盡長，柔不盡消，則其事不竟，故曰『剛長乃終』，此除惡務本之法。自治與治國皆當如此，

〔註181〕「世」，《誠齋易傳》作「勢」。
〔註182〕楊萬里《誠齋易傳》卷九《大壯》。
〔註183〕項安世《周易玩辭》卷七《九三》。
〔註184〕項安世《周易玩辭》卷七《君子罔也》。
〔註185〕楊萬里《誠齋易傳》卷九《大壯》。
〔註186〕「震」，《周易玩辭》作「坤」。
〔註187〕項安世《周易玩辭》卷七《九四》。

—275—

不可以小惡為無傷而弗能去也。」〔註188〕

六五爻,「大壯之時,其性大狠,故六爻皆惡當位而嘉易位。九三止於純剛,故羝狠用壯而羸其角;上六止於純陰,故愚狠不詳而羸其角。惟九四、六五易位而處,四以剛居柔,故藩決而悔亡;六五以柔居剛,故羊喪而無悔。四性剛,未必能安於易位,故先貞而後吉,先悔而後亡;五性柔,能安於易位,故為喪,為易,為不當位,而居然無悔也。四之所決,即九三所觸之藩;五之所喪,即上六不退之羊。三以剛居剛,故貞則有厲;四以剛居柔,故貞則有吉。此又貞、厲、吉之辨也。《大壯》四、五易位而喪其狠,故『無悔』;《旅》五、上易位而喪其順,故『凶』。此又牛與羊之辨也」〔註189〕。

上六爻,項氏曰:「上六居動極,質本陰暗,而又好動,不能詳審者也,是以進退失據。凡人處事,以為易則不詳,以為難則詳矣。上六既以不詳而致咎,則當務詳以免於咎,故曰『艱則吉,咎不可長也』。此雖教戒之辭,然上六亦自備此二義,居動之極,故有『不詳』之象。動極則止,故又有克艱之象。聖人亦因其才之可至而教之。」〔註190〕「《臨》之六三『無攸利』,《象》曰『既憂之,咎不長也』。《大壯》之上亦有『無攸利』,《象》曰『艱則吉,咎不長也』。二爻皆居卦之窮,可以變通。《臨》六三變則為《泰》,《大壯》上六變則為《大有》,故皆曰『咎不長也』。」〔註191〕按:「九三、上六皆在本卦之上,三為健之窮,上為動之窮,故皆有『觸藩羸角』之象。然三能用罔以化其健,而為坤;上能用艱以止其動,而為艮。則皆可免於羸,蓋窮有變理也。」〔註192〕

晋 ䷢ 坤下離上

程《傳》:「為卦離在坤上,明出地上也。日出於地,上而益明,故為晉。」

陸九淵曰:「《晉》上離,六五為離明之主,下坤以三陰順從於離明,是以致吉,而二陽爻反皆不善。」〔註193〕

〔註188〕項安世《周易玩辭》卷七《尚往》。
〔註189〕項安世《周易玩辭》卷七《喪羊於易》。
〔註190〕項安世《周易玩辭》卷七《上六》。
〔註191〕項安世《周易玩辭》卷七《咎不長也》。
〔註192〕項安世《周易玩辭》卷七《觸藩羸角》。
〔註193〕陸九淵《象山先生全集》卷三十四《語錄上》。
　　　　又,卷二十一《雜著‧易說》:「今《晉》之為卦,上離六五一陰為明之主,下坤以三陰順從於離明,是以致吉。二陽爻反皆不善。」

金賁亨曰：「卦內柔爻多吉，晉之道不利於剛也。」〔註194〕

趙汝楳曰：「卦以柔進得名，然初極下，二猶在地，皆欲進而未能。至三始出地上，率眾柔與之俱進。晉之為晉，六三當之。五為接柔之主。四以剛居下，以畏伏如鼠為正，上以剛居外，不得不伐以正之。此六爻之情也。」〔註195〕

晉：康侯用錫馬蕃庶，晝日三接。

《彖》曰：晉，進也。明出地上，順而麗乎大明，柔進而上行，是以『康侯用錫馬蕃庶，晝日三接』也。

述曰：趙汝楳曰：「『康侯』，有康功之諸侯，即《冬官‧梓人》所謂寧侯。康侯在外，朝覲則進於王畿，故繫以康侯之辭。『錫馬蕃庶』，侯享王之禮。『錫』猶『師錫』、『錫貢』之『錫』。『馬』，地類也。『蕃』，衍也。『庶』，富也。觀禮曰庭，實唯國所有，奉束帛匹馬卓上，九馬隨之，是『錫馬蕃庶』之類也。『晝日三接』，王接侯之禮。凡稱日者，兼晝夜為言晝，日不及夜也，離之類也。觀禮奠玉奠幣，王勞之，皆延升，即『三接』之類也。三接行於，終晝之時，見其情親而禮縟也。康功之侯進而朝王，其用以錫貢之馬盛多若此，天子乃於晝日之間三接以撫勞之，此晉之所以為晉也。」〔註196〕《象旨》：「康侯以順而進，來朝之侯也。《考工記》曰：『母或若女不寧侯，不屬於王所』，即其義。『錫馬蕃庶』，互坎馬，美脊也。坤為眾，故『蕃庶』。『錫』謂下與上也。離日在上，故『晝日』。三陰在下，故『三接』。姚氏曰：『觀禮：延升，一也；致亨，升致命，二也；亨升，王勞之，升成拜，三也。』」〔註197〕

崔憬曰：「渾天之義，日從地出而陞於天，故曰『明出地上』。坤，地道也；日，君德也。臣以功進，君以恩接，是以順而麗乎大明。」〔註198〕按：「《晉》

〔註194〕 金賁亨《學易記》卷三《晉》。

〔註195〕 趙汝楳《周易輯聞》卷四《晉》。

〔註196〕 趙汝楳《周易輯聞》卷四《晉》。

〔註197〕 熊過《周易象旨決錄》卷三《晉》。
按：李鼎祚《周易集解》卷七《大壯》：「虞翻曰：『離日在上，故晝日；三陰在下，故三接矣。』」
項安世《周易玩辭》卷第七《彖》：
姚小彭氏曰：「『康侯用錫馬蕃庶』，侯亨王之禮也。『錫』，猶『納錫』、『錫貢』之『錫』。亨禮：四馬卓立，九馬隨之，故曰『蕃庶』也。『晝日三接』，王接侯之禮也。觀禮：延升，一也；觀畢致亨，升致命，二也；亨畢，王勞之，升成拜，三也。」

〔註198〕 李鼎祚《周易集解》卷七《晉》。

以離為君，坤為臣。坤之物，廣大博厚」〔註199〕，有土諸侯也。坤順故能忠貞以自效，離明故順者得附盛德之輝光。柔指坤之六三。柔進至三，出地上而親附離日也。非明則柔順者不得進。非「進而上行」，不謂之「麗乎大明」。「錫馬蕃庶」所以進也。「晝日三接」，喜其來而親之至也。

卦六三《象》曰「『眾允』之志，上行也」，則「柔進而上行」指三言，明矣。趙氏曰：「柔之上行凡四，如《噬嗑》、如《睽》、如《鼎》，皆言『得中』，唯《晉》不言，蓋三卦六五本在初與二，進五而得中，故知上行為六五。《鼎》六五不動，無所謂得。是六五為下接康侯之君，而三陰為上行，近君之侯也。」〔註200〕

蔡汝楠曰：「『明出地上』，則其照遠；『順麗大明』，則其德應；『柔進上行』，則其益大。明不出則為隱德，順不麗則為遺賢，柔不進則為停機，不足以言晉。」〔註201〕

《象》曰：明出地上，晉。君子以自昭明德。

述曰：彝正曰：「『明德』者，離日之象。『自昭』者，出地上之象。」〔註202〕汝中曰：「日初出地，進而上行，為晉之象。日出地則明，入地則晦，日之明本無加損也，蔽與不蔽之間耳。君子觀明出地上之象，悟性體之本明，故自昭其明德。」〔註203〕

鄭玄曰：「地雖生萬物，日出於上，其功乃著，故君子法之，而以明自昭其德。」〔註204〕

「自強不息」，我用我之強；「自昭明德」，我用我之明。《易‧大象》惟《乾》與《晉》以「自」言之。至健莫如天，以之「自強」；至明莫如日，以之「自昭」。〔註205〕

〔註199〕 蘇軾《東坡易傳》卷四《晉》。

〔註200〕 趙汝楳《周易輯聞》卷四《晉》。

〔註201〕 （明）蔡汝楠《說經箚記》卷一《易經箚記‧晉卦》（《四庫全書存目叢書》第149冊，第28頁。）

〔註202〕 此語出吳澄《易纂言》卷六《象下傳》。
按：（明）何喬遠《名山藏》卷六十七《臣林記成化臣三‧羅倫》：「羅倫，字彝正，吉永豐人。」當係羅倫引吳澄之說。

〔註203〕 王畿《大象義述》（吳震編校整理《王畿集》，鳳凰出版社2007年版，第664～665頁）。

〔註204〕 李鼎祚《周易集解》卷七《晉》。

〔註205〕 此一節見張獻翼《讀易紀聞》卷三《晉》。

初六：晉如摧如，貞吉。罔孚，裕无咎。　《象》曰：「晉如摧如」，獨行正也。「裕无咎」，未受命也。

　　述曰：程《傳》：「初居晉之下，進之始也。『晉如』，升晉也。『摧如』，抑退也。於始進而言，遂其進。不遂其進，唯得正則吉也。『罔孚』者，在始進，豈遽能深見信於上？苟上未見信，則當安中自守，雍容寬裕，無急於求上之信也。苟欲信之心切，非汲汲以失其守，則悻悻以傷於義矣，皆有咎也。故裕則无咎，君子處進退之道也。」仲虎曰：「『摧如』在彼而吾不可以不正，『罔孚』在人而吾不可以不裕。初以陰居陽，非正，才柔志剛，不足於裕。『貞』與『裕』皆戒辭也。」〔註206〕

　　《象》曰「獨行正也」，無進無抑，唯獨行正道也。「『裕无咎』，未受命也」，即賜不受命之謂。初始進，知正而未能受命，則以罔孚之疑跡動其心，故以裕告之。

　　蘇氏曰：「三陰皆進而之離，九四居於其衝，欲並而有之，眾之所不與也。初六有應於四，故進而眾摧之也。夫初六之應四，正也。故曰『貞吉』。」〔註207〕位適正應而無私繫之心，乃初之「獨行」。正道始進之慎如此耳。《象旨》：「以為獨行則正，不必以眾也。『罔』與『罔罟』之『罔』同。虞翻曰：『應離為罔。』『孚』謂二、三，猶云『夷伯季氏之孚也』〔註208〕。初在二、三之下，有罔其所孚，晉以應四之象。以柔在下而體順，有裕无咎之象。蓋眾允之志不在於四，未肯受命，須寬以居之也。」〔註209〕

六二：晉如愁如，貞吉。受茲介福，於其王母。　《象》曰：「受茲介福」，以中正也。

　　述曰：卜子夏曰：「得位而進，無應而『愁如』也。夫以謹慎中正，憂勤其進，非惟獲吉，抑受其福也。五以陰而降德也，苟能立身行道，當時大明，

　　　　按：胡炳文《周易本義通釋》卷四《象下傳》：
　　　　　　至健莫如天，君子以之「自強」；至明莫如日，君子以之「自昭」。
〔註206〕胡炳文《周易本義通釋》卷二《晉》。
　　　　按：馮椅《厚齋易學》卷十九《易輯傳第十五·晉》：「毛伯玉曰：『摧如者在彼而吾不可以不正，罔孚者在上而吾不可以不裕。』」
〔註207〕蘇軾《東坡易傳》卷四《晉》。
〔註208〕《公羊傳·僖公十五年》：「夷伯者，曷為者也？季氏之孚也。季氏之孚則微者，其稱夷伯何？大之也。」《漢書》卷二十七下之下《五行志》：「董仲舒以為夷伯季氏之孚也。」
〔註209〕熊過《周易象旨決錄》卷三《晉》。

何必待於應乎？王母陰尊而幽遠者，猶知福之，況其明王乎！」〔註210〕王《註》：「進而無應，其德不昭，故曰『晉如愁如』。居中得位，履順而正，不以無應而回其志，處晦能致其誠者也。修德以斯，無間幽昧，得正之吉也，故曰『貞吉』。『母』者，處內而成德者也。『鳴鶴在陰』，則『其子和之』。立誠於闇，闇亦應之，故其初『愁如』。履貞不回，則乃受茲大福於其王母也。」「『介』，助也。『福』者，天之所助，故曰『介福』。」〔註211〕《象》曰『以中正也』，雖不假中正以求福，而大福在茲矣。」〔註212〕二無康侯之功而曰「受介福」者，康侯美其成，六二褒其始也。

《象旨》：「二無應援，欲之五而四將據之。上疑五之不斷，下防四之見害，又動則成坎加憂，皆有愁象。柔順中正，靜而有常，四亦終莫能閉，蓋吉象也。『王母』者，吳幼清曰：『六三之陰在二上，猶母也。九四之陽尊於三，猶父。六五之陰又尊於父，猶王母。』」〔註213〕

王介甫曰：「王母，幽以遠也，以父為陽，以母為幽也。以母為近，則王母為遠也。」〔註214〕

「初六：晉如摧如」，仲虎曰：「欲進而退，六象上互艮，有欲進而止之象。凡始進必資薦引，四應不中正，乃若相摧抑者。」〔註215〕「六二：晉如愁如」，「初有應，宜可進也，而有欲進〔註216〕見摧之象。二無應，若可愁也，而有受福王母之占，皆戒之曰『貞吉』，不以應之有無為吉凶，惟以不失在我之正為吉。」〔註217〕質卿曰：「大抵仕進不要太銳，不要太順。有摧有愁，皆是好事。若一氣做將去，後來亦少意趣。聖人之望人如此，故有『貞』之訓。」

六三：眾允，悔亡。　《象》曰：「眾允」之志，上行也。

述曰：程《傳》：「以六居三，不得中正，宜有悔而三在順體之上，順之極者也。三陰皆順上者也，是三之順上，與眾同志。有順上嚮明之志，而眾允從之。」悔之所以亡也。敬仲曰：「坤，眾象。群承耦比，有眾允之象。」〔註218〕

〔註210〕《子夏易傳》卷四《晉》。
〔註211〕季本《易學四同》卷二《晉》。
〔註212〕章潢《周易象義》卷三《晉》。
〔註213〕熊過《周易象旨決錄》卷三《晉》。
〔註214〕王安石《臨川先生文集》卷六十三《易泛論》。
〔註215〕胡炳文《周易本義通釋》卷二《晉》。
〔註216〕「有欲進」，四庫本小字注「闕」。
〔註217〕胡炳文《周易本義通釋》卷二《晉》。
〔註218〕楊簡《楊氏易傳》卷十二《晉》。

仲虎曰：「三居下卦之上，為眾陰之長，正『康侯』之謂也。初『罔孚』，眾未允也。二『愁如』，猶有悔也。三居順之極而眾皆相信，可以進而受三接之寵矣。未信而進，其悔在後。眾允而進，其悔乃亡。」〔註219〕

張氏曰：「明出地上，猶有『摧如愁如』者，柔進上行之義未備也。初无咎，二受福，三《象》曰『志上行』，則進而麗於大明矣。」〔註220〕

九四：晉如鼫鼠，貞厲。　《象》曰：「鼫鼠，貞厲」，位不當也。

述曰：蔡介夫曰：「九四不中不正，以竊高位。不中，德之虧也。不正，行之邪也。」〔註221〕而在上位，又為進德之主，欲進而重自疑，有「晉如鼫鼠」之象。貞固居此，危厲之道也。《象旨》：「鼫鼠以晝伏，非能以晝進者。三陰欲〔註222〕麗六五大明之君，九四以非類畏忌群陰，自疑其往也。晉之時，眾皆以柔進，而四獨以剛，是貞於厲者。『位不當』，『當』讀平聲，言不敵眾允之勢，未能撫而有之也。」〔註223〕

《九家易》曰：「鼫鼠喻貪，謂四也。體離欲升，體坎欲降，遊不度瀆，不出坎也；飛不上屋，不至上也；緣不極木，不出離也；穴不掩身，五坤薄也；走不先足，外震在下也；五伎皆劣，四爻當之，故曰『晉如鼫鼠』也。」〔註224〕

翟玄曰：「鼫鼠晝伏夜行，貪猥無已。謂雖進承五，然潛據下陰，久居不正之位，故有危厲也。」〔註225〕

趙汝楳曰：「六五居尊，九四上進，有迫君之漸，故以正厲戒之。晉，晝卦也。鼠，夜物也。當晉進之時，以九居四，則位不當也。」〔註226〕

六五：悔亡，失得勿恤。往吉，無不利。　《象》曰：「失得勿恤」，往有慶也。

述曰：六五柔德宅尊，為離明之主。諸柔皆進而上行，以相附麗，故雖居不當位，宜有悔而悔亡矣。王《註》所謂「明〔註227〕不用察，不代下任也」。此大明當中之體，自能盡諸人之才，通天下之志，勿復屑屑得失之恤，如是而

〔註219〕胡炳文《周易本義通釋》卷二《晉》。
〔註220〕按：此語又見張振淵《周易說統》卷五《晉》，稱「張中溪曰」。
〔註221〕蔡清《易經蒙引》卷五下《晉》。
〔註222〕「欲」下，《周易象旨決錄》有「進」字。
〔註223〕熊過《周易象旨決錄》卷三《晉》。
　　　　按：胡炳文《周易本義通釋》卷二《晉》：「鼠以晝伏，非能以晝進者。」
〔註224〕李鼎祚《周易集解》卷七《晉》。
〔註225〕李鼎祚《周易集解》卷七《晉》。
〔註226〕趙汝楳《周易輯聞》卷四《晉》。
〔註227〕「明」，王《註》作「能」。

往，則「吉」而「無不利」。五必往，而後三陰成上進之功，故五之「往有慶」，即三之「治〔註228〕上行」也。

晉道用柔而九四一剛橫隔於上下之間，初晉而摧，二晉而愁，三「眾允」而後「悔亡」，其難如此。五又柔主，其志惟欲得下之進，又恐失其所當得而不進，能無憂乎？夫居離之中，為大明在上，象日中天，陰翳廓如，其悔亡矣。以明得順，四不得而阻之，故勉以「失得勿恤」，但「往吉，無不利」。趙汝楳曰：「自此以往，君臣親附，上下交驩，吉也。大政小事，自王朝而侯國，旁行四達，無不利也。」〔註229〕而文明之志成矣。

上九：晉其角，維用伐邑。厲吉无咎，貞吝。　《象》曰：「維用伐邑」，道未光也。

述曰：孔《疏》：「『晉其角』者，西南隅也。上九處晉之極，過明之中，其猶日過於中，已在於角而猶進之，故曰『進其角』。在角而進，亢而不已。」其明將窮，不能及遠。維用以伐私邑，則雖厲而吉且无咎也。晉明照天下而維伐邑之用，以此為正，亦鄙吝矣。「邑，坤象。坤能蔽明，亦所當伐。」〔註230〕

楊中立曰：「非日中之時，剛上窮而不足以照天下，道未光也，故『維用伐邑』而已。若夫道足以照天下，無思不服矣，尚何伐邑之有？」〔註231〕

陸氏曰：「五以柔得中而行文明之德，上以剛處極而任強武之力。角者，剛而上窮。」〔註232〕九四剛而偪止，為竊位之臣。上九則剛而抗，有角勝之患，所謂「不寧侯，不屬於王所，故抗而射女者」〔註233〕也。「維用伐邑」，五伐之也。「離為兵戈，故稱『伐』。」〔註234〕離體焰烈，故稱「厲」。如是乃可得吉，而免過柔之咎。〔註235〕離明之君德威不足，而至用兵，貞而吝也，故曰「道未光也」。「以柔德治者，不能威肅天下，終多用師。」〔註236〕趙氏

〔註228〕按：「治」當作「志」。

〔註229〕趙汝楳《周易輯聞》卷四《晉》。

〔註230〕章潢《周易象義》卷三《晉》。

〔註231〕方聞一《大易粹言》卷三十五《晉》、董真卿《周易會通‧周易經傳集程朱解附錄纂註卷七‧晉》、胡廣《周易大全》卷十三《晉》。

〔註232〕李衡《周易義海撮要》卷四《晉》。

〔註233〕《周禮‧冬官‧考工記‧梓人》。

〔註234〕熊過《周易象旨決錄》卷三《晉》。

〔註235〕趙汝楳《周易輯聞》卷四《晉》：

　　　　所謂「不寧侯，不屬於王所，故抗而射女」者也。六五維而伐之，以討不庭，又必危厲敬謹，乃可得吉，而免過柔之咎。

〔註236〕李衡《周易義海撮要》卷四《晉》，注「子」，出《子夏易傳》卷四《晉》。

曰：「唐室之強藩悍鎮，天子優禮無節，卒至驕蹇跋扈，不免移師以伐之，幸而克捷，猶非大明中天之事，況其不濟乎！」〔註237〕

初六爻，《象》曰「『裕无咎』，未受命也」，程《傳》：「初居下位，未有官守之命。」〔註238〕「君子之於進退，或遲或速，唯義所當，未嘗不裕也。聖人恐後之人不達寬裕之義，故以『未受命』釋之。若有官守，不信於上而失其職，一日不可居也。」〔註239〕

項氏曰：「進也者，君子之所難也。初未為眾所允，則不可急於進也。有進之者，有摧之者，吾一以正處之，而無所遷就，則常吉矣。吾獨行正，人未受命，吾以裕待之而無所怨尤，則无咎矣。此君子將進之道也。」〔註240〕

六二爻，項氏曰：「二既進而當位，則憂患之原，方起於此。但當固守中正，不改其度，則致吉之本也。至誠上通，君必福之，不可他求左道，以幸容說。此君子既進之道也。」〔註241〕

六三爻，項氏曰：「六三晉而在上，晉道已成，眾志皆信，則異於『摧如』、『愁如』矣。當是之時，進而上行，麗乎大明，復何疑哉！故曰『眾允之志，上行也』。然必至於三而後眾允，則君子之進，豈可以易言哉！」〔註242〕

九四爻，項氏曰：「晉之道，以『順而麗乎大明』，以『柔進而上行』，皆主乎順者也。三雖不正，以其能順，故得信其志而上行。四雖已進乎上，以其失柔順之道，故如鼫鼠之窮而不得遂。若固執而不悛，危必至矣。故三、五皆不當位，而獨於九四言之也。」〔註243〕

六五爻，項氏曰：「六三、六五位皆不當，本皆有悔者也。三順而五明，得君臣之道也，故皆『悔亡』。五雖君位，然以六居之，在卦義為柔進而上行，有人臣進而逼君之象。自『失得勿恤』以下，皆為進者言之也。君子之進，得遇大明之君，則不當復以失得為憂，但往而事之，自然『吉，無不利』。《象辭》又曰『往有慶也』，皆勉之以仕。蓋明可為忠信，不當復為身計也，此又因君之明而極言仕進之義。三與五爻辭皆不稱晉，然三之『上行』、五之『往吉』，

〔註237〕趙汝楳《周易輯聞》卷四《晉》。

〔註238〕朱子《本義》。

〔註239〕程《傳》。

〔註240〕項安世《周易玩辭》卷七《下三爻》。

〔註241〕項安世《周易玩辭》卷七《下三爻》。

〔註242〕項安世《周易玩辭》卷七《下三爻》。

〔註243〕項安世《周易玩辭》卷七《九四》。

非進而何？」〔註244〕

上九爻，項氏曰：「晉好柔而惡剛，故九四、上九皆以『厲』言之。四進而非其道，故為技窮之鼠；上已窮而猶進，故為『晉其角』，角亦窮地也。是道也，皆不可施於人，維用以自攻其私，使常惕厲而不安，則可以致吉而免咎。然亦終非可久之道，久則可吝矣。」〔註245〕

明夷䷣離下坤上

京房曰：「積陰盪陽，六位相傷，外順而隔於明，處暗不分，傷於正道，曰明夷。」〔註246〕

虞翻曰：「夷，傷也。《臨》二之三而反《晉》也。明入地中，故傷也。」〔註247〕程《傳》：「《明夷》昏暗之卦，暗君在上，明者見傷之時也。」

王世安〔註248〕曰：「聖人不窮否而窮明夷。否之天，聖人能為之也；明夷之天，聖人之所藏用也，弗能為之矣。」〔註249〕

張掄曰：「《易》以初、上二爻為定體，以中四爻為變。《繫辭傳》謂之中爻，先儒謂之互體。所謂『雜物撰德，辨是與非』。八卦互成，剛柔相易之道，非此無見焉。坤與坎曰師，而『長子帥師』之象蓋出乎震；坤艮曰《謙》，而『用涉大川』之象出乎坎。『雷在天上，大壯』，而羝羊象乎兌；『明入地中，明夷』，而曰蒙難，則有坎存也。」〔註250〕

明夷：利艱貞。

《彖》曰：明入地中，明夷。內文明而外柔順，以蒙大難，文王以之。『利艱貞』，晦其明也。內難而能正其志，箕子以之。

述曰：鄭玄曰：「日出地上，其明乃光。至其入也，明則傷矣，故謂之『明夷』。日之明傷，猶聖人君子有明德而被掩抑也。」〔註251〕坤象君，離象臣。孔《疏》：「闇主在上，明臣在下，不敢顯其明智，亦明夷之義也。時雖至闇，

〔註244〕項安世《周易玩辭》卷七《六三　六五》。

〔註245〕項安世《周易玩辭》卷七《上九》。

〔註246〕京房《京氏易傳》卷上。

〔註247〕李鼎祚《周易集解》卷七《明夷》。

〔註248〕按：「安」當為「貞」之誤。

〔註249〕（明）王世貞《弇州四部稿》卷一百三十九《說部·箚記內篇一百三十六條》。

〔註250〕（宋）王應麟《玉海》卷三十六《藝文》。

〔註251〕李鼎祚《周易集解》卷七《明夷》。「被掩抑也」，《周易集解》作「遭亂世，抑在下位，則宜自艱，無干事政，以避小人之害也」。

不可隨世傾邪，故宜艱難堅固，守其貞正之德，故明夷之世利在艱貞。」

《象旨》：「『大難』，關天下之難。『內難』，一家難也。處義者歉於外順，處恩者忌於內溺。『內難能正其志』，此獨指六三言之。朱先生謂六五〔註252〕，蓋爻辭誤之也。」〔註253〕

彭山曰：「夷，平也，即陵夷之意，言其頹替，若丘陵之漸平也。明平於地，則入於晦矣。明入地中，未有傷意。明夷之時，其明當晦，故『利艱貞』。」貞者，萬世之常道，君子所以援天下之本也。用其道而晦其明，主於濟天下之難，以全吾貞明之體，曰「艱貞」。「明在內而順在外，即『晦其明』之意。『大難』者，大難處之事也。文王當紂之時，事之難處，莫有大焉者，不但羑里一囚而已。此以卦之全體言文王之明夷，以發艱貞之義。」〔註254〕「『利艱貞』，晦其明」也，語意承上起下。「『內難』者，其心有難處之事，而晦明於內也。晦明，而明在內，即志之正也。此以六二一爻言箕子之明夷，以見艱貞之意。」〔註255〕

汝吉曰：「《明夷》，時之窮也，而道則彌窮彌通者也。其當文王、箕子與紂之事耶？內明外順，以蒙大難，奉昏主以明聖，拘羑里而卒免也。其明夷其艱貞也，而道在文王矣。親遭內難，卒正其志，不殞身以存道，不枉道而遂臣也。其艱貞其明夷也，而道在箕子矣。古明夷未有如殷受之世，古明夷之世未有如二聖之艱貞者，故經惟明夷以二聖並贊，於以見時命大謬，而至德凝焉，至道存焉。非聖人不能行易道，非易道不能濟聖人也。」

趙汝楳曰：「離三爻，明者也；坤三爻，昏者也。合而言之，昏離之明者，坤也。五為時之主，初去五最遠，故可飛舉以闢世；二與五正應，為當內難，欲拯亂以圖存；三居公侯之位，代五以除昏；四近於五，知不可依而自遠；上則昏之終也。然則六五何以言箕子？曰以君道也，不以君位。」〔註256〕

《象》曰：明入地中，明夷。君子以莅眾，用晦而明。

述曰：《象旨》：「『莅眾』，坤為眾。」〔註257〕王《註》：「以明夷莅眾。『用晦而明』，藏明於內，乃得明也。顯明於外，巧所辟也。」章氏曰：「晦

〔註252〕朱子《本義》：「以九五一爻之義釋卦辭。」
〔註253〕熊過《周易象旨決錄》卷三《明夷》。
〔註254〕季本《易學四同》卷四《彖象爻下傳》。
〔註255〕季本《易學四同》卷四《彖象爻下傳》。
〔註256〕趙汝楳《周易輯聞》卷四《明夷》。
〔註257〕熊過《周易象旨決錄》卷三《明夷》。

者明之藏，明者晦之發。辟人在暗處，而見外物甚精，亦可以識用晦而明之一端矣。」〔註258〕

質卿曰：「用晦而明，是千古范眾之法。天下之事所以破壞而至於大失人心者，只緣用明而明，何曾用晦而明。智者乃能用晦，愚者卻只用明。」

初九：明夷於飛，垂其翼。君子於行，三日不食。有攸往，主人有言。　《象》曰：「君子於行」，義不食也。

述曰：《象旨》：「離有飛鳥之象。於旅見之初，居下無責，又去災尚遠，而離以察幾，故垂翼而飛。王輔嗣曰：『絕跡匿形，不由軌路，故『明夷於飛』。懷懼而行，行不敢顯，故垂其翼』，是也。」〔註259〕章氏曰：「凡鳥於將暮，便不高舉於飛，垂翼戢翼，歸巢之象，言其知明夷之早也，君子行而去之，即『三日不食』」〔註260〕，無懷資之裕。「有攸往，主人有言」，無即次之安，皆所不顧也。處明夷之初如此，然亦危矣。

《雜卦》云「《晉》晝」，則《明夷》為夜，故初爻「明夷於飛，垂其翼」，著日將暮之象。卦坤居離上，昏主傷陽之明；初居離下，自夷以全其明。於飛垂翼，初九明夷之象也。去明夷之主尚遠，其傷未及早見，而遠避斯，免於傷矣。君子於行祿位，可無戀也。「三日不食」，困窮可無恤也。去主而他，「有攸往」，不免主人之言。主人主我者，言即傷也，非所以為見幾之明也。此太公去而東海，伯夷去而北海之事。《象》曰「義不食也」，荀爽曰：陽不居五，「陰暗在上，有明德者義不食祿也」〔註261〕。

「《賁》之初，不可乘而不乘；《明夷》之初，不可食而不食。卦皆下離，決去就之義於早者，非明不能也。」〔註262〕《象旨》：「『君子』謂初。初與四應，六四互震之中畫，為大塗。『於行』謂自初適四也。『三日』，歷三位，乃之四也。離似頤，有求口實之象。變則不食。『有攸往，主人有言』，主人謂四，

〔註258〕章潢書中未見此語。

〔註259〕熊過《周易象旨決錄》卷三《明夷》。

〔註260〕章潢《周易象義》卷三《明夷》：

凡鳥於將暮，便不高舉，而於飛垂翼，不敢上進，所以戢翼歸巢，言其知明夷之早也。君子早見明夷，即行而去之，而「三日不食」。

〔註261〕李鼎祚《周易集解》卷七《明夷》。

〔註262〕張獻翼《讀易紀聞》卷三《明夷》。按：原出胡炳文《周易本義通釋》卷四《象下傳》，《讀易紀聞》引之而不言。原曰：

《賁》之初不可乘而不乘，義也；《明夷》之初不當食而不食，亦義也。卦皆下離。決去就之義於蚤者，非明不能也。

猶睽之主，皆指其應。離為言，《洪範》亦以言揚屬火。《左氏》曰：『火焚山山敗，於人為言，言必讒也。』」〔註263〕

六二：明夷，夷於左股。用拯馬壯，吉。　《象》曰：六二之「吉」，順以則也。

　　述曰：六二在內體，與五對而不相應，柔而得正，用夷其明，未為闇主所疑，雖已見傷而傷未甚，曰「夷於左股」，左非用事者，比夷右未為切也。「夷於左股」，不強於行，猶得居位，尚可艱難而行也。此身既可艱難而行，則國難猶可匡救之日，須「用拯馬壯」以佐其急乃吉。〔註264〕二麗兩陽之間，陽為壯健之馬，行地無疆者，藉以濟艱難於萬一耳。謂之曰「吉」，乃為之在我者當如是，其濟與否弗論也。六二柔順而中正，故《象》曰「順以則」，此箕子當內難，拯亂以圖存之爻。

九三：明夷於南狩，得其大首，不可疾貞。　《象》曰：南狩之志，乃大得也。

　　述曰：九三離之上爻，臣之高位。離，南方之卦，狩田而去害之事。昏主在上，群陰乘之，從君於昏，皆民害也。九三以剛德在明體之上，志與上應，為君除之，故為「明夷於南狩」之象。「殲厥渠魁」〔註265〕，得大首也。「不可疾貞」，以明尅暗，以至仁伐至不仁，必不得已而動，無逞剛欲速之心，乃得為貞。「貞」即「艱貞」意也。趙汝楳曰：「此文王賜弓矢鈇鉞，得專征伐，戡黎遏密之事也。」〔註266〕

　　朱氏曰：「三公之位，極明至剛，得位而應」〔註267〕，故其象如此。《離》上為王「出征」「折首」，與此為君「南狩」「得首」同，但明過逞剛，欲速即為疾惡之私，故以「不可疾」「為貞」。《象》又以「南狩之志」言之。當明夷

〔註263〕熊過《周易象旨決錄》卷三《明夷》：
　　　　「君子」謂初，初與四應，六四互震之中畫，為大塗。「於行」，謂自初適四也。「三日」，歷三位，乃之四也。……「主人」謂四，猶睽之主，皆指其應。……「言」，《左氏》曰：「火焚山山敗，於人為言。」按：《洪範》亦以言屬火。

〔註264〕孔《疏》：
　　　　莊氏云：「言左者，取其傷小，則比夷右未為切也。『夷於左股』，明避難不壯，不為闇主所疑，猶得處位，不至懷懼而行。然後徐徐用馬，以自拯濟，而獲其壯，吉也，故曰『用拯馬壯，吉』也。」

〔註265〕《尚書·胤征第四》。

〔註266〕趙汝楳《周易輯聞》卷四《明夷》：
　　　　三為臣之高位，蓋賜弓矢鈇鉞，得專征者也。君德既晦，或有昏謬之諸侯方伯。陽明從而狩之，殲其渠魁，以除民患，此西伯戡黎之事也。

〔註267〕李衡《周易義海撮要》卷四《明夷》。

之時，臣子韜光斂戢之際，而志在除殘，救民水火，昏主不之疑，黨惡不敢肆，所謂「乃大得也」。

諸家皆以三與上應，以明尅暗，為武王伐紂之事，須假五年，為「不可疾貞」之證，〔註268〕非也。《象》「利艱貞」釋《彖》，實以文王箕子臣節為萬世法者。若以得大首為獨夫之誅，抑與《象》旨戾矣。大抵諸爻皆發人臣艱貞之義，上六則用晦而明者之反，以示戒也。

「不可疾」，宜舒徐也。或曰不可嫉惡也。二義皆通。如湯事葛，以善養之，至迫於不得已而後征之，此「不可疾貞」之明驗也。

六四：入於左腹，獲明夷之心，於出門庭。　《象》曰：「入於左腹」，獲心意也。

述曰：荀爽曰：「『腹』者謂五，居坤，坤為腹也。」〔註269〕「入於左腹」，謂當時明夷之腹也，四自下卦初交於坤，有「入左腹」之象；坤偶畫，象門，有「出門庭」之象。〔註270〕干寶曰：「一為室，二為戶，三為庭，四為門，故曰『於出門庭』矣。」〔註271〕《象旨》：「凡稱先陰后陽，先左後右，畫卦先下後上。」〔註272〕言「左腹」，取其順也。孔《疏》：「從其左，不從其右，是卑順不逆也。『腹』者，懷情之地。六四體柔處坤，與五〔註273〕相近，是能執卑順。『入於左腹』，獲明夷之心意也。既得其意」，不被疑忌，「不勞遠避而免於難」〔註274〕，曰「於出門庭」。事明夷之君，非親親之義，則以為出門庭為

〔註268〕楊萬里《誠齋易傳》卷十《明夷》：

　　九三居下卦之上，而體離明之極，膺南面之望，而應上六之敵，是惟無狩，狩一而獲明夷大害之首矣。然且綏其狩而不疾者，昭其至正也。志於得其首而非志於利其得者，昭其不私也。非武王伐紂之事，其何事乎？故恭行天罰，是「南狩」也；勝商殺紂，是「大首」也；須暇五年，是「不疾」也；克相上帝，寵綏四方，曷敢越志，是「志得」也。

胡廣《周易大全》卷十三《明夷》：

　　雲峰胡氏曰：「初無位，可去則去之宜速。二在位，可救則救之宜速。若九三至明之極，與上至暗之極者為應，不可復救矣，故有嚮明除害，得其首惡之象。然二之救難可速也，三之除害不可速也，故又有『不可疾貞』之戒。武王須假五年，其得此歟？」

〔註269〕李鼎祚《周易集解》卷七《明夷》。

〔註270〕季本《易學四同》卷二《明夷》：「而六四自內卦初交於外，有『出門庭』之象。」

〔註271〕李鼎祚《周易集解》卷七《明夷》。

〔註272〕熊過《周易象旨決錄》卷三《明夷》。

〔註273〕「五」，孔《疏》作「上六」。

〔註274〕李衡《周易義海撮要》卷四《明夷》、葉良佩《周易義叢》卷七《明夷》引代淵之說：「順得闇主之意，不被疑害，不勞遠避而免於難。」

安，此對遊其轂中之時言。義在違難，不敢遠也。文王脫羑里之厄，受西伯之任，身雖出而心不敢遠，猶然以服事君，此六四之「艱貞」也。

世謂所為僻曰左。君心頗僻，不信正而信邪，不從是而從非，猶云左見、左道也。曰「左腹」，則蔽錮也甚，包藏也深，非正詞正理所能開悟。文王全用柔道，憂懼自省。其曰「天王聖明，臣罪當誅」，蓋順之至也，不覺積誠感動而入之深，故曰「入於左腹」。猜忌之情不辯而自解，西伯之任深信而不疑，紂之心遂為文王所獲。曰「於出門庭」，稍違之也，非「入於左腹」而能得其心乎？不得其心，而能違其難乎？

六五：箕子之明夷，利貞。　《象》曰：「箕子」之貞，明不可息也。

述曰：六五以柔居尊，為明夷之主。而《象》曰「箕子之明夷」，言箕子以見六五明夷之象也。「『利貞』，謂宜如箕子之貞也。」〔註275〕

鄧伯羔曰：「五為君位而云箕子事，何也？有紂而後見箕子，言箕子所以明五為紂無道時也。六二中正體離，箕子之明也，為六五暗君所掩，是箕子之明夷於紂也。在難之內，而能保其中明，知以藏之，愚以出之，得其正而時不能遷，明豈可息哉？」

《象旨》：「『箕子』，蜀才作『其子』。俞氏曰：『其子即箕子也。不敢顯稱箕子之名，遂微其詞而曰其子。孔子逆知文王之意，乃於《象傳》顯言其為箕子，後人因《象傳》稱箕子，遂於爻辭並加竹作箕。文王本文蓋即是其子，非箕子也。其子指六二。六五為《明夷》之主，六二在內正應，其子也。』俞氏說是矣。此所謂文王之危辭也。若諸家以六五為箕子，而以上六為明夷之主，則不可之甚，固當從俞說。」〔註276〕

上六：不明晦。初登於天，後入於地。《象》曰：「初登於天」，照四國也。「後入於地」，失則也。

述曰：上六坤卦之終，「如日入地中，地之上皆暗，故為『不明晦』之

〔註275〕程《傳》。

〔註276〕熊過《周易象旨決錄》卷三《明夷》。

按：俞琰《周易集說》卷六《明夷》：

「箕子」，當依蜀才作「其子」。蓋「其子」即「箕子『也，不敢顯稱箕子之名，遂微其辭而曰其子。孔子逆知文王之意，乃於《象傳》顯言其為箕子，後人因《象傳》稱箕子，遂並爻辭「其」字加竹作「箕」。文王本文蓋即是「其子」，非「箕子」也。「其子」指六二之應。六二在內，為《明夷》之主之子也。

象」〔註277〕。五、上為天，故象「初登於天」。坤地至上方成，故又像「後入於地」。〔註278〕夫厲其明以照四國者，自極其明者也。自極其明，必反為暗，如日之初登於天，至暮則入地，理有必然。夫人心之明，本不可息，此天則也。二順人臣之則，故用晦以為明。上六失君人之則，故強明而實晦。爻象不主紂言，蓋六五君位，明之所以夷者，已於箕子之明夷見之矣。此則言用晦，而明者之反，以示戒也，故不言明夷。

《象旨》：「以陰居坤之極，不明其德，夷三之明也。初登天，得三之應也。闇極而不能援，然後三竟匿坤地之中矣。《鹽鐵論》：『文學：《易》曰：小人處盛，位雖高必崩。不盈其道，不恒其德，而能以善終身，未之有也。是以初登於天，後入於地。』〔註279〕曰疑為《文言》矣。〔註280〕」〔註281〕

六二爻，項氏曰：「『夷於左股』，加一『夷』字，言已傷也。」〔註282〕「左為小，右為大，股在下，肱在上。《豐》『折右肱』，故不可大用，有臣而無君也。明之始夷也，臣雖受傷，未忍忘君，思用拯馬，盡力而出當。戡黎、征葛之時，夏、商之王苟能用伊尹、祖伊之言，幡然而改，遵道而行，則其興也勃焉，何患其不吉哉！《明夷》二動則為《泰》，何吉如之！然而此非上六之所能也。但為六二者，臣子之法當如是爾，故曰『六二之吉，順以則也』。」〔註283〕按：「《明夷》：『六二：用拯馬壯，吉。』《象》曰：『六二之吉，順以則也。』《渙》：『初六：用拯馬壯，吉。』《象》曰：『初六之吉，順也。』按：二爻雖柔，皆自有坎馬，正合『順』字。諸家必欲外取剛爻，謂六二以九三為馬，初六以九二為馬，豈未考《小象》故歟？《渙》之初六，《坎》初爻也。《明夷》自二至四為坎，六二亦初爻也。坎為亟心之馬，故壯，馬壯則能力行矣。然於

〔註277〕章潢《周易象義》卷三《明夷》。
〔註278〕董真卿《周易會通·周易經傳集程朱解附錄纂註卷七·明夷》、胡廣《周易大全》卷十三《明夷》：「雙湖胡氏曰：『五、上為天，有登天之象；坤地至上方成，又有入地之象。』」
〔註279〕出《鹽鐵論·遵道第二十三》。
〔註280〕王應麟《困學紀聞》卷一《易》：
　　《鹽鐵論》文學引《易》曰：「小人處盛，位雖高必崩。不盈其道，不恒其德，而能以善終身，未之有也。是以『初登於天，後入於地』。」《說文》引《易》曰：「地可觀者，莫可觀於木。」今《易》無之，疑《易傳》及《易緯》。
〔註281〕熊過《周易象旨決錄》卷三《明夷》。
〔註282〕項安世《周易玩辭》卷七《初九　六二》。
〔註283〕項安世《周易玩辭》卷七《用拯馬壯吉》。

柔爻言之者，貴其順也。當險難之時，力行順事，則可以反凶為吉。若力行剛克，則愈凶矣。爻辭意在『用』字，《象辭》意在『順』字，明以六用壯，可以得吉。《明夷》六二，當位之臣，忍傷以救國事，合於為臣之則，故曰『順以則也』。《渙》之初六，在下無位，避難而自救，故止曰『順也』。申豐盡室而行，蘧伯玉從近關出，皆以順用壯而自救其身也。救禍者莫若順。〔註284〕達而能順，可以救世；窮而能順，可以救身。」〔註285〕「『則』者，道之常也，言以六居二，得正得中，明於臣子之常道也。《明夷》之下三爻，惟六二有救之之誠；上三爻，惟六五無去之之心。皆中順之臣也。上六『失則』者，亦謂失人君之常道也。」〔註286〕

家人䷤離下巽上

　　張邦奇曰：「內離外巽，相麗以巽，家人之道也。又內明而外巽，處家之道也。」〔註287〕

　　「文中子以明齊內外為義。所謂『齊乎巽』，言萬物潔齊於巽方，非巽有齊之義也。」〔註288〕

　　金賁亨曰：「初、三、五、上皆陽，男象也。曰『閑』、曰『嗃嗃』、曰『假』、曰『孚』、曰『威如』，所以責男者詳矣。二、四皆陰，女象也，爻辭所以責女者略矣。論正家之道，當責乎男；論正家之效，必觀乎女也。」〔註289〕

家人：利女貞。

《彖》曰：家人，女正位乎內，男正位乎外。男女正，天地之大義也。家人有嚴君焉，父母之謂也。父父，子子，兄兄，弟弟，夫夫，婦婦，而家道正。正家而天下定矣。

　　述曰：馬融論「家人女為奧主，長女、中女各得其正，稱『女貞』」〔註290〕。按：卦下離上巽，二、四皆居陰位，執柔道以順三、五之陽剛，女之貞也。女貞則男正可知，而一家之人莫不正矣，故曰「利女貞」。吳幼清曰：「五為

〔註284〕「救禍者莫若順」，《周易玩辭》作「救禍者莫若壯，用壯者莫若順」。

〔註285〕項安世《周易玩辭》卷七《明夷　渙》。

〔註286〕項安世《周易玩辭》卷七《順以則也》。

〔註287〕（明）張邦奇《張邦奇集》養心亭集卷三《易說中·家人》。

〔註288〕程《傳》。

〔註289〕金賁亨《學易記》卷三《家人》。

〔註290〕李鼎祚《周易集解》卷七《家人》。

巽女之夫，居二畫卦之人位；三為離女之夫，居六畫卦之人位。故曰『家人』。」〔註 291〕

薛仁貴曰：「明乎內者家自齊，言內離明而外巽齊也。女德未正，他事雖齊，本已亂矣。」〔註 292〕故《彖》曰『利女貞』。「卦體自上以下，諸爻位各安其正，有一家之人咸安於正之象。」〔註 293〕

按：女正位乎內，謂二與四也。男正位乎外，謂三與五也。家人之義，以內為本，故先言女也。〔註 294〕荀爽曰：「離巽之中有乾坤，故曰『天地之大義』。」〔註 295〕邵二泉曰：「男女交，天地之大情。『男女正，天地之大義。』」〔註 296〕正自尊者始，〔註 297〕故又推本於父母之嚴。〔註 298〕王肅曰：「凡男女之所由以得其正者，『家人有嚴君』也。」〔註 299〕「家有嚴君，即父不失父道，乃至婦不失婦道，尊卑有序，上下不失，而後為家道之正。各正其家，無家不正，即天下之治定矣。」〔註 300〕家人關係之重如此。

二與三、四與五配合則為夫婦。及其嗣續，則為父母。夫以帥婦而父道立，婦以承夫而母道成，各得其職，以主其家，而一家有所嚴憚，故稱嚴君。丘氏曰：「謂父母即一家之君長也。君長嚴則臣下肅，父母嚴則家道齊。」

趙汝楳曰：「或曰：父義母慈，何以亦稱嚴？曰：母不嚴，家之蠹也，瀆上下之分，庇子弟之過，亂內外之別，嫚帷薄之儀。父雖嚴，有不能盡察者，必父母尊嚴，內外齊肅，然後父尊子卑、兄友弟恭、夫制婦聽。」〔註 301〕「正莫易於天下，而莫難於一家；莫易於一家之父子兄弟，而莫難於一夫一婦。曰『女正』者，女非自正也，蓋有正之者。孰正之？男也。正女以男，正男以父

〔註 291〕 吳澄《易纂言》卷二《家人》。熊過《周易象旨決錄》卷三《家人》。
〔註 292〕 李衡《周易義海撮要》卷四《家人》。
〔註 293〕 章潢《周易象義》卷三《家人》。
〔註 294〕 按：「家人，女正位乎內」，王《注》：「謂二也」；「男正位乎外」，王《注》：「謂五也。家人之義，以內為本，故先說女也。」
〔註 295〕 李鼎祚《周易集解》卷七《家人》：「荀爽曰：『離巽之中有乾坤，故曰父母之謂也。』」
〔註 296〕 邵寶《簡端錄》卷二《易》。
〔註 297〕 邵寶《簡端錄》卷二《易》：「正自尊者始，故曰『家人有嚴君焉』。」
〔註 298〕 胡廣《周易大全》卷十三《家人》：「建安丘氏曰：『既言男女之正，至此又推本於父母之嚴。』」
〔註 299〕 李鼎祚《周易集解》卷八《家人》。
〔註 300〕 孔《疏》。
〔註 301〕 趙汝楳《周易輯聞》卷四《家人》。

以身，正身以言行。」〔註302〕

《象》曰：風自火出，家人。君子以言有物而行有恆。

述曰：孔《疏》：「巽在離外，是風從火出。火之初，因風方熾。火既炎盛，還復生風。」則風自內出象也。汝吉曰：「火不必風，風不必自火出，而火之風固自火出。」其言精矣。家人，風化之本也。君子知風之自，則反躬急焉。敬仲曰：「風化自言行出，言行又自心出。誠心善道，則言自有物，行自有恆。誠心之足以化人，初不在諄諄告語，切切防檢也。」〔註303〕

荀爽曰：「風火相與，必附於物。物大火大，物小火小。君子之言，必因其位。位大言大，位小言小。故『言有物』也。大暑爍金，火不增其烈；大寒凝冰，火不損其熱。故曰『行有恆』矣。」〔註304〕

初九：閑有家，悔亡。　《象》曰：「閑有家」，志未變也。

述曰：「治家之道，當防閑其初。初九陽剛下於四之巽順，男女始交，有家之象。即能閑之以禮，使邪僻之意無自而興，而悔可亡矣。」〔註305〕初剛得正，有正家之本體，離有先見之明，故能及其志之未變而豫防之。賈誼所謂「禮者禁於將然之前，貴絕惡於未萌而起，教於微渺也」〔註306〕。

王《註》：「凡教在初而法在始，家瀆而後嚴之，志變而後治之，則『悔』矣。處家人之初，為家人之始，故宜必以『閑有家』，然後『悔亡』也。」

六二：無攸遂，在中饋，貞吉。　《象》曰：六二之「吉」，順以巽也。

述曰：六二居內卦之中，上下皆陽，婦德柔順，無專成，故無遂事。婦正位壺內，職饋祀，故「在中饋」。「『遂』者，行其志，專其事，有其功之謂。『在』者，守位而不離也。」〔註307〕此六二之道所以貞而吉也。離一陰麗二陽之中，所謂「無攸遂，在中饋」。卦畫昭然，亦可想見順巽之義。

《象旨》：「二不變則互坎，二變則互兌，皆有飲食之道，『為中饋』矣。以婦職，故舉以明之。《易·象》言『順以巽』者三，《蒙》六五以本爻之變言，《漸》六四以本爻不變言，此指所應爻言，皆有巽。」〔註308〕

〔註302〕楊萬里《誠齋易傳》卷十《家人》。
〔註303〕楊簡《楊氏易傳》卷十二《家人》。
〔註304〕李鼎祚《周易集解》卷七《家人》。
〔註305〕楊簡《楊氏易傳》卷十二《家人》。
〔註306〕《漢書》卷四十八《賈誼傳》。
〔註307〕張獻翼《讀易紀聞》卷三《家人》。
〔註308〕熊過《周易象旨決錄》卷三《家人》。

九三：家人嗃嗃，悔厲吉。婦子嘻嘻，終吝。　《象》曰：「家人嗃嗃」，未失也。「婦子嘻嘻」，失家節也。

　　述曰：彭山曰：「『家人』，一家之人居上而令下者也。『嗃嗃』，嚴厲聲。『嘻嘻』，嗟歎聲。九三以剛居剛，在離體之上，治家過嚴而發於聲之厲者也，故有『家人嗃嗃』之象。然界於上下兩陰之間，能悔其過，危厲自謹，不敢過用其剛，則吉道也。如顓尚其剛，嚴厲太過，使婦子有怨歎之聲，則情義乖離，無感化之機。心欲治家，而終可羞，吝矣。」〔註309〕

　　趙氏曰：「齊家固貴乎嚴，亦戒乎過嚴。義以制情，法以維愛，家之節也。嗃嗃雖嚴而未失，或甚而使之嘻嘻，則失其節矣。節猶竹節。竹於虛之中，以實為節，過於實則闕其生意。家人於恩之中，以嚴為節，過於嗃嗃則乖其輯睦。傷恩相夷，其失甚矣。三之剛與五同，而失節與交愛異者，三不中也。」〔註310〕

　　《象旨》：「『嗃嗃』，依劉向作『熇』，與《詩》『熇熇』同，離體之象。九三重剛離極，惟『悔厲』乃『吉』。然使其婦子至於『嘻嘻』，則『吝』。『吝』言乎其小疵也。『嘻』，字書：歎也。一曰有所多大之聲。《禮》『嘻甚』、《周頌》『噫嘻』皆歎辭也。『嘻嘻』甚於『嗃嗃』，蓋不堪而歎，無以訓笑說者。自漢來皆曰嗃嗃，及宋王回疑重剛無嘻笑理，以謂歎意，〔註311〕獨得卦情矣。三顓尚其剛，使婦子不能容而歎，豈有不吝者？亦異於上九之『威如』矣。『威如』，如者，如威而已，不顓尚剛也。」〔註312〕

六四：富家，大吉。　《象》曰：「富家，大吉」，順在位也。

　　述曰：虞翻曰：「得位應初，順五乘三，比據三陽，故『富家，大吉』。」

〔註309〕季本《易學四同》卷二《家人》：
　　「家人」，通一家之居上而令下者也，言如父與夫是也。「嗃嗃」，嚴厲聲。「嘻嘻」，嗟歎聲。……九三以剛居剛，而在離體之上，治家過嚴而發於聲之屬者也，故有「家人嗃嗃」之象。然界於二四兩陰之間，猶能自悔其過，而剛明之勢恐不可遽過，故雖悔亦危。陽剛之才既悔，則必不以義勝恩而趨於吉，故有吉道也。如或嚴酷太甚而恩至於傷，使婦子有怨歎之聲，則為危所陷，而無感化之幾。雖志欲治家，而終亦可羞矣。此見人之悔心改則趨於吉，不改則終於吝也。
〔註310〕趙汝楳《周易輯聞》卷四《家人》。
〔註311〕（宋）晁說之《晁氏客語》：
　　「家人嗃嗃，父子嘻嘻」，先儒謂嘻笑不嚴，故失家節。深甫云：「重剛之卦，自無嘻笑之理。嘻嘻、籲皆難意也。」
〔註312〕熊過《周易象旨決錄》卷三《家人》。

〔註313〕章氏曰：「以柔得剛，以虛受實，有富盛其家之象。巽為近利市三倍，亦有富義。能富家，則能正家矣。」〔註314〕「既富方穀」〔註315〕，理之常也，所以「大吉」。

王《註》：「能以其富順而處位，故『大吉』也。若但能富其家，何足為大吉？體柔居巽，履得其位，明於家道，以近至尊，能富其家也。」「『占法陽主貴，陰主富。』」〔註316〕《記》曰：『父子篤，兄弟睦，夫婦和，家之肥也。』『家之肥』即家之富。《小畜》九五稱『富』，《泰》六五稱『不富』，陽實而陰虛也。《家人》六四陰也，而稱『富』，『陽主義，陰主利』〔註317〕也。二在下之婦也，四其在上而主家之婦乎？李去非曰：『初閒之以二，既又進之四，則享其富，此治家之序也。』」〔註318〕

九五：王假有家，勿恤，吉。　《象》曰：「王假有家」，交相愛也。

述曰：九五乾德巽位，為天下國家之至尊，「剛而得中，威而能愛」〔註319〕。四柔承之，順正於下。此人君身修德刑，覃於王宮也，為「王假有家」之象。汝吉曰：「夫家難而天下易也，故王者以恭己正家為兢兢。王格有家，則不勞優恤而自吉矣。何也？邇可遠也，風之自也，誠一之能化也，吉也。古『假』、『格』通，至也，感通也。」

「三剛而不中，失之過。五得中，嚴而能愛。嚴以分言，王家之義；愛以

〔註313〕李鼎祚《周易集解》卷八《家人》。

〔註314〕章潢《周易象義》卷三《家人》：

六四陰柔得位，與初九正應，又介乎九三、九五之間，以柔得剛，以虛受實，故有「富家」之象。巽為近利，亦有富義。況惟巽則順，家人睦而父母其順已乎！所以「大吉」。

按：胡一桂《易本義附錄纂疏·周易下經第二·家人》：「徐氏曰：『六四當位應剛，又介二剛之閒，以柔得剛，以虛受實，莫此之盛，故曰富家大吉。』」

〔註315〕《尚書·洪範》。

〔註316〕黎靖德《朱子語類》卷六十六《易二》。

〔註317〕朱子《本義》。

〔註318〕張獻翼《讀易紀聞》卷三《家人》。

按：胡炳文《周易本義通釋》卷二《家人》：

《小畜》九五稱「富」，《泰》六五稱「不富」，陽實而陰虛也。《家人》六四陰也，而稱「富」，陽主義，陰主利也。卦二陰爻皆得正，二之「貞吉」「順以巽也」；四之「大吉」，「順在位也」。玩兩「順」字，婦道盡矣。二，在下之婦也；四之位，其在上而主家之婦乎？主家如此，是宜其家之富而大吉也。

〔註319〕建安丘氏之語，參下一注。

情言，假家之義。」〔註320〕彭山曰：「假於有家，如文王雝雝在宮之時，故至於其家人。即化之不待，有所為也。」〔註321〕

程《傳》：「『王假有家』之道者，非止能使之順而已，必致其心化誠合，夫愛其內助，婦愛其刑家，交相愛也。能如是者，文王之妃乎？若身修法立，而家未化，未得為『假有家』之道也。」

《象旨》：「天下為家者，勢大易忘。『勿恤』者，蘇氏所謂『簡易勿恤，以通相愛之情』者，是也。」〔註322〕「或曰：九五何以不言天下而言家？曰：堯之協和時雍，始於睦族，故一家交愛而一國交愛，一國交愛而天下四海無不交愛，此正家之所以為大。」〔註323〕

上九：有孚威如，終吉。　《象》曰：「威如」之「吉」，反身之謂也。

述曰：風化自內而出，始家邦，終四海。上九一卦之終，陽剛在上，天下咸仰望為表儀者也。初「閑有家」，五「假有家」，上居其成，有孚信之象。陽德尊嚴，在九五大觀之上，不用威而威儼如，夫誰不仰而畏之，則而象之乎？此王者德教，刑於四海之事，而家道終矣，故曰「終吉」。汝吉曰：「正家之難，難於有終。有終之難，難於反躬。故『威如，反身之謂也』。身端則不戒自孚，不怒而威矣。」

孔《疏》：「處家人之終，家道大成。『刑于寡妻』，以著於外，信行天下，故曰『有孚』也。威被海內，故曰『威如』。威信並立，乃得終於家道，而吉從之也。」

程《傳》：「治家之道，非至誠不能也，故必中有孚信，則能常久，而眾人自化為善。不由至誠，己且不能常守，況欲使人乎？故治家以有孚為本。治家者，在妻孥情愛之間，慈過則無嚴，恩勝則掩義。故家之患，常在禮法不足而瀆慢生也。長失尊嚴，少失恭順，而家不亂者，未之有也，故必有威嚴則能終吉。保家之終，在『有孚威如』二者而已，故卦終言之。」

〔註320〕胡廣《周易大全》卷十三《家人》：
　　　　建安丘氏曰：「三、五陽剛，皆主治家者也。三剛而不中，失之過嚴，未免有悔厲之失。五剛而得中，威而能愛，盡乎治家之道者，故人無不化，可以勿憂恤而吉也。或曰：治家之道尚嚴，在《象》以嚴正為吉。五以相愛為義，何也？曰：嚴以分言，正家之義也；愛以情言，假家之義也。假有感格之義，故《象》以相愛言之。」
〔註321〕季本《易學四同》卷二《家人》。
〔註322〕熊過《周易象旨決錄》卷三《家人》。
〔註323〕趙汝楳《周易輯聞》卷四《家人》。

《象旨》：「吳幼清曰：『《家人》卦初、上二爻以卦之初、終取義。下體在下之家也，以有家之臣而言；三為夫，二為婦，上體在上之家也。以天下之君而言，五為主，四為後，不取遠應為配，而取近比者，家道尚親也。』」〔註324〕

「初、上治家之道也。閑其邪於始，正其範於終」〔註325〕，家斯正矣。「女正位乎內」，不過「無攸遂，在中饋」，「富家，大吉」是已。「男正位乎外」，不過「閑有家」，「假有家」，「有孚威如」而已。家道之正，豈有外於此哉？曰「男女正」，「家道正」，所謂正者，皆有整齊嚴肅之意。曰「嚴君」，尤所嚴憚者矣。「閑」者，防閑而不敢易忽之辭，故上曰「威如之吉」，三雖「嗃嗃」，猶未失也。「威如」而曰「反身之謂」，則所謂正其身者，皆有孚在其中，匪孚則不免悔厲矣。然則「威」者，正家之本也；「孚」者，所以成其威也。「富家，大吉」者，以庇民也。若民多曠者而義取富焉，是勸民以自封也。孔子曰：「孟獻子之富，可著於《春秋》。」〔註326〕「王假有廟」，幽可以治鬼神也。「王假有家」，明可以治天下矣。

〔註324〕 熊過《周易象旨決錄》卷三《家人》。原出吳澄《易纂言》卷二《家人》。
〔註325〕 崔銑《讀易餘言》卷二《家人》。
〔註326〕 （漢）劉向《新序》卷六《刺奢第六》。